社科文库　北京市社科院"社科文库"

"一带一路"背景下的北京国际交往中心建设

刘波　等著

本书编撰人员

刘　波　张　暄　张　丽
张　力　戚　凯　赵苏阳

中国经济出版社
CHINA ECONOMIC PUBLISHING HOUSE
·北京·

图书在版编目（CIP）数据

"一带一路"背景下的北京国际交往中心建设／刘波 等著.
北京：中国经济出版社，2017.11
ISBN 978 - 7 - 5136 - 4889 - 9

Ⅰ.①"一… Ⅱ.①刘… Ⅲ.①城市发展—研究—北京 Ⅳ.①F299.271

中国版本图书馆 CIP 数据核字（2017）第 243406 号

责任编辑　邓媛媛
责任印制　巢新强
封面设计　任燕飞工作室

出版发行　中国经济出版社
印刷者　北京九州迅驰传媒文化有限公司
经销者　各地新华书店
开　本　710mm×1000mm　1/16
印　张　14.5
字　数　220千字
版　次　2017年11月第1版
印　次　2017年11月第1次
定　价　48.00元

广告经营许可证　京西工商广字第8179号

中国经济出版社 网址 www. economyph. com 社址 北京市西城区百万庄北街3号 邮编 100037
本版图书如存在印装质量问题，请与本社发行中心联系调换（联系电话：010 - 68330607）

前　言

习近平总书记在视察北京时提出,北京要坚持和强化首都全国政治中心、文化中心、国际交往中心、科技创新中心的核心功能。习总书记关于北京城市战略新定位的讲话为首都城市发展指明了方向。当前,加强国际交往中心建设,是落实首都城市战略定位的必然要求,是履行好"四个服务"的职责所在,是建设国际一流和谐宜居之都的必然战略选择。首都北京是我国中国特色大国主场外交的核心承载地,随着国家外交战略的实施,将有越来越多的重大国际活动在北京举办。本书研究"一带一路"背景下北京国际交往中心建设既是服务国家总体外交,开展对外交流、参与国际事务的必然要求,同时对于首都北京城市功能战略调整,提升首都北京国际知名度,塑造良好形象,向世界展示中国深化改革开放的国家形象具有重要的现实意义。

本书开篇考察了"一带一路"、城市外交和国际交往中心建设的由来及内涵、概念界定及相关理论,对相关国内外文献进行了梳理分析。北京有着三千余年的建城史和八百余年的建都史,在城市发展过程中,实现自身城市发展的同时,北京对外交往活动取得了很大的成绩,为中国的外交事业做出了巨大的贡献。自建国以来,随着国际国内政治经济文化环境的不断变化,北京市作为中华人民共和国的首都,对外交往活动历经变迁,为国家总体外交与北京市建设发展发挥着不可替代的重要作用。近年,中国积极开展构建"命运共同体"外交战略,大国崛起任重道远,在国际舞台的重要作用日益显现。北京作为城市行为体,在国际体系中的影响进一步扩大,为国家形象和影响力的提升担负着重大的责任与使命。服务于国家外交大局,提供国际交往的基本需求,加快北京国际交往中心建设,是新时代新阶段对北京城市发展提出新要求,已经提到议事日程。如何进一步强化北京国际交往中心建设,已经成为中国崛起、在世界舞台发挥作用的艰巨任务。北京必须在全球化加速发展的大背景、大视野下发挥城市功能,保障首都各项工作统筹协调,通过高效服务和依法管理来维护首都涉外环境平安稳定,在北京城市发展需求中,提升国际交往能力。本书回顾北京城市对外交往的历史发展,有助于进一步认识国际交往中心建设的重要性,深入探索强化国际交往中心建设的战略与对策。

"一带一路"倡议当前如火如荼开展,已成为我国新时期三大基本战略。本书认为"一带一路"绝不是一个单纯的经济概念,经济的发展、交流、合作,离不开各国及其城市之间的各种交往。在涉及道路、桥梁、港口等硬件基础设施的建设上,都需要重要节点城市的积极参与才有可能取得成效,城市公共外交可以看成是"一带一路"的重要环节。一个城市的功能定位和战略目标会伴随着国内国际形势的变化而不断充实。就北京国际交往中心的基本功能与战略目标而言,随着"一带一路"倡议的深度展开,其内涵也会随之更加丰富。中国已经成为世界第二大经济体,是全球经济发展的原动力,北京作为中国的首都,建设国际交往中心既是北京的历史使命,也是世界经济重心转移的战略需要。本书围绕"一带一路"背景下北京国际交往中心建设的要求、特征及问题三个方面展开了富有启发意义的探讨。

本书从"一带一路"总体线路规划、沿线城市的定位与基本情况等出发,选取上海市、广州市、昆明市、乌鲁木齐市和义乌市五个城市对其各自的国际交往实践进行案例分析。以上五个城市都属于"一带一路"沿线的重要节点城市:作为沿海城市的上海与广州是21世纪海上丝绸之路建设的主力军和排头兵;昆明市作为云南省省会,其定位是面向南亚、东南亚的辐射中心;处于"丝绸之路经济带核心区"的乌鲁木齐市的定位是向西开放的重要窗口城市；而义乌虽然仅为县级市，但其在义乌小商品城的基础之上已经发展成为全球最大的小商品采购中心，国际化程度较高，也被誉为"新丝绸之路经济带"的起点。虽然同为"一带一路"沿线重要支点城市，但上海、广州、昆明、乌鲁木齐、义乌在"一带一路"中的战略定位并不相同，再加上各自所具有的特殊的地缘、利益等因素的差异从而形成了各自的利益需求，它们的国际交往实践在发展历程、主要形式、发展程度上也有着各自的特点与模式。通过这五个具有代表性的"一带一路"战略节点城市国际交往实践的案例分析，总结其国际交往实践的特点与经验，从而能够对如何发挥战略支点城市的辐射作用来推动"一带一路"倡议的顺利实施有一个更为直观的认识和全面的理解。

对国外大城市国际交往中心建设的经验借鉴也是本书的一个重要内容。纽约、巴黎、伦敦和东京是世界城市，是世界政治、经济、文化的中心，也是国际交往的中心之一，其在国际交往中心建设中有很多值得北京学习和借鉴的经验及教训。

全球化的必然趋势是国家之间开放交往与交融合作走向深入与广泛。当前，世界处于大发展大变革大调整时期，在经济全球化和文化多元化的背景下，对外交往在国际关系中的作用和地位越来越突出，通过卓有成效的国际交往来提高本国国际地位和影响力，日益成为世界各国发展的战略选择。在"三个北京"、"四个中心"的中央精神指导下，北京国际交往中心建设具有十分重要的地位，它关乎首都北京乃至国家在国际社会中地位的构建与树立。从全球发展来看，世界政治经济文化复杂多变的新形势，为国际间交流和贸易提出了新要求，世界需要一个东方国际交往中心。首都北京与世界的联系日益广泛深入，为开展对外交流与交往开辟了广阔空间，为在更高层次上迈向世界舞台、参与全球文化产业分工、实现更高水平的文化贸易发展提供了一系列有利条件，正处于重要的历史发展期。

总之，"一带一路"倡议下北京国际交往中心建设要以习近平新时期中国特色社会主义外交思想为指导,以中央总体外交布局为依托,更加主动服务国家外交战略实施,积极融入"一带一路"相关规划,充分发挥首都科技、文化、人才等资源优势,结合筹办 2022 年冬奥会,进一步加强国际交流交往,提升北京国际影响力。

本书是北京市社会科学院外国问题研究所集体课题的结晶,外国所全体同仁精诚合作。在完成过程中大家不辞辛苦,反复修撰。其中刘波撰写第一章、第三章;张暄撰写第六章;张丽撰写第二章;张力撰写第七章;戚凯撰写第五章;赵苏阳撰写四章。在此对他们的辛勤劳动表示衷心的感谢。

刘波

2017 年 10 月 20 日

目　录

第一章 导 论

2013 年,习近平主席访问哈萨克斯坦,发表重要演说,提出"为了使欧亚各国经济联系更加紧密、相互合作更加深入、发展空间更加广阔,我们可以用创新的合作模式""建设丝绸之路经济带""以点带面,从线到片,逐步形成区域大合作"。之后,习近平主席在国际国内多个场合继续深入阐释"一带一路"战略构想,强调要"开展城市交流合作,欢迎沿线国家重要城市之间互结友好城市,以人文交流为重点,突出务实合作,形成更多鲜活的合作范例。"

"一带一路""京津冀协同发展"与北京"四个中心之一的国际交往中心"的城市发展战略之间明显存在大三角的互动关系。北京市作为"一带一路"北线以及中线建设的重要节点城市,是中国特色大国主场外交核心承载地,随着国家外交战略的实施,将有越来越多的重大国际活动在北京举办,"四个中心"城市战略定位之一的国际交往中心建设在服务国家总体外交和地方经济社会发展方面将会发挥重要作用。作为首都的北京融入国家"一带一路"战略,需要找准自己的合作定位、城市国际化发展定位。"一带一路"战略给北京国际化城市发展路线提供了很多契机,在此国家大战略下,北京要重点打造"一带一路"国际合作总指挥部;发挥北京作为中国国际化程度最高的辐射作用,促进周边地区,尤其是京津冀地区产业结构调整,形成国际金融集聚中心位置;重点打造国际服务业;充分利用北京新机场建设,发挥"一带一路"沿线国家和地区航运中心地位作用;依托中国文化中心地位,促进沿线国家和地区间国际文化交流。

第一节 国内外研究现状

当前,有关"一带一路"是国内学术界热点研究问题,但契合北京国际交往中心建设进行深入探索与研究的成果并不多。

1.1 关于"一带一路"相关研究

北京大学的王缉思、清华大学的阎学通(2013)分别提出"一带一路"的核心是战略关系而非交通设施。林毅夫、张蕴岭(2013、2014)认为"一带一路"主要是国内发展战略问题,是中国向国外转移过剩产能,推进经济结构调整的战略需求。胡鞍钢(2014)指出"一带一路"的战略目标是通过中国国内的经济一体化,推动周边及全球经济一体化。张宇燕、汤敏、魏建国(2014、2015)认为"一带一路"是统筹国际国内两个大局和推动建立区域合作框架的战略构想。王玲、戴江伟(2015)从根本动力、基本框架、存在根基、现实基础、战略目标等层面界定了"丝绸之路经济带"的内涵。高新才、王争鸣(2014)依据"丝绸之路经济带"辐射方向,提出构筑六大国际通道、四大边境口岸、"两主两辅"开放新格局。李英武(2014)结合"新丝绸之路经济带"战略规划、自然地理环境及陆路走势将其划分为五个次区域和两条经济走廊。储殷(2016)探析了"一带一路"视域下的国家形象建构问题。Sophie Meunier(2014)分析了"一带一路"背景下中国对外投资情况。Yu ning(2015)指出中国提出的"一带一路"战略带来了双赢合作。Bohdan Vahalík(2014)结合中国"一带一路"战略推进,重点分析了中国周边外交及对外贸易。

1.2 关于"一带一路"建设与沿线城市发展相关研究

龙永图(2016)认为,落实"一带一路"倡议,重点是推动海陆"丝绸之路"城市联盟发展。陈桂龙(2016)提出"一带一路"战略+"新型城镇化"建设新战略构想:以城市群规划建设驱动"一带一路"的经济振兴;智慧城市规划建设助推"一带一路"的社会转型;以人文城市规划建设引领"一带一路"的文化复兴。何槖吟(2015)认为,我国"一带一路"建设过程中,节点城市临空经济发展面临经济开放程度低、航空物流国际化发展滞后等问题。王文铭、高艳艳(2016)构建"一带一路"内陆节点城市物流产业竞争力评价体系。倪建平(2015)重点研究"一带一路"建设背景下城市形象与城市文化对外传播策略。

1.3 关于"一带一路"、城市外交、北京国际交往中心等综合研究

目前国内学术界有关"一带一路"与城市对外交流功能的研究很少。2004 年,世界城市和地方政府组织(UCLG)成立,并于 2005 年设立城市外交委员会。世界城市假说的提出者 John Friedmann(1986)早在 20 世纪就提出城市的对外交流功能,"全球生产网络和市场体系主要通过世界城市网络空间予以呈现"。Rogier van der Pluijm(2007)指出,"城市外交是城市或地方政府代表城市或地区利益的体现,在国际政治舞台上发展与其他行为体的关系的制度和过程。"Cécile Barbeito Thono(2008)分析了城市在构建和平领域做出的补充作用。赵可金(2013)认为,城市外交是国家总体外交的重要组成部分,如乌鲁木齐就扮演"嵌入式外交"的角色。余万里(2013)指出,"城市外交不仅代表城市或地区利益,还要反映国家战略和总体外交诉求,譬如广西钦州,其'中马工业园区'却关联到中国的东盟地区战略"。汤伟(2015)提出"一带一路"的城市外交应在"求同存异"原则上,建立友好城市,构建城市协作平台。李小林、李新玉(2016)对城市外交的理论与实践进行系统总结梳理。杨勇(2014)以广州为视角,探讨全球化时代的中国城市外交。熊炜(2014)从中国实践与外国经验两个层面,探讨城市外交。高尚涛(2010)以北京为个案,论证了北京市作为城市行为体的特征、对外交往模式以及国际化水平。赵汗青(2010)立足北京市海淀区,论证城市外交的需求要服务地区的发展目标。张茅(2001)从国际旅游、国际会展、涉外人口管

理等几个方面,较为详细地概括了北京建设国际交往中心建设情况,这也是目前学术界唯一一本以"北京国际交往中心"为研究对象的著作。

1.4 相关研究述评

第一,以"一带一路"为背景,对北京国际交往中心总体把握的研究成果欠缺。学术界运用政治学、经济学和地理学等分析"一带一路"战略的相关研究成果非常丰富,但结合城市外交,分析北京国际交往中心建设的研究比较欠缺,尤其是对北京国际交往中心建设的客观要求、特征、问题、基本功能、战略目标、对策等进行分析的研究成果仍处于空白状态。

第二,很多通过国际政治相关实践理论建构逻辑框架,但到目前还没有形成较为完整的国际交往中心理论体系。城市外交理论仍为"次政府外交"行为理论研究,当前研究大多停留在经验描述层面,结合鲜活的城市案例进行理论化分析,形成丰富的多学科综合理论分析框架仍需进一步深化。

第三,从"一带一路"国内战略节点城市、"京津冀"区域协同发展与北京国际化功能优化研究不够深入系统。缺少从"一带一路"国内战略节点城市和"京津冀"协同发展的视角研究北京城市国际化,"一带一路"区域沿线地区城市的互联互通,尤其是京津冀周边沿线城市圈对外贸易的优化配置,区域协调发展共同推进沿线产能转化升级,缺少深度分析,本书将针对以上研究不足进行探讨。

第二节 研究的意义与价值

2.1 研究意义

本书研究"一带一路"背景下北京国际交往中心建设既是服务我国国家总体外交、积极开展对外交流、参与国际事务的必然要求,同时又是对首都北京城市功能战略调整,提升首都北京国际知名度,塑造良好形象,向世界展示中国深化改革开放的国家形象具有重要的现实意义。

2.2 研究价值

一方面,比较中外城市国际交往中心建设的路径、模式、策略,尤其是分析总结"一带一路"国内战略节点城市成功案例和具体发展策略,为在实践中解决当前我国北京、上海等城市对外国际交往交流问题,提供了一种新的宏观思考维度。

另一方面,分析北京国际交往中心建设的战略目标、阶段性特征、应对举措等,有利于丰富"四个中心"和"三个北京"理论体系。在"一带一路"国家战略背景下,探讨拓展"京津冀"区域协同发展的国际功能,是化解当前首都"城市病",实现北京城市可持续发展的重要途径,有利于北京经济社会发展和国际影响力提升的双赢局面形成。此外,研究国际交往中心建设,是建设"四个中心"和"人文北京、科技北京、绿色北京"的客观要求和本质要义,二者相辅相成,不可分割。

第三节 研究的思路与主要内容

3.1 基本思路

本书从世界城市和城市外交等相关理论分析入手,以"一带一路"战略为背景,重点考察北京国际交往中心建设的内涵与现状,结合"四个中心"和"首都城市战略定位",分析北京国际交往中心建设的客观要求、特点及现存问题,以及北京国际交往中心建设的基本功能和战略目标,继而探讨"一带一路"国内战略节点城市和纽约等世界城市国际交往建设的路径、模式及战略,重点分析国内"桥头堡"的云南模式、广州的"地方政府联合国"行为模式(UCLG)、乌鲁木齐的友好城市模式、上海国际性大型活动模式、义乌市小商品国际交往模式,以及世界城市纽约国际航空枢纽模式、东京城市信息服务系统模式、巴黎国际会展模式,最后提出北京国际交往中心建设的对策建议。

3.2 主要内容

第一,考察"一带一路"、城市外交和国际交往中心建设的由来及内涵、概念界定及相关理论。辨析世界城市、城市治理、友好城市、区域协同发展等交叉概念,深层次分析多轨外交、多中心城市空间、跨国公司、公共外交、超国家主义理论、新城市主义等理论。

第二,以"一带一路"国家战略为背景,研究北京国际交往中心建设的内涵、现状、客观要求、特点及现存问题。国家战略发展和"首都城市战略新定位"对北京提出新要求,北京承载的国际交往活动日益频繁。北京国际交往中心建设基于洲际性、地缘性政治中心要求;国内地缘政治中心发展的客观要求;未来国际城市规划发展的要求;北京城市外交和民间外交的扩展需求;国际交往中心的文娱发展的客观要求;"京津冀"一体化城市群的未来发展要求。面临较为复杂的外部环境;以往规划不足、布局不周,国家交往功能空间格局需要优化;外事工作体系缺乏协调机制,管理工作亟待加强;大型国际会议数量不够;国际组织总部落户不多;宜居条件不足与外籍常住人口不高;国际交往中心管理体系不足等是北京国际交往中心建设存在的主要问题。

第三,北京国际交往中心建设的基本功能和战略目标分析。本部分重点分析探讨北京国际交往中心建设的政治功能:搭建起国际政治交流的重要平台;经济功能:世界级总部经济的聚集地;社会文化功能:国际活动的聚集地。战略目标为:"一带一路"节点国际中心城市;树立全面深化改革的形象,提高对外开放水平;运用全球资源推动北京乃至全国经济发展;加快北京建设世界城市步伐。

第四,乌鲁木齐、上海、广州等"一带一路"战略节点城市对外交往实践。重点研究"桥头堡"的云南模式、广州的"地方政府联合国"行为模式(UCLG)、乌鲁木齐的友好城市模式、上海国际性大型活动模式、义乌市小商品国际交往模式。

第五,国外大城市国际交往建设的路径、模式及战略经验比较。重点比较分析纽约国际航空枢纽模式、东京城市信息服务系统模式、巴黎国际会展模式。

第六,北京国际交往中心建设的对策建议。借鉴吸收"一带一路"国内战略节点城市和国外大城市国际交往中心建设经验,提出提高服务中央总体外交的能力,开展全方位对外交往;鼓励企业"走出去",加快外贸转型升级,培育外贸新增长点;大力建设一流的涉外环境,提高首都对外开放水平和城市国际品质;吸引国际组织、跨国公司集聚;以"新机场"建设为契机,加快国际航空中心核心区建设;打造大型国际节展会议品牌;积极开展对外宣传,打造北京国际化符号空间;巩固和发展国际友好城市关系,提高北京国际影响力;汇聚国际人才、人力资本,促进国际人员往来等政策建议。

3.3 研究的重点和难点

首先,国外五种国际交往中心建设模式需要得到论证。纽约、东京、法兰克福、巴黎等国际交往中心建设模式有何异同?哪些方面值得北京借鉴?这些课题需要论证和解决的重点和难点。

其次,对"一带一路"北京国际交往中心建设的动力机制研究是本书研究重点。城市为何需要与境外城市构建制度化联系?"一带一路"的战略规划和设计中的民心相通主要依赖城市间的文化交流,此外,"京津冀"协同发展或者城市竞争力也是北京国际交往中心建设的动力之一;除了文化和基础设施互联互通、经贸往来,如何在发展过程中应对共同问题等也是本书研究的重点内容。

再次,当前我国城市化进程日益加快,"一带一路"沿线城市国际化发展趋势日益增强,云南、广州、乌鲁木齐、上海、义乌这些"一带一路"国内战略节点城市如何通过城市国际化,实施外向型发展战略,是本书研究的难点。

最后,对比纽约等国外大城市国际交往中心建设的经验,提出北京国际交往中心建设的对策选择,既是本书研究的重点,也是难点。借鉴国外大城市国际交往中心建设的成功经验来探索北京城市规划与国际交往中心建设的互动发展模式,调整规划布局,构建首都城市对外开放新格局,这是本书需要解决的重点和难点问题。

3.4 主要观点及创新之处

第一,依据首都资源禀赋和产业特点开展城市公共外交,打造"一带一路"沿线中心城市国际交往节点。以"新机场"建设等为契机,加快国际航空中心核心区建设。利用"一带一路"政治中心的地位,多维度积极探索与"一带一路"沿线周边国家城市建立友城关系,完善友城布局,促进互联互通,为国家总体外交服务的同时,提升北京发展的国际化水平。

第二,北京在"一带一路"国家战略指导下,其城市对外经济交流的基本战略是加快外贸转型升级,建设出口产品质量安全示范区,加快推进天竺保税区建设,加快平谷国际陆港建设发展,支持双自主企业扩大出口,积极促进跨境电子商务发展,培育新的外贸增长点。

第三,尝试将"一带一路"公共产品治理理论与城市外交这个特殊标本相结合,探讨北京国家交往中心的战略路径选择,是比较新的研究视角。本书摒弃单一的世界城市建设分析模式,采用灰色关联分析法,把"一带一路"国家战略作为一种准公共产品,并把北京国际交往中心建设和"京津冀"协调发展体系的构建结合起来,树立世界级城市群共同发展的理念。

第四,提出经济—技术—制度—文化四维度分析框架。国际交往中心建设是一项系统工程,涉及经济、技术、制度、文化等多个层面,在国家"一带一路"战略态势的引领下,需对北京国际交往中心建设这些方面的制约因素及其内在关系进行系统考察。北京国际交往中心建设,不仅受城市基础设施硬件和涉外环境等经济方式制约;而且受技术渠道层面的精细化、智能化的制约;还受制度层面的政府政策、外事管理体系、城市整体规划制约;以及文化层面的城市形象、市民文明素养等制约,本书从以上四个维度探析北京国际交往中心的制约因素。

第五,本书梳理北京城市外交的发展进程,划分北京当代城市外交的阶段性特征,借鉴大量北京历史史迹和北京年鉴资料,初步建立北京城市外交的研究模式,具有一定的开创性和原创性。

3.5　研究方法与技术路线

第一,定性分析与定量分析相结合的方法。本书对"一带一路"、城市外交、世界城市等概念及相关理论进行定性分析,而对北京市每年分配的中央政府需要接待的外国团体数量、举办的国际会议、国际会展、城市对外贸易数额等通过定量分析来完成,二者结合梳理出北京国际交往中心建设的现状与问题。

第二,比较研究方法。通过对"一带一路"国内战略节点云南、广州、乌鲁木齐、上海和义乌的城市实践,以及纽约、东京、巴黎和法兰克福等国际交往中心建设模式比较,分析异同,探讨国内城市地缘等利益诉求差异,并归纳国外大城市国际交往中心建设的新趋势。

第三,层次分析法。将国际交往中心的行为主体分为国家、城市、社会组织和个人,更利于比较其各自作用的影响及特点。

第二章 北京城市对外交往发展脉络及国际交往中心建设的历史背景

北京有三千余年的建城史和八百余年的建都史，在城市发展过程中，实现自身城市发展的同时，北京对外交往活动也取得了很大的成绩，为中国的外交事业做出了巨大的贡献。自中华人民共和国成立以来，随着国际、国内政治经济文化环境的不断变化，北京市作为中华人民共和国的首都，对外交往活动历经变迁，为国家总体外交与北京市建设发展发挥不可替代的重要作用。近年来，中国积极开展构建"命运共同体"外交战略，大国崛起任重而道远，在国际舞台的重要作用日益显现。北京作为城市行为体，在国际体系中的影响进一步扩大，为国家形象和影响力的提升担负重大的责任与使命。服务国家外交大局，提供国际交往的基本需求，加快北京国际交往中心建设，是新时代、新阶段对北京城市发展提出的新要求，已经提到议事日程。如何进一步强化北京国际交往中心建设，已经成为中国崛起，在世界舞台发挥作用的艰巨任务。北京必须在全球化加速发展的大背景、大视野下发挥城市功能，保障首都各项工作统筹协调，通过高效服务和依法管理来维护首都涉外环境平安稳定，在北京城市发展需求中，提升国际交往能力。

回顾北京城市对外交往的历史发展，有助于我们进一步认识国际交往中心建设的重要性，深入探索强化国际交往中心建设的战略与对策。

第一节　中华人民共和国成立初期到
20世纪70年代末北京对外交往发展

新中国成立至1978年改革开放这一时期,由于受到客观条件的制约,北京与国际社会的交往有很大的局限性,外事机构职能单一,城市对外交往活动基本上紧紧围绕国家总体外交战略而展开,为中央的外交活动承担重要的城市职能。

1.1　中华人民共和国成立之初北京城市功能定位的背景

新中国成立之后,百废待兴,举国上下全力发展经济,全民以饱满的热情投入社会主义经济建设当中。然而,以美国为首的资本主义国家对新中国采取敌视与封锁的政策,中国在经济建设时面临艰难的国际环境。城市反映国家政治、经济、文化发展的综合特征。北京作为全国人民的首都,在政治、经济、文化方面的建设更具有引领性和示范性。如何与国外进行交流与合作,为经济建设创造良好的国际环境,巩固社会主义政治制度,促进社会主义经济发展,是十分紧迫的任务。

二战结束以后,以美苏为首的两大阵营的形成为标志,世界进入了冷战时期。新中国成立后,美国对新中国在政治上进行孤立,经济上进行制裁,外交上进行封锁,军事上进行威胁。鉴于当时严峻的国际形势,我国要突破西方的重围,建立友好的国际环境。因此,迫于当时国际、国内形势的需要,中华人民共和国成立初期的外交对象国主要集中在社会主义阵营的一些国家。当时,我国提出了"'另起炉灶'、'一边倒'和'打扫干净屋子再请客'"的三大外交方针,体现了我国为了国家安全和人民利益进行社会主义政权巩固与经济建设的决心。同时,我国坚持和平共处五项原则,在维护国家主权和独立的基础上,积极融入国际社会,与其他国家开展国际交流活动。

"中国人民政治协商会议于1949年召开,通过的《共同纲领》中明确规定了我国当时的外交战略。《共同纲领》规定,中华人民共和国联合世界上一切爱好和平、自由的国家和人民,首先是苏联、各人民民主国家和各被压迫民族,站在国际和平民主阵营方面,共同反对帝国主义侵略,以保障世界的持久和平。"①

在这种条件下,新中国成立初期北京城市规划围绕恢复生产和经济建设为重点进行。既面临恢正常的经济秩序,保证经济建设顺利进行的任务,又面临改善人民的生活,满足人民的政治、文化需要。北京市早在1949年5月就组成了北平市都市计划委员会,成员不仅包括相关的专家,还包括党政军负责人,着手进行城市的规划工作。从1949—1952年,针对城市规划与建设多方面的问题,经过多次探讨,"1953年北京市委规划小组针对城市规划提出《改建与扩建北京市规划草案》,其中规定,要把首都建设成为我国的政治中心、经济中心和文化中心"。由于国际、国内形势和客观条件的约束,规划草案还提出,要把北京建设成大工业城市,通过工业建设奠定经济基础,要把北京建设成为我国工业基地和科技中心。城市建设规划是城市各项建设有秩序协调发展的长期战略,市委规划小组后来又做了修改,形成《改建与扩建北京市规划草案的要点》,1953年11月报送中央后,又于1954年进行了修改,形成《北京市第一期城市建设计划要点》,这个计划要点对城市规划提出了具体详尽的实施方案。北京市都市规划委员会于1955年成立,系统地对北京城市状况进行调研,最终,规划方案——《北京城市建设总体规划初步方案》于1957年形成。从总体来看,在新中国成立初期这一阶段,北京建设最基本的着眼点是把北京建设成为新中国面貌一新的首都,政治稳定,生产恢复,经济建设成为城市发展最迫切的需求。随着生产的恢复和发展,人民基本生活资料供应得到明显的改善,北京市的教育、文化、卫生和科技等事业,也都得到了全面的发展。

---

① 中央文献研究室. 建国以来重要文件选编(第1卷)[M]. 中央文献出版社,1992:13.

1.2　北京外事机构配合中央完成对外交往活动

新中国成立初期,北京市外事工作的中心任务是坚决执行独立自主的和平外交政策,维护国家的独立和世界和平,反对美国的侵略和战争,清除帝国主义在京的特权和势力,发展同社会主义国家及周边国家首都的友好关系,为开始社会主义建设争取一个有利的和平环境。

根据《1954年宪法》赋予中央政府处理国家对外事务的所有权力,地方政府仅限于处理地方性事务。比如,规划地方经济建设,规划地方文化建设,规划地方公共事业发展等。北京在对外活动上没有多少自主的权限,对外关系方面完全受中央政府的领导,依据市委、市政府的相关指示,北京市外事办公室配合国家总体外交,依据中央外交指示完成中央政府委托的各项任务,在正确处理国际关系方面做了大量的工作。例如,北京政府中央委托接待来我国访问的外国元首和政要,以及重要的国家代表团体,北京市及基层单位经常接待外宾座谈、参观、访问等。

1950年,北京市外事事务的综合管理部门是北京市人民政府外事处。北京市人民政府外事办公室成为北京外事工作的主导机构。作为全市外事工作综合归口管理部门,北京市人民政府外事办公室在国家总体外交的统筹安排下,在市委、市政府的直接领导和国家主管部门的具体指导下,做了大量成效显著的工作。根据中央授意代理落实涉及北京市事务的国际交涉,包括肃清帝国主义在京特权和势力等。

1.3　北京城市对外交往处于起步阶段

受新中国成立初期中苏关系的影响,我国在20世纪50年代中期主要是与社会主义国家建立外交关系,实施和平外交政策。中苏友好协会的成立是一个典型的例子,它表明北京在配合与服务中央外交政策的过程中做出了大量工作。中苏友好协会总会于1949年10月成立,紧接着,北京市中苏友好协会也举行成立大会,"明确了其主要的工作任务,就是要协助中苏友好协会总会做好苏联来华访问的代表团接待工作,配合总会合办一些纪念性活动,协助做好配套服务工作,广泛进行各种提升中苏友谊的文化活动"。比如,从 1949 年 10 月至 1951 年 11 月,"总计放映了 1209 场苏联电影,观众有 1812800 多人;出版了 35 种介绍苏联的书籍,共 16 万多册;举行了 893 次苏联图片展览,观众有 876000 多人;举办了 242 次关于中苏友好和介绍苏联的讲演会,听众有 206000 多人;拨发了 1800 万元(旧币)的图书经费,帮助各中苏友好协会支会添购关于介绍苏联的书籍;和北京市人民广播电台共同举办了两期俄语广播讲授班,共有固定的学生 2400 多人。"①这些活动极大地活跃了首都市民的文化生活,使人们更多地了解当时国际形势,推动各项建设发展。

除了与苏联友好关系的广泛开展,北京在 20 世纪 60 年代初期开始广泛地对外交往,同世界各大城市积极开展友好往来。北京市接待了许多来自第三世界国家的代表团,在国际社会中产生良好的影响。北京通过对外交往活动,向国际社会传递中国国家的外交政策,同时也塑造着首都的城市形象。

第二节 20 世纪 70 年代末到 90 年代末北京对外交往发展

1978 年中国共产党十一届三中全会的召开揭开了我国社会主义改革开放的序幕。以十一届三中全会为起点,中国进入对内改革、对外开放的社会主义现代化建设的新时期。伴随国内经济体制改革和政治体制改革,逐步迈开了对外开放的步伐,国家外交工作面临重大转折。无论是外交战略目标、外交工作方针,还是外交工作的具体措施都发生重大的调整,与此同时,首都北京的对外交往活动也发生了新的转变。

---

① 郑珺. 让世界了解新北京——20 世纪五六十年代北京的对外交往[J]. 当代北京研究,2014(1):35.

2.1 北京城市对外开放步伐加快

自 1978 年党的十一届三中全会召开以后,我国进入社会主义现代化建设事业上来,走上了改革开放的道路。从 1979 年开始,中央政府采取了权力下放和对外开放的措施。《1982 年宪法》规定,"中央和地方的国家机构职权的划分,遵循在中央的统一领导下,充分发挥地方的主动性、积极性原则,地方政府发展对外经济联系的自主权和积极性增强。这一规定为地方获得自主的法律地位奠定宪法基础"。① 地方政府在管理本地事务中的权限增加,地方政府职能扩大。这种变化也影响了北京城市建设。北京市政府的新增职权得到了宪法的确认,开始基于城市发展需要积极主动地着手开展国际活动。在活动过程中,北京市政府在不违背中央政策的前提下,依靠自身的财政能力和行政机构组织,进行对外文化交流与经济合作。

从 1980 年 4 月开始,中央对首都在新时期建设规划的问题进行讨论。当时,中共中央书记处在听取完北京市的汇报之后,明确提出了首都建设的四项指示,包括:"第一,要把北京建成全中国、全世界社会秩序、社会治安、社会风气和道德风尚最好的城市。第二,要把北京变成全国环境最清洁、最卫生、最优美的第一流的城市。第三,要把北京建成全国科学、文化、技术最发达,教育程度最高的第一流的城市。第四,要使北京经济上不断繁荣,人民生活方便、安定。要着重发展旅游事业、服务行业、食品工业、高精尖的轻型工业和电子工业。"②1983 年《北京城市建设总体规划方案》提出了北京新的城市性质,已经不再提北京的"经济中心"功能,更不提及"现代化工业基地",北京城市性质明确为"全国的政治中心和文化中心"。"1993 年《北京1991 年至 2010 年城市总体规划》中,再次明确北京是全国的政治中心和文化中心,同时强调指出,北京是世界著名的古都和现代国际城市"③。在这一时期,北京城市的规划与建设着眼点已经具有全世界的视角,但是,更多的

---

① 曹子西. 北京通史(第十卷)[M]. 中国书店,1994:10.
② 曹子西. 北京通史(第十卷)[M]. 中国书店,1994:97.
③ 曹子西. 北京通史(第十卷)[M]. 中国书店,1994:97.

还是着眼全国,从整个国家的国民经济建设与文化社会发展的现实情况来看,规划北京的发展蓝图。

随着全国改革开放的步伐,北京市扩大对外开放,适应改革开放的需要,充分利用有利的外部条件,引进技术与资金,进行城市建设。"北京与世界上130多个国家和地区先后建立经济贸易往来关系",①通过出口商品,提高创汇能力,促进技术更新,扩大企业产品生产规模。这为北京开放式发展提供了重要的条件,改善了北京旅游环境和居住条件,世界各地来北京进行旅游以及文化交流的人员不断增多,人员的国际往来带动了北京城市建设各个层面、各个领域、各个行业的进一步发展。

2.2 北京外事工作初建体系

20世纪80年代是中国外交进入大调整时期。中央外交全方位展开,外交政策领域扩大。这一阶段,北京市外交理念根据中央外交重点的转变做出相应调整。北京市政府严格地落实中央外交理念,承担中央外交任务,在此基础上,北京市也在对外交往上获得了一定的自主权,在首都职能范围内进行国际交流活动。20世纪80年代后,北京市在科技、教育、文化、经贸等各个领域都已经展开了对外交流与合作的活动。

1982年2月,市委外事工作领导小组成立。外事领导小组领导按业务归口的办法管理相关部门的外事工作,审批北京市各区的重要外事事项。外事管理体系"归口管理",即"按照分工协作的原则,把外事口分为几个大的系统,然后再由各系统的党委统一管理"②。北京市各委办局开始设立外事机构,市属局级单位分别以外事办公室、外事处、外经处、对外联络处等为名,开始设置专门外事机构。从中央与地方政府的关系来看,外事管理遵循分组负责的原则,地方参与对外交往的权力较以往有了很大的加强,在经济、科技、文化等领域具有较大的对外交往权力,同时也参与国际会议、国际

---

① 曹子西. 北京通史(第十卷)[M]. 中国书店,1994:110.
② 王福春. 外事管理学概论[M]. 北京大学出版社,2003:116.

组织的活动等。"权力的转移为次国家政府(地方政府)更多地参与国际合作奠定了合法性基础,政策的支持为次国家政府(地方政府)参与国际事务提供了保证。"①北京市委、市政府办公厅于1992年出台了《关于区县人民政府外事办公室职责范围的规定》,这个规定给予北京市各区县外事办公室一定的职权,包括贯彻执行我国对外方针政策,落实市、区党委和政府有关外事工作指示,协调本地区的对外交往活动和相关的重大涉外事务,以此促进地区经济建设和社会发展。从而可以看出,随着改革开放步伐加快,北京市对外交往开始了新的阶段。

随着北京市外事工作领导机构的建立,北京市外事工作体系进一步完善,外事管理与服务水平得到进一步提升,北京城市对外交往活动已经具有一定的体系,形成了层次结构。

第一,服务国家总体外交。北京市配合国家外交战略做好服务国家总体外交的工作,继续执行、落实中央外交政策。北京市作为首都所在地,为中央接待世界各国首脑及重要外宾提供服务保障工作。北京市作为全国的政治中心和文化中心,在国家重大节日期间组织有标志性的庆典活动,举办了大规模有影响力的国际会议、国际论坛等。北京市所开展的国际性活动,不仅促进了北京市利益的实现,也有力地配合了中央外交政策目标,保障了国家整体利益的实现。

第二,积极开展与国际大城市的合作与交流。在与世界各国城市合作的进程中,北京以结交国际间友好城市为基本方式,扩大对外交往。北京不仅同社会主义国家、亚非拉争取与维护民族独立的国家的首都和大城市进行交往合作、结为友好城市,而且开始与西欧国家的城市进行交往、合作。1979年北京与东京结为友好城市,自此,北京进入国际友好城市交往的时代,鉴于北京的首都地位,以及中国面临的国际形势的好转,北京友城交往迅速展开,许多城市与北京结为友好城市。

---

① 刘雪莲,江长新. 次国家政府参与国际合作的特点与方式[J]. 社会科学战线,2010(10):163.

第三,在北京市内通过城市自身的优势开展形式多样的国际交流活动。根据北京城市自身各种资源的特点,北京外事活动积极寻找优势,构建对外交往活动的行动机制。北京既承载举办国家重大庆典和国际会议,又探索发展一些城市间的经济合作与文化交流活动。比如,吸引外资和跨国集团进驻北京,进行经济技术合作。

第四,各区县外事工作地位提升。除北京市,各区县外事办公室职责相应地完善,与北京市配合,基本形成了一整套较为完整的外事工作体系。北京市属区县政府全部设置了外事机构,同时,各委办局设立外事及涉外机构,有能力全方位地配合中央接待大量重要的国际宾朋和重要的访华团组,安排外宾参观活动,安排来华记者采访等。

总之,北京市在这段时期内扩大在对外交往中的着力点,既坚持服务于中央外交,又大力建设涉外环境,提高北京市的国际影响力。不过,由于长期的计划经济体制存在的影响,北京又是全国的政治中心,确保稳定放在首要位置,因此,在外力作用下的市场经济改革开放步伐相对不是很快,尤其是对外开放方面,进行对外合作与交流的范围与内容并不是很大。

第三节　21世纪初北京城市对外交往发展

21世纪的第一个十年是北京对外交往飞跃发展的时期。北京在为中央对外交往提供优质服务、协助中央单位做好外事接待工作、协助承办国际会议和全球性活动等方面发挥重要的作用,充分展示出崛起中的大国首都的城市魅力。

3.1　北京城市对外交往面临的国内国际局势

自21世纪以来,随着冷战的结束,美苏紧张对峙的局面消失,国际紧张局势得以缓解,世界多极化、经济全球化、社会信息化进程迅速加快发展,但是霸权主义、强权政治及单边主义威胁着国际安全。美国称霸世界的单边主义抬头,视中国为潜在的战略对手,推行遏制、分化、西化中国的政策。美国政府在推行"接触"政策的同时,坚持推行对华遏制政策。"9·11"事件后,美国借反恐之名,将全球战略重点从欧洲转向亚太地区,重返东南亚,构建东亚防务体系,派遣军事力量进驻中亚,构筑针对中国的围堵线,强化美日、美韩、美澳军事同盟,借以威慑中国。这对中国的领土完整、国家主权与安全形成严峻挑战。中国需要一个稳定的良好的周边环境。

与此同时,恐怖主义、生态环境、能源安全等非传统安全问题涌现出来,全球性问题在不断增多,增加了国际政治经济格局的不稳定性。环境污染、能源短缺等全球性问题大量涌现。国际政治经济形势复杂多变,传统安全与非传统安全交织,国际安全结构复杂多样,尤其在全球经济层面,由于2008年美国陷入金融危机,世界经济复苏缓慢,缺乏增长动力。金融危机的影响持续深远,世界经济复苏缓慢,全球进入后金融危机时代。

中国拥有巨大的市场,具有迅速上升的综合国力,是世界经济发展最快和最为活跃的国家之一,对世界充满巨大的吸引力。世界也对中国的需求日益增加,各国愿意与中国开展经贸合作,这已成为中国与其他国家发展关系的重要基础。

推行多边外交,加强与有关国家积极交流与合作,与广大发展中国家的团结与合作。中国坚持独立自主的和平外交原则,在世界舞台上一贯主持公道、伸张正义,在国际社会享有崇高的威望。中国积极谋求建立大国战略关系,通过全方位的外交战略向国际社会传递中国的形象与声音,既为争取和平的国际环境、稳定的周边环境,又为世界各国一道谋求和平与发展,促进合作与进步。然而,尽管中国积极参与多边外交活动,国际地位不断提高,在国际上的影响力日益增大,也并不是所有的国家对中国都有深入的了解,对中国社会有浓厚的感情。和平发展是国际社会的共同主题,对国家社会经济发展有利,但同时,中国经济实力的增长和民族国家崛起进程中依然存在风险,形势依然严峻。中国仍然需要不断地系统地深入地参与国际交往活动中,通过中国的行为发出中国的声音,展现美好的中国形象。

3.2　北京城市规划新目标

作为崛起大国的首都,北京的对外交往工作重心和交往内容顺应中央外交理念的转变而相应地发生新的改变。在对外交往模式上,北京市突破了仅服务于中央总体外交的僵硬、固定的模式,开始注重充分发挥首都城市在对外交往中的独特优势,从北京城市建设方面体现出北京在国际交往中发挥的重要作用,以及对中国外交与国家战略的实施的重要地位。

国务院于 2005 年批准了新的北京市城市总体规划——《北京城市总体规划(2004—2020 年)》。在《北京城市总体规划(2004—2020 年)》中,北京市政府首次提出建设"世界城市"的目标。之前,世界城市建设还只是一个构想,通过这次规划,使其转化为城市发展规划的一个重要目标,这对北京国际交往活动提出了更多的要求。在世界城市建设的过程中,北京市委、市政府又在北京外事工作规划中进一步明确了将北京建设成为世界城市的战略发展目标。"北京是中国特色社会主义国家履行宏观调控职能的所在地,北京完全可以而且应当建设成为世界城市。"[①]世界城市战略目标是北京城市在 21 世纪的新定位,表明随着中国的经济、文化、社会等方面的快速发展,北京在国际交往活动中的地位越来越重要,在当今国际社会的影响也在迅速提升。

围绕建设世界城市的战略目标,北京从政府到企业,再到科研机构,全社会广泛关注世界城市的愿景,探寻世界城市建设的路径与方法。在实践中,北京各界广泛地增强与世界各国家、各地区的国际文化交流与经济合作项目,扩大交流与合作的范围,拓展交流与合作的空间,挖掘城市交往的潜力与优势。在这一过程中,北京向全世界展示了古都的悠久历史与现代城市的时尚,也更多地展示了中国的民主、开放、文明、进步的良好形象,扩大了中国在世界的影响力,传播了中华民族优秀的传统文化,国家"软实力"得到提高。

---

① 刘淇. 北京为什么要建设世界城市[N]. 人民日报,2010 – 07 – 22(1).

3.3　北京外事活动大规模展开

进入 21 世纪后,北京国际交往的步伐加大、加快。北京市配合中央外交,协助中央单位接待重要外宾,组织重大庆典,承办国际会议。同时,北京根据城市自身发展战略,优化投资环境,吸引外资和跨国集团进驻北京。进一步发展与国际友好城市的交往,提供众多国际活动开展的空间,为北京和国家在国际社会的影响力的提高做出了巨大的贡献。

作为对外开放发展进程不断加快的一个大国的首都,北京越来越成为众多跨国公司总部的汇聚地,尤其是中国加入 WTO 后,越来越多的国际机构将它们的总部落户北京。2005 年 5 月,《财富》全球论坛第九届年会在北京举行,全球 800 多位商界巨头在北京聚首,中国的企业家和世界企业家在同一平台上对话,共商发展策略。《财富》全球论坛自 1995 年开始举办以来,前八届分别选址新加坡、巴塞罗那、曼谷、布达佩斯、上海、巴黎、中国香港和华盛顿,而第九届年会的举办地选择在北京,使许多从未来过北京的企业家有机会到北京来感受改革开放的新景象,让世界更多地了解北京与中国,从而大大地改善了世界对北京,甚至对中国的印象,既提高北京的城市声誉,也提升了中国的国家形象。

2005 年 6 月在北京召开了世界城市和地方政府联合组织(UCLG)年会暨世界市长论坛,参加此次会议的人员包括 UCLG 高层官员,来自 38 个国家和地区的 100 多个城市的市长,让世界再一次更好更深入地了解了北京城市发展境况。

2006 年 11 月北京召开的中非合作论坛北京峰会是中非外交史上具有转折意义的盛会,是规模最大,级别最高的一次论坛会议。此会议有来自非洲 48 个国家的首脑参加,有来自非洲 48 个国家的 300 多位记者报名参与报道,通过的《中非合作论坛——北京行动计划(2007—2009 年)》促进了南北对话,促进了世界和平与发展,引起了世界的关注。

2008 年 10 月,45 个亚欧会议成员的国家元首、政府首脑、地区组织领导人和代表在北京聚首,参加了北京举办的第七届亚欧首脑会议。会议通过的《第七届亚欧首脑会议关于国际金融形势的声明》和《可持续发展北京宣言》表明,中国作为国际社会的重要成员,在应对全球经济金融动荡具有重要的地位,北京在国际合作与欧亚合作领域发挥重要作用。

20世纪初,北京的对外交往活动中有一件重大历史意义的事件,即成功举办了第二十九届夏季奥林匹克运动会。北京举办奥运会,既是一件国家的事情,又是一件地方的事情。中国以国家的身份与国际奥委会保持良好的关系,积极参加和支持国际奥委会开展的各种活动,而奥运会的具体承办则需要落实到具体的城市,必须有地方的充分参与。自2001年北京申办奥运会获得成功起,奥运会成为这个城市一件重大的涉及经济、社会、文化与政治等各个方面的事件。北京筹办奥运会的过程就是首都充分展示城市形象与国际形象,承担城市责任与国家责任的过程。从1999年9月6日北京2008年奥运会申办委员会在京成立那天起,北京申办2008年奥运会的各项工作全面展开。从申办、筹办到成功举办,北京全力以赴地配合奥申委圆满完成接待任务,同时积极争取国际组织和友好人士支持我国的申奥工作。2000年底,国际单项体育组织在北京进行全面深入的考察,包括奥运会场馆设计规划情况、竞赛安排情况、单项协会总部住地情况等,也了解了近年来北京城市建设和社会发展相关情况。北京市配合奥申委完成接待二十六个国际单项体育组织的考察工作。在2008年奥运会期间,北京在安全保障、交通出行、城市环境整治以及无障碍设施建设等方面采取了许多创新措施,充分展示了北京城市的崭新面貌。例如,加大环境整治力度使空气清新,环境优美;交通建设使交通出行顺畅有序;坚持平安北京建设使广大群众参与维稳工作,社会祥和稳定。北京向国际社会敞开了一扇理解中国的大门,使人民群众长期受益。

北京在成功举办奥运会以及随后成功举办的第十三届残奥会,向世界充分展示了中国新时期改革开放的重大成就,充分证明了北京国际交往能力的强化提升。之后,仅2009年,北京市政府外事办公室就审复了45场次的举办境内国际会议的申请。

在新形势、新起点上,北京的社会经济得到全面的发展,首都在全国及世界的地位与作用凸显。2010年底,中共北京市委十届八次全会第一次全体会议上,市委常委会认真贯彻落实中央对北京工作的指示精神,提出认真落实首都职能,全力做好"四个服务",加快推动人文北京、科技北京、绿色北京建设,明确了建设国际活动聚集之都、世界高端企业总部聚集之都、世界高端人才聚集之都、中国特色社会主义先进文化之都、和谐宜居之都的努力方向。"三个北京"建设——"人文北京、科技北京、绿色北京"的理念是将奥运三大理念——"绿色奥运、科技奥运、人文奥运"转化为今后首都发展的新思路,是北京在总结奥运筹办成功经验、立足首都全面发展实际的基础上做出的适应北京在新起点上实现新发展的新要求。这种理念的推广普及,很快融入全市社会生产生活的各个方面,成为全市各个领域不断创新发展的战略引领。

北京市政府积极创新,不断拓展对外交往的形式和领域。北京外事领导小组直接指导政法、文化、外宣、外事等各部门的涉外活动,组织外国驻京机构的人员参与其举办的各种大型活动。北京国际友好城市市长会议于2009年9月30日成功召开,这表明了以首都对外交往为典型代表的我国城市对外交往活动已经形成了一定的规模,城市外交特别是首都外交活动在全国的经济发展、社会进步等各方面均具有影响力。

北京市政府组织市民开展国际性活动。比如,北京充分整合和利用教育教学资源,开展了"北京市民讲外语"活动。2000年初,市政府在全市开展市民讲外语活动,得到了广大市民的热情响应。2002年成立了北京市民讲外语活动组委会,正式将这项活动列为重点工作,全面实施《北京市民讲外语活动规划(2003—2008)》。这不仅在提高全民外语水平方面发挥作用,而且更重要的是通过北京市民讲外语活动推进城市的国际化水平不断走向深入。随着这个项目及其系列活动不断地开展,从行业英语大赛到唱外国歌曲大赛,再到居民小区的英语学习班,带动了北京市民更广泛地参与国际文化交流与交往活动中。在这一时期,北京市有近100万名市民参加业余学习外语活动,进京短期逗留人数达到300多万人。

北京对外交往活动逐渐形成了制度化、网络化的模式。由于信息化、网络化的发展,数据应用在对外交往活动中也越来越普遍,提高了办事效率,促进了北京现代化城市的快速发展。市民文化素质提高的同时,北京国际化大都市的潜力得到彰显,北京市国际影响力得到提升,吸引更多的外资机构与国际组织入驻北京。北京朝着世界城市的目标不断迈进,总部设立在北京的国际组织增多。截至 2010 年底,在京常驻外国机构达到 14360 家。

第四节　国际交往中心成为首都核心功能

21 世纪的第二个十年,我国在国际社会的影响已经进入深入发展的重要时期,从党的十八大至今,我国的大外交战略已经基本形成,"中国梦"的实现,"一带一路"战略的实现,都要靠脚踏实地地去行动。在这一背景下,北京国际交往中心建设提到国家战略的高度,成为中央赋予北京的核心功能之一。

4.1　北京面临的国内国际形势变化

在全球化迅猛发展的时代背景下,国家之间的相互联系和依存关系的程度空前加深,全球政治经济的多极化发展新格局正在加速形成。世界多极化和经济全球化深入发展,各国综合国力竞争激烈,随着交往领域的扩大,程度的加深,次数的频繁,摩擦和冲突潜存,不同制度模式和发展道路角逐持续存在。世界经济和政治相互依赖的敏感性提高,脆弱性增强,以非传统安全为代表的大量新生"低政治"领域问题的日益凸显。相互依赖的世界经济特征变得越发复杂,国际和跨国交往的迅猛发展不仅意味经济上的合作和互惠,经济发展不平衡引发的各种竞争和争端大有不断加剧之势。国际金融危机的影响一直没有消除,美欧经济依然低迷但又呈现缓慢复苏的趋势,新兴国家和发展中国家成为治理全球紧迫问题的重要角色,各种多边和双边关系相互交错、相互牵制。各国都在积极谋求抢占战略制高点,加紧展开新一轮的战略调整,进行利益、影响力和话语权的争夺。

　　国际力量不断分化组合,围绕国际政治新格局的博弈不断加剧,国际政治经济形势日趋复杂多变,各种矛盾错综复杂。美国利用北约、欧盟扩大西方在苏联空间的影响,欧盟 2013 年与摩尔多瓦、格鲁吉亚签订"联系国协定",而欧盟最主要的目标乌克兰因宣布暂停签署"联系国协定"的准备工作、加强与俄罗斯的经济合作关系而引发乌克兰分裂危机,[①]目前,俄罗斯总统普京重返克里姆林宫之后,加紧推进欧亚一体化进程,美俄地缘政治较量升温。在叙利亚和伊朗核问题、打击恐怖主义、阿富汗和防止核扩散等问题上,俄美两国也存在各自不同的大国思维和战略利益,既相互争夺又不可能绕开对方单独行事,双方关系维持在"冷和平"加"冷合作"的奇特状态。美国总统奥巴马将更多的军事、经济、外交资源用在亚太事务上,加速推进"亚太再平衡"战略,持续推进重返亚太进程,推动着眼太平洋—印度洋新两洋战略框架的亚太同盟体系形成,以美国为中心地位的网状模式,发挥美国在亚太地区事务中的主导作用。在美国势力影响下,亚太地区国家接连推出各自的"再平衡"战略。印度谋划 2.0 版本的不结盟战略,从"东向"变为"东进",韩国谋求施展"中等国家外交"。国际体系的巨大变动也清晰地暴露了当前全球政治、经济治理的局限性,国际政治经济体系内各种矛盾不断积聚和激化。

　　从国内形势来看,自党的十八大以来,中华民族伟大复兴进入一个新的阶段,我国进入中华民族伟大复兴中国梦的逐步实现期。中国正逐步实现现代化,成为世界主要的中心国家。我国经济发展进入新常态,国家经济发展动力正在向创新驱动转移。2010 年中国经济总量超过日本,成为世界第二大经济体,已经构成了国际体系演进的一个重要分水岭,即中国已经崛起为国际舞台上最主要的全球性大国,而且这一崛起进程仍在持续之中。国家战略发展对北京提出了新的要求。在全国改革开放进程中,北京作为首都,城市发展取得了巨大的进步。"1978 年至 2012 年,北京人均 GDP 从 797美元上升到 13857 美元,按可比价格计算增长了 11 倍,实现了从低收入地区

---

① 冯绍雷. 俄罗斯与欧盟关系研究[J]. 俄罗斯研究,2015 – 07.

向高收入地区的成功跨越;居民消费水平从330元上升到30350元,按可比价格计算增长了23倍,居民生活率先基本实现现代化。城镇人口从479万增加到1783.7万,城市化率从55.0%上升到86.2%。国际化程度和在全球城市网络中地位不断上升。"①北京已经成为世界一线城市,在国际上的知名度与影响力已经前所未有地得到了提高。

我国的外交工作自党的十八大召开以来,也进入深入发展时期,在广度、深度层面均发生了质的飞跃。我国在国际舞台的重要作用日益显现。中国外交和国际战略的轮廓已经清晰呈现。在应对挑战时,我国不仅着眼国家安全战略,而且具有世界大局观念,着眼人类社会的文明与进步,习近平同志提"中国梦"时,强调:中国梦是世界和平的梦。要实现的"中国梦",不仅造福中国人民,而且造福各国人民。我国通过开展积极外交战略,维护本国国家安全之外,还广泛参与国际事务,与国际增加互动,在国际社会承担符合人类正义的国际责任。自2000年以来,中国在联合国的常规会费比额大幅攀升,体现了中国负责任大国的作用。2013年缴纳的联合国常规会费达到1.3亿美元,会费分摊比额上升到5.148%,位居第六。中国执行联合国赋予的维和任务,向人道主义灾难严重的国家和地区派出了一批又一批维和部队,为一些贫穷落后的国家和地区提供了无数的粮食和物资。中国在推动国际政治经济新秩序的建立、推进世界和平与发展中越来越发挥重要作用。随着中国综合国力的日益加强,中国有能力、有责任与义务为国际社会提供更多的公共产品,在国际舞台发出中国的声音,提出更多中国自己的方案与建议。

面对世界政治经济格局的复杂形势,我国国家领导人高瞻远瞩,深谋远虑,向国际社会推出全球治理的中国主张,提出拉动世界经济增长的经济发展倡议,筹划构建利于世界各国共同发展的国际机制。2013年,习近平主席在出访哈萨克斯坦和印度尼西亚期间分别提出了建设"新丝绸之路经济带"

---

① 杨开忠. 京津冀大战略与首都未来构想——调整疏解北京城市功能的几个基本问题[J].人民论坛·学术前沿,2015(1).

和"21 世纪海上丝绸之路"的战略构想。"一带一路"战略构想一经提出,得到沿线众多国家的积极响应,各国纷纷积极地表示希望与中国进行合作,实现发展战略相互对接。在"一带一路"战略基础上,为了有效促进亚洲国家在基础设施领域的投资,我国于 2014 年 11 月发起建立亚洲基础设施投资银行和设立丝路基金,以有效保障"丝绸之路"沿线地区的基础设施建设。这对于极大地满足亚洲国家的现实需要,有力地推动亚洲互联互通奠定了基础性的资金保障与制度保障。目前,丝路基金有限责任公司于 2014 年 12 月 29 日已经在北京成立,并开始运行。根据《亚洲基础设施投资银行协定》,亚洲基础设施投资银行也于 2015 年 12 月 25 日正式成立,总部设于北京。

4.2　北京城市功能新定位

面临新的国际形势和国内发展战略,首都发展也面临新的战略定位。北京如何发挥大国首都的功能,使中国在国际社会上形成强大的感召力,树立良好的国际形象,争取更多的话语权等,都将面临更多挑战,而在我国城镇化加速推进的背景下,由于首都特有的功能优势,使北京的城市化进程远远快于国内其他城市,带动人口加速聚集,这不仅给城市资源环境带来了巨大压力,导致交通严重拥堵、水资源短缺、生态环境恶化。而且这些内部约束,同样对城市管理和服务提出了严峻挑战,城市运行成本提高,社会治理任务加重,"特大城市病"的各种症状越来越突出,影响首都形象、国家形象。

随着国家战略调整和北京经济发展阶段演变,北京城市总体规划不断完善和优化。2014 年 2 月,习近平同志在北京考察工作时提出,"要明确城市战略定位,坚持和强化首都全国政治中心、文化中心、国际交往中心、科技创新中心的核心功能。建设和管理好首都是国家治理体系和治理能力现代化的重要内容,并就推进北京发展和管理工作提出,要明确城市战略定位,坚持和强化首都全国政治中心、文化中心、国际交往中心、科技创新中心的核心功能,深入实施人文北京、科技北京、绿色北京战略,努力把北京建设成为国际一流的和谐宜居之都"。① "四个中心"是立足北京的当前发展态势，站在全面建成小康社会的 13 亿人口大国首都和国际社会大国首都的战略高度上而确立的城市功能新定位。

北京国际交往中心建设是中国开展对外交流、参与国际事务的必然要求，对首都城市功能战略调整、服务中央开展全方位外交活动、向世界展示中国深化改革开放的国家形象具有重要的意义。新时代、新阶段对北京城市发展提出新要求，2015 年京津冀协同发展规划纲要出台以后，按照"多点一城"的疏解格局，老城重整的思路，疏解非首都核心功能。北京国际交往中心建设被提到重要日程。从实现中华民族伟大复兴的战略高度去推进北京的各项发展建设工作。

"十三五"及未来一段时期，要坚持从首都战略定位出发，正视现实、面对挑战、积极进取，强化全国政治中心功能，进一步提高"四个服务"能力，维护首都安全稳定，以首都标准为全国做出示范和表率。同时，要以国际标准服务国家重大外交活动，代表中国参与全球治理，面向世界展示我国发展建设的巨大成就，力争打造世界一流的现代化、综合型国际交往中心。

4.3 北京对外交往活动新突破

北京市的对外交往活动内容与范围也都发生重大突破。从单纯地配合中央总体外交政策实施发展成为积极主动在国际社会中建设首都新形象。优化首都核心功能，这种飞跃是与时代的变迁密切相关，与中国政治经济发展分不开的。首都的战略定位必须充分体现一个世界强国的形象。我国与其他国家和地区的交流应该说会更加频繁，规模会更大。因此，如何能够满足更加频繁、更大规模国际交往的需要，满足创新型国家发展的战略需要。

中国的外事交往活动的数量、规模、频率呈几何倍数增长，地方政府参于国际活动促进城市利益发展是顺应时代的举动。与其他地市不同，作为首都，北京一方面通过落实国家战略决策服务于国家总体外交，另一方面通

---

① 2014 年，习近平视察北京讲话。

过城市规划改革提供和创造优质的环境,以达到首都发展的各项标准。目前,北京对外交往的重点围绕建设国际交往中心这一战略定位来进行。

第一,服务国家总体外交。北京协助配合外交部、中联部等中央外事部门,接待外国到访的团组,安排外宾考察和游览活动。一个重大的事件是完成 APEC 会议筹备和服务工作。2014 年 APEC 会议在中国召开是我国举办的重大主场多边外交活动,意义重大,影响深远,也是展现中国作为负责任大国的良好形象的重要机遇。北京非常成功地承办了这次会议,成为亚太发展的重要里程碑。峰会共有来自 12 个国际组织 38 个经济体的 1500 名代表参加会议,北京全市各区县、各部门、各单位协调运转,确立了北京市服务工作机制,全面承担礼宾接待、安全保卫等任务,圆满完成服务保障工作,为国家外交大局做出贡献,展示了北京的首都形象与服务能力。另外,在国家外交方针指导下,安排出席外事活动,邀请国外重要客人来北京出席国际活动,加强国际交往,推动北京市与美国地方政府、金融机构、科技文化企业开展务实互利合作。

当前,北京携手张家口正在申办 2022 年冬奥会,这是城市承办大型赛事的创新,首都与其他城市共同联手,为国家举办大型国际活动共同承担任务。无疑,这也更加突出北京国际交往中心建设要有所创新、有所突破的重要意义。北京的综合承载力和人口、环境、资源、交通承载力接近极限,已经成为制约其可持续发展的桎梏和短板,应当主动转移,优化升级,以疏解首都非核心功能为重点。而作为核心功能的国际交往中心的建设,在建设理念、建设方式、建设模式方面都需要进一步提升。

第二,服务北京社会发展。一般而言,地方政府的外事活动总是要满足服务中央总体外交大局的需要,同时也要兼顾城市自身社会经济发展的综合需求。我国地方外事活动对外交往的方式逐渐多样化,交往内容丰富多彩,是国家总体外交活动的重要组成部分。北京发挥资源优势,推动北京国际活动聚集之都建设。举办大型国际活动,如北京电影节、北京香山旅游峰会、丰台区世界种子大会、延庆举办世界葡萄大会和国际葡萄酒博览会、北京国际风筝节等,来自海内外的人士参加展示与交流。北京国际交往活动吸引大量国外游人,使全世界更多更深地了解北京、使北京文化加快了"走出去"的步伐。北京国际风筝节吸引来自美国、英国、瑞典等 14 个国家和北京、天津等 19 个省区市,以及台湾地区、澳门的 42 支代表队、120 多名中外队员前来参加,其中不乏国际级风筝大师和非物质文化遗产传承人。在京工作、学习的 300 多名外国朋友也参加了风筝节,并在风筝大师的现场指导下,亲手制作风筝并放飞。

北京承办的中国(北京)国际服务贸易交易会(京交会),为国际服务贸易提供合作平台,为世界各国企业提供服务窗口,获得了国际、国内的普遍认可。这个大型交易会自 2012 年起,每年 5 月 28 日在北京举行,促进了全球服务贸易的快速发展,搭建全球服务贸易交易平台。京交会服务内容涵盖世贸组织界定的服务贸易所有的领域,包括商务服务,通信服务,建筑及相关工程服务,金融服务,旅游与旅行相关服务,娱乐、文化与体育服务,运输服务,健康与社会服务,教育服务,分销服务,环境服务,其他服务,成为国际服务贸易的洽谈交易平台、国际服务贸易政策的研讨发布窗口、各国服务贸易企业的交流合作桥梁。北京为此做出了巨大的贡献,已经把京交会举办成具有持续发展力和国际影响力的国际盛会。同时,也向世界各国展示了首都北京作为中国政治中心、文化中心、国际交往中心的发展和新变化,突出北京在城市经济发展、基础设施建设、社会建设、国际化程度、现代化水平、城市美誉度等方面都取得的进步。

随着多类国际化资源要素的不断聚集,北京国际化优势日益巩固。建设国际交往中心是充分发挥北京优势,全面提升北京对外开放层次的体现。目前,已经有大量的国际机构落户北京,如国际商会、国际金融机构、跨国公司地区总部、国际传媒机构等,北京成为我国对外交往的重要窗口和承载地。北京与世界各国首都和一些友好城市为交往对象,平等互利,相互尊重,友好合作,在国际政治经济秩序的构建中所起的作用在逐渐增强。

自 2011 年至今,北京持续鼓励外资跨国公司在京设立地区总部、研发中心、采购中心、财务管理中心等功能性机构,引进民营总部企业。外资跨国公司的地区总部被称为跨国公司的"区域头脑",通过这个"区域头脑",跨国公司把命令传向它在中国以及在亚太区的工厂、办事处、子公司。在"区域头脑"的引领下,跨国公司在区域内形成资金、生产、贸易、人才和信息集中运作的网络。落户北京的跨国公司地区总部有美国的摩托罗拉、朗讯、英特尔(中国)公司和微软(中国)公司,德国的西门子、曼内斯曼,瑞士的 ABB 和雀巢,芬兰的诺基亚,丹麦的诺和诺德,加拿大的北电网络,法国的阿尔斯通、德国的施耐德、得利满,瑞典的爱立信,日本的百特、东陶、日立、东芝,韩国的三星、LG 电子、泰国的正大等。中国民营企业成长壮大步伐加快,一些北京之外的其他省市的企业把总部地址设在北京。比如,青岛的海尔电脑营销总部、太原的经纬纺机总部、兰州的蓝星集团总部、河北的旭阳控股有限公司、大连的华锐风电科技有限公司总部等。这些企业在各地建立有工业园区、办事机构,把总部地址设在北京,有的侧重研发,有的侧重营销,以北京作为企业壮大、走向世界的基地和平台。

北京本土的总部企业也在成长。比如,联想集团、首钢公司、中国中铁、冶金科工等。这些中国总部经济发展的中坚力量,在国内外成立了多家专业化的分支机构,专门从事研发、设计、咨询等业务。

北京疏解非首都核心功能是现实的要求,"许多带中国字头的企业只是把总部设立在北京。例如,中国石油、中国石化、中国移动,中行、工行、建行、农行四大商业银行以及华夏、民生银行等的总部都在北京"。① 目前,有关部门公布的中国 500 强的大公司中,总部在北京的企业达五分之一强。

北京市政府 2013 年 9 月出台《关于加快总部企业在京发展的工作意见》指出,"总部经济是首都经济发展的重要组成部分,总部企业是总部经济发展的主体。引导和支持总部企业在京发展,实现北京总部经济持续发展,增强了北京吸引、集聚跨国公司地区总部的影响力和辐射力"②。在 21 世纪,城市已经成为重要的次国家行为体和外交活动的主要场所,北京在全球治理中的角色越来越重要,发挥的作用日益增强,世界各地对北京的向往与

---

① 北京日报[N]. 2015 – 03 – 26(1).

② 2013 年 9 月,《关于加快总部企业在京发展的工作意见》。

期待越来越多。

第三,调动全市居民热情,创建国际一流宜居城市。随着国际化特色活动的屡屡展开,北京作为国际交往中心的功能日益凸显,各项国际活动大规模开展,也对北京国际交往中心的建设提出更高的要求。

如何把握国际潮流,搭建持续性综合服务平台,全面提升服务和保障水平,巩固专业交易平台,与世界各国和地区城市的文化交流与经济合作,已成为北京进一步建设国际交往中心的迫切要求。如何强化国际交往中心建设,发挥北京在国际交往中的作用,已经提到北京城市功能建设的重要位置。

北京市规划完成了《首都国际语言环境建设工作规划(2011—2015年)》,确定了北京城市国际语言环境建设各方面的要求,包括城市外语环境建设的指导思想、工作目标、工作阶段和具体措施,目的就是要为北京的国际交往活动提供技术服务,建设符合国际交往中心发展需要的城市语言环境。在实践工作中,全面检查与整改外语标识,对全市各个系统与区域的外语标识进行清查改正,使之符合标准。实施公共场所外文宣传标语口号申报审核制度,协助全市多家单位完成新识的翻译和审核工作,举办北京外语游园会,吸引众多市民参加。

北京的对外交往活动与北京城市宜居建设紧密结合,以人为本,不断跟紧世界科技前沿领域发展动态,利用世界资源为居民创造良好的国际氛围,为我国提供创新发展的平台与渠道。比如,近年来,全球生命科学和生物技术领域发展迅猛,生命科学正在引领世界科技发展的新潮流。我国对科技创新高度重视,2016年在北京举办的世界生命科学大会获得世界高度评价。来北京参加世界生命科学大会的人员中,有10位诺贝尔奖获得者,他们的观点与成果以及带动的生命科学研究领域的讨论、研究将指导中国生命科学的发展,为北京城市发展提供重要的驱动力。这种学习交流活动目前已经成为北京国际交往中心建设的一项重要内容,通过世界高水平的科学前沿领域的交流,创造合作机会,促进城市发展,造福人民,不仅为本地本国居民创造机会,也为全世界人民创造福利,这是北京国际交往中心职能提升的一个重大标志。

北京国际交往活动创新方式还表现在不断关注外籍人员在北京生活与居住的状况。通过影响外籍人员的观念,让他们把在北京城市的感受与体会传播到世界各地,这是北京开展对外交往活动的一个方面,也是公共外交的重要内容,是让国际社会更多更深入了解我国的一个重要渠道。2016 年北京举办的总部企业家健步走活动就是一个典型的例子。在这次活动中,在京的中央企业、总部企业、跨国公司地区总部、国际经济组织、总部经济集聚区等 200 多家机构派出 500 多名代表参加,北京为这些总部企业提供了良好的条件,既促进总部企业间的联系和交流,也加深了这些总部企业人员对北京的深入了解,有利于北京经济发展,也有利于国家形象的传播与国家利益的实现,达到了互助共赢的效果。

第四,友城合作持续发展。友城合作持续多年,使北京市的国际友好城市遍及亚洲、欧洲、美洲、非洲和大洋洲,友好城市网络已经初步形成了规模,合作领域也逐渐扩大。友好城市的交往与发展演变的影响因素包括国内外政治经济形势和国家的对外政策。就一般而言,国际友城的建立与友好往来是为国家总体外交服务的。随着我国国家实力的不断增强,国际地位不断提高,国际影响不断增大,越来越多国家的城市与北京建立友好城市往来联系,城市间的交流与合作在规模与内容上不断扩大增多,城市间的联系程度日益加深。北京市成为国际社会认识中国社会、了解中国发展变革状况的窗口。进入 21 世纪以后,尤其是最近几年,北京友城活动与国际经济合作、国际文化交流与合作相伴而行,国际交往中心的功能得到有效发挥。北京正在发挥一个塑造和平发展、合作共赢形象的大国首都的作用,在国际体系中传达友好信息,维护国家利益。

北京市与其友好城市之间的交流不再局限最初的国际文化交流、国际体育赛事交流、国际教育合作等方面,而是迅速扩展到国际经贸合作、国际科技合作、世界城市管理与治理等方面的交流、合作与研讨。北京对外交往的形式也发生了重大转变,从最初的人员国际交往、物品的跨国流通等形式逐渐扩展到国际高新技术交流合作、国际信息交流合作等方面。随着友好城市逐渐增多,城市交往方式的改变,北京的国际交往内容也变得十分丰富,不仅涵盖国家政治、经济、文化和社会的全部内容,而且也涉及城市生态环境、城市交通、城市建设的各个方面。从友城合作的主体对象来看,北京城市的一些区县也与国外城市相应级别的区市结为友好城市,北京对外交流的层次已经扩大到几乎所有市属局级单位、民间团体和区县,这些基层单位已经在北京市对外交往活动中发挥重要的作用。

北京市与日本东京友城活动持续进展过程中,活动逐渐地细化至各个城区。比如,日本东京都中野区与北京西城区的国际交流活动不断创新模式,共同举办少年软式棒球友好交流比赛。日本九州地区民间友好团体也多次访问中国,与北京举办各种国际交流活动。这些活动丰富了城市国际交往的内容,使城市交往活动主体变得多元化,对中国广泛地开展公共外交起到了推动作用。

在我国总体外交的框架下,北京积极打造具有国际影响力的多边交流合作论坛平台,建立友好交流机制,促进友城务实合作,成为促进中国对外交往的重要推动力量,推动中国与其他国家关系的健康发展。北京友好城市范围不断扩大,合作领域不断拓展。"2013 年北京地区海关进出口总值 4291 亿美元,实际利用外资 85.2 亿美元,世界 500 强总部 52 家,位居全球城市第一,注册外资企业 26000 家。在对外交往中,北京主动积极地寻求与国外城市建立友好关系,北京各区县对外交往活动也在不断增多。截至 2014 年 2 月,北京市已与世界上 50 个城市建立了友好城市关系。通过友好城市交往,城市居民或文化交流活动日益增加,各国人民通过城市间的活动增进相互了解,传递本地文化习俗,价值观念,为国家间和平共处奠定了坚实的基础。"[①]城市之间进行的经济、科技、文化等方面的交流与合作,不仅促进经济发展,而且推广各地文化相互交流,相互理解,推动人类文明进一步发展。城市社区在对外文化交往活动中的参与人员不断增加,形成了一定的网络体系,民间、官方、商业机构各主体相互促进,对外交流的领域从传统

---

① 北京日报[N]. 2015 – 06 – 16(1).

的在文化、体育、教育、经贸逐渐扩大到环境保护、市政管理、城市交通、社会福利等领域,从而直接推动了北京城市的对外交流与合作。

第五,北京基础设施与保障措施进一步完善。随着北京国际交往活动的增加,北京市政建设方面特别地加大对北京基础设施的进一步完善,适应大规模的数量频繁的对外交往活动。为优化首都城市空间布局,北京新机场已经开始建设。北京新机场是大规模的国际航空枢纽,远期规划年旅客吞吐量在1亿人次以上,是北京国际人员往来的重要平台,是服务国家对外交往的重要举措。《北京新机场临空经济区规划(2016—2020年)》规定,首都新航线以发展临空经济为主体,促进临空经济发展。临空经济既是区域经济的新引擎,也是城市发展的新动力。北京天竺综合保税区的建立也是北京保障国际交往能力提升的一个重要措施。北京天竺综合保税区是北京政策功能优势的体现,对促进国际文化贸易提供了便利的平台,有利于北京文化对外传播,充分体现了北京国际交往中心规划方面的导向。除此之外,金融机构建设也在大力加强。许多国际金融机构在北京。

第六,北京国际交往活动更加注重双向流动。北京的国际交往活动内容日益丰富,传统的国际文化交流为内容的活动方式逐渐转型为国际文化贸易方式。北京对外文化贸易在21世纪第二个十年之后发展特别迅速,文化产品与服务带动了人员的国际往来,文化机构的国际交流活动也日益增多。比如,影视产品从单纯出口电影、电视剧目等转型为参与国际影视全产业链的活动。在这样的对外合作中,影视机构与人才走向世界,全面拓展生产空间,也向国际社会展示了北京形象,讲述了中国故事。北京对外文化贸易成为北京国际交往活动的重要组成部分,文化产品越来越多地出口到世界各地,文化服务也越来越广泛地走向全球每个角落。北京许多剧目组到国外驻场演出,既传播了北京的文化,也带动了北京世界城市的建设,提升了国际交往中心的作用。

综上所述,我们认为,北京的首都职能不仅表现为北京是全国政治中心,全国文化中心,更为重要的是,在全球体系中,北京是崛起中的大国的首都,是中国与世界各国与地区进行国际交往的重要城市,世界瞩目于北京的各种国际交往活动,北京也在国内国际形势中逐渐地丰富国际交往的内容。国际形势复杂多变,国内政治经济文化生活需求不断增加,北京一定要强化国际交往中心建设,构建国际交往成熟的机制,安全、有效地完成配合国家外交的任务,顺利地进行北京城市建设,发挥北京在京津冀一体化中的作用,发挥北京在"一带一路"战略实施中的作用,这是时代赋予我们的历史使命,也是北京需要着力解决的重大课题。

第三章 "一带一路"背景下
北京国际交往中心的基本功能与战略目标

全球化及全球化的过程对世界格局产生了巨大影响。随着城市化进程的加快,越来越多的人将移居城市。作为次国家行为体,随着全球通信网络的发展,城市在国际交往中发挥的作用凸显。在全球化进程中,城市可以看作重要节点,这些城市聚集了具有世界影响力的国际组织、跨国公司等,使城市日益成为国际政治舞台上发挥越来越重要的角色。城市在国际政治舞台的地位上,主要理论表现就是城市外交的复兴。城市日益掌握了全球经济、政治和社会生活的命脉,城市在全球政治经济网络中的地位上升,在理论上的一个重要表现就是城市外交的复兴。[①] 诸如纽约、东京、伦敦等世界城市在国际关系领域有不可忽视的影响力,而这种影响力除了来自对这些城市的自身体量和经济实力外,在国际交往上所起到的重要作用也不容忽视。

在全球气候变暖、全球经济复苏、人道主义干涉以及难民问题等诸多外交领域中,伦敦、东京、纽约等世界城市不断加强彼此间的合作,应对城市治理面临的诸多难题,推动城市的可持续发展。举例来说,在众所周知的巴以冲突问题上,长久以来国家间的合作并没有带来有效的解决办法。但加拿大的一些城市却参与到巴勒斯坦地区的市政项目建设中,推动该地区基础设施建设和经济社会的发展,从客观上有助于推动了和平进程。[②] 虽然在国

---

① 赵可金,陈维. 城市外交:探寻全球都市的外交角色[J]. 外交评论,2013(6):61.

② Kenneth Bush, Building Capacity for Peace and Unity: The Role of Local Government in Peace—Building, Ontario: Federation of Canadian Municipalities, 2004.

际关系领域,国家行为体依然是主导,但是作为非国家行为体的城市,在国际关系中已经开始崭露头角,正在诸多领域发挥自身独特的功能作用。

数据显示,截至 2015 年 3 月,我国有 30 个省、自治区、直辖市(不包括台湾地区及港、澳特别行政区)和 446 个城市与五大洲 133 个国家的 475 个省(州、县、大区、道等)和 1457 个城市建立了 2166 对友好城市(省州)关系。[①]这说明,我国的城市外交正在逐步走向成熟。2001 年,我国在城市外交上进行了新的探索,中美共同建立了省州长论坛,成为两国地方交流合作的新平台。

首都是国家的政治中心,是集中展示国家物质文明和精神文明的窗口,是国家精神和民族凝聚力的象征,也是国际国内交往的桥梁和纽带。[②] 2014年 2 月,中共中央总书记习近平视察北京并发表重要讲话,对北京的核心功能做出了明确的城市战略定位,要求坚持和强化北京作为全国政治中心、文化中心、国际交往中心、科技创新中心的核心功能,深入实施人文北京、科技北京、绿色北京战略,努力把北京建设成为国际一流的和谐宜居之都。其中,国际交往中心成为北京城市核心的功能之一,进一步明确了北京在促进中国国际交往中的未来担当,也为北京推进世界城市建设指明了方向。作为中国的首都,推动国际交往中心建设也是北京建设世界城市的应有之义。

近年来,中国先后提出了建设"丝绸之路经济带""21 世纪海上丝绸之路"等一系列重大倡议,逐步构成了较为完整的"共建丝绸之路经济带和 21世纪海上丝绸之路"(以下简称"一带一路")战略。这一战略覆盖了亚欧大陆 60 多个国家,包括东南亚、中亚、中东、中东欧乃至非洲等地区。根据国家发展改革委、外交部和商务部发布的《推动共建丝绸之路经济带和 21 世纪海上丝绸之路的愿景与行动》,"一带一路"旨在促进经济要素的有序自由流动、资源高效配置和市场深度融合,推动更大范围、更高水平、更深层次的区域合作,共同打造开放、包容、均衡、普惠的区域经济合作框架。可见,"一带一路"的概念更多涉及的是经济事务。但是,"一带一路"绝不是一个单纯的

---

① http://www.cifca.org.cn/Web/YouChengTongJi.aspx.
② 张茅.北京建设国际交往中心研究[M].中国旅游出版社,2001-06.

经济概念,经济的发展、交流、合作,离不开各国及其城市之间的各种交往。在涉及道路、桥梁、港口等硬件基础设施的建设上,都需要重要节点城市的积极参与才有可能取得成效,城市外交可以看作"一带一路"的重要环节。一个城市的功能定位和战略目标会伴随国内国际形势的变化而不断充实。就北京国际交往中心的基本功能与战略目标而言,随着"一带一路"战略的深度展开,其内涵也会随之更加丰富。

第一节 "一带一路"背景下北京国际交往中心的基本功能

1.1 政治功能——搭建起"一带一路"沿线区域国家政治交流的重要平台

国际交往中心,顾名思义,就是国际间各种行为体相互交往的中心。自进入 21 世纪以来,在国际关系领域,主权国家虽然仍发挥不可替代的作用,但城市却正在发挥越来越重要的作用。以纽约、伦敦、东京等世界城市为例,这些城市普遍建立了遍布全球各地的关系网络,吸引了众多的政府间国际组织、跨国公司、非政府组织等建立总部,在涉及推动世界经济复苏、全球气候变暖等国际政治议题上有一定的话语权。

可以说,随着技术、经济、社会的全球化,城市逐渐变成了关键性活动的主体,日益成为全球政治、经济和社会活动的重要参与方。城市外交也成为国家外交的重要补充,越来越多的城市不仅越来越积极地参与所在国家的对外交往的过程中,还纷纷效仿驻外大使馆在海外设立办事处。

如果说 20 世纪是国家民族的世纪,那么 21 世纪就可以被看作城市的世纪,城市的发展进步为人类社会的发展进步提供了强大动力,推动了人类文明、政治、经济和社会的发展,也成为世界各国和人民互相交流的重要纽带。首先,城市外交已经成为世界政治经济结构、进程的组成部分,无论是国家间的政治交往还是商业资本的流通,乃至民间交流都是依赖城市,即便外交活动不直接发生在城市,城市也为外交活动、人类交往活动提供交通、通信等重要支持。其次,城市是所有国家的外交决策中心所在地,包括伦敦、纽约等世界城城市为国际行为参与外交进程提供平台,同时也是外交英才、媒体舆论、思想碰撞的聚集地。可以说,无论在哪个国家,中心城市往往反映该国的文明和文化,城市外交不仅是一种交流互动,更是彰显所在国家民族文化的重要途径。最后,城市外交为开展公共外交提供了良好的发展机遇和广阔的舞台,从历史发展趋势来看,十八九世纪是王朝外交的时代,20世纪是国家外交的时代,21世纪被认为是城市外交或者公共外交的时代。据预测,截至2050年,2/3的世界人口将居住在城市。城市外交兼具官方和民间色彩,相比传统外交来说,更加体现了新时代的特征。

随着城市外交的兴起,具备全球影响力的世界城市在国际进程中扮演尤为重要的角色。比如,东京、伦敦、纽约等城市在金融产业上,巴黎在文化上以及在某些领域有独特影响力的洛杉矶、新加坡、法兰克福、罗马、哥本哈根、阿姆斯特丹、休斯登、苏黎世、大阪等城市,越来越多的城市正积极参与国际政治进程。在一些领域,城市可以提供一种参与性的活动框架,这种框架要比民族国家提供的更加开放、更加灵活、更加有力。①

据统计,目前,我国有30个省、自治区、直辖市(不包括台湾地区及港、澳特别行政区)的447个城市与五大洲133个国家的475个省(州、县、大区、道等)和1460个城市建立了2171对友好城市(省州)关系。② 1992年,在中国的倡议下,中国国际友好城市联合会成立,1999年对外友协以中国地方政府代表的身份加入了世界城市和地方政府联合组织(UCLG)的前身——地方政府国际联盟(IULA)。随后,广州、上海、湖南、天津等我国城市和地方政府作为创始会员加入UCLG。近年来,我国城市公共外交的步伐正在加快,目前,天津、上海、广东等地纷纷成立了地方公共外交协会,广州市更于2013年9月成立了全国首家城市外交协会,城市外交日益成为国际关

---

① 里斯本小组.竞争的极限——经济全球化与人类的未来[M].张世鹏译中央编译出版社, 2000.

② http://www.cifca.org.cn/web/YouChengTongJi.aspx.

系研究领域关注的热点之一。

近年来,北京正在不断尝试更加积极地参与国际政治进程中去。2014年11月,北京迎来了当年中国主场外交的重头戏,2014年亚太经济合作组织领导人非正式会议在这里举行。来自APEC的21个成员经济体1200多家中外企业和机构的1500多名注册代表,出席了APEC工商领导人峰会。这场覆盖亚太地区28亿人口、占世界经济总量半壁江山成员经济体的盛会,更加强化了北京的国际交往中心地位,提升了北京的国际影响力。

目前,北京市与72个国家的124个首都和大城市建立友好往来关系,其中已与37个国家的41个城市建立了友好关系。北京现有外国驻华大使馆137个,国际组织和地区代表机构17个,外国新闻机构190个。在北京设立的国外驻京代表机构已超过7000家,全球最大的500家跨国公司已有185家来京投资。每年在北京常驻的外国人达20多万,来自外国的留学生17000多人。2014年,在接待国际会议数量的全球城市排名中,北京以104个的接待量位列第14,占全国1/3,居中国首位,亚洲第二。2014年北京旅游共接待旅游总人数2.61亿人次,其中,待入境旅游者427.5万人次。从国际机构和友好城市数量、国际交往频繁程度以及国际交往人口三项国际交往中心的主要指标上来看,可以说,北京不仅是我国的国际交往中心,也是亚洲乃至世界范围内最重要的国际交往城市之一。

"一带一路"战略既不能简单地定义为经济上的项目运作平台或经济带,也不能定义为地域上的陆上或海上通道,它是一个经济、政治、文化等因素相互交织构成的多层次、多维度、多平台的网络。而"一带一路"的基础是基础设施的建设,包括道路、桥梁、铁路、机场以及电力、油气等。翻开"一带一路"规划图可以发现,这些基础设施的建设必须依赖于城市、开发区、产业园区等,也就是说,离不开城市的支持。所以说,城市已然成为事实上的"一带一路"节点。"一带一路"不是"马歇尔计划",不是所谓的对外援助,而是建立在基础设施互联互通互用的基础之上的政策沟通、贸易投资等经济合作战略。无论是实施主体还是辅助支撑角色都必须基于市场和双边共赢原则行动,遇到具体问题充分尊重协调、协商解决。既然重要节点城市成为

"一带一路"实施的关键,那么任何事关"一带一路"的区域、多边双边安排也就无法脱离节点城市的参与,城市外交便浮出水面。[①] 对于北京来说,"一带一路"战略无疑是其施展城市外交魅力的一次绝佳契机。目前,北京正在打造国际交往中心,并且在国际政治舞台上呈现越来越活跃的形象。与华盛顿、巴黎、东京、伦敦等国际政治中心城市相比,北京在诸多方面存在较大差距。但相较于"一带一路"沿线其他国家的城市,北京有明显的优势。除业已形成的国际交往城市地位,丰富的历史文化资源和旅游资源带来的城市魅力外,发达的国际交往设施和接待服务能力,都是"一带一路"沿线其他国家城市难以比拟的。因此,北京理所当然要成为"一带一路"沿线国家政策沟通和政治交往的"桥头堡",尤其在参与"一带一路"的进程中,北京要进一步拓展外交功能,加强与沿线国家城市之间的联系。

目前,上海合作组织、博鳌亚洲论坛以及筹建不久的亚洲投资银行等一些国际政治经济组织将总部设在北京。这些国际政治组织虽然有很强的地域特征,但同时也与"一带一路"战略沿线国家高度重合。比如,上海合作组织的成员国、观察员国以及对话伙伴都是"一带一路"战略沿线国家的一员。不可否认,北京正在成为国际行为体进行交往可供选择的重要平台,在推动"一带一路"沿线国家的政策沟通和政治交往上能够发挥至关重要的作用。

1.2 经济功能——"一带一路"沿线区域国家产业合作基地

如前文所述,"一带一路"战略的实施将对沿线国家间贸易和生产要素重新优化配置,并推动沿线国家城市间基础设施的互通互联互用,最终实现沿线国家区域的经济一体化发展。其重点合作领域将给资本市场带来投资机会,所涉及领域包括油气开采运输、铁路、公路、电力电网、通信以及港口等。此外,随着基础设施的互通互联,旅游、农业、商贸物流等领域也将迎来新的发展机会。北京市作为"一带一路"北线以及中线建设的重要节点城市,在产业、项目建设上都将会有较大的发展机遇。此外,在"一带一路"互

---

① 汤伟."一带一路"与城市外交[J]. 国际关系研究,2015(4).

联互通建设的过程中,北京市企业"走出去"的步伐将加快。

北京参与"一带一路"沿线国家和地区合作存在较大的优势和资源,依托国际交往中心建设,致力于成为"一带一路"沿线区域国家产业合作基地。

从经济本质来看,北京国际交往中心就是高价值、高效率、高辐射的世界级总部经济。综观东京、伦敦等世界城市的发展,可以发现,这些城市的世界总部经济的发展都是建立在该城市独具特色的资源禀赋上。只有充分运用城市已有的特殊的资源禀赋,才有可能实现总部经济的发展和突破。一个城市如果没有自己特色的资源禀赋,就很难发展总部经济。① 从世界城市的发展经验来看,世界总部经济发展有一些共同的特点,第一,区域内拥有高素质的人力资源和科研教育资源。第二,区域有良好的区位优势和基础设施。第三,区域具有高效的法律制度环境和多元文化氛围。② 当然政府的积极推动也是重要原因之一。以世界城市为例,东京都有丰富的人力资源和科技教育资源,东京的各类大学190多所,占到日本全国大学的49%。巴黎市政府重视总部经济建设,纽约、新加坡等城市的基础设施建设属世界一流。

2012年12月,北京市委十一届二次全会上,北京市委书记郭金龙指出:"要发挥总部经济的优势,支持总部管理与实体化经营并行发展"。③ 2013年,按照北京市政府促进总部经济发展专题会议的要求,北京市商务委员会先后牵头起草了《关于促进总部企业在京发展的若干规定》《关于加快总部企业在京发展的工作意见》,以及《关于促进总部企业在京发展的若干规定暂行实施办法》《北京市发展总部经济工作部门联席会议制度》等文件,促进了北京的总部经济发展。

近年来,北京的总部经济发展迅速。北京作为中国对外的重要窗口,能够吸引大量外资,总部经济获得了长足发展。目前,总部经济已经成为北京

---

① 张丽丽,郑江淮. 国外总部经济研究进展与述评[J]. 上海经济研究,2011.

② 张泽一. 北京总部经济的特点及提质升级[J]. 经济体制改革,2015(1).

③ 郭金龙在北京市委十一届二次全会上的工作报告:http://www.qianlong.com/2012-12-28.

经济发展的一个重要形态,且走在全国的前列。据美国《财富》杂志公布的数据显示,2014 年世界 500 强企业榜单,北京拥有的世界 500 强企业总部由 2013 年的 48 家增至 52 家,蝉联全球城市第一。日本东京和法国巴黎分别拥有 43 家和 19 家,位列北京之后。但总的来说,北京的世界 500 强企业、跨国公司多是以央企为主,创新能力较强的跨国公司,北京 2013 年的数量不足 200 家,而 2012 年已有约 4200 家跨国公司在新加坡设立了地区总部。可见,北京的世界总部经济发展仍有待提高。

截至目前,由中国发起的亚洲基础设施投资银行意向创始成员国增至 57 个,其中域内国家 37 个、域外国家 20 个。东南亚国家联盟(东盟)10 国全数加入,拥有 28 个成员国的欧洲联盟(欧盟)有 14 国加入,20 国集团(G20)中也有 14 国加入,而"金砖五国"则全部跻身首发阵容,其他国家和地区今后仍可以作为普通成员加入。2015 年 6 月 29 日,《亚洲基础设施投资银行协定》签署仪式在北京举行,亚投行 57 个意向创始成员国财长或授权代表出席了签署仪式。2015 年 12 月 25 日,亚洲基础设施投资银行正式成立,全球迎来首个由中国倡议设立的多边金融机构。亚洲基础设施投资银行的成立旨在帮助亚洲各国加强经济基础,提高地区资本利用效率,促进商业投资对经济增长的促动力。通过筹建亚投行,中国的国际影响力显然增强,而随着亚投行落户北京,北京在"一带一路"沿线区域的资本金融市场增加了话语权,实际上成为"一带一路"沿线区域的资金融通中心。①

除了总部经济优势外,北京还具备经济产业优势。作为中国政治的中心,北京有得天独厚的政治优势,能够获得中央政府对其经济发展的政策和资金支持。

综观中国,北京市是国内少数几个步入后工业化阶段的城市。北京的经济优势一方面体现在巨大的经济总量上,另一方面体现在合理的经济结构上,与时代要求相适应的现代产业业态领先全国。其中,第三产业在北京

---

① 韩晶,刘俊甫. 北京融入国家"一带一路"战略的定位与对策研究[J]. 城市观察 2015(6):50.

的经济结构中已占据重要地位,互联网产业、现代金融业、文化产业等在全国的优势明显。北京拥有国内其他城市艳羡的文化科研资源,并且能够转化为强大的生产力。中关村的软件开发、金融街的资本创富、亚奥新村的会议展览经济、望京的互联网O2O商业,以及遍布全市的各种文化创意园区,充分印证了北京所具备的经济优势。在融入"一带一路"战略的过程中,北京不仅会吸引区域内外优质资源要素的集聚,而且会向域内外输出高端产品和资源,并参与"一带一路"沿线区域的产业分工协作中。

以金融产业为例,北京与"一带一路"沿线区域国家城市相比存在明显优势。据数据显示,截至2015年6月,北京地区基金公司24家、证券公司19家、期货公司20家。大量的消费金融公司、汽车金融公司、金融租赁公司、财务公司以及股权投资机构、创业投资机构在中关村科技园区为核心聚集,新型农村金融机构和小额贷款公司也在蓬勃发展,金融业俨然成为带动全市经济增长、构建"高精尖"经济结构的第一支柱产业。此外,北京还是金融监管中心和政策信息中心,落户北京的金融机构可以得到更有效的政策指引。根据中国证券投资基金业协会登记备案系统统计,截至2015年3月末,北京已在中国证监会完成登记的创业投资和私募股权投资管理机构2079家,管理资本总量1.3万亿元,继续领先全国。在股权投资基金企业快速成长的带动下,社会资本纷纷投入创新创业大潮中,北京的战略性新兴产业和中小微创新创业企业实现了快速发展。金融业目前已经成长为北京的第一大支柱产业,在推动"一带一路"战略实施中必将发挥重大作用,为战略的实施提供巨大的资金支持,而"一带一路"战略也将为北京金融业的发展带来新的巨大机会。北京可以在建立"一带一路"金融产品发行审批与监管中心、"一带一路"金融决策信息中心、"一带一路"跨省市投融资平台、"一带一路"融资提供便利化服务等方面做出努力,使其成为"一带一路"国际金融合作中心。①

以旅游业为例,北京应积极整合自身的旅游资源,主动与国内的其他

---

① 刘薇. 北京在"一带一路"金融合作中的作用[J]. 开放导报,2016-02(1).

"一带一路"沿线城市合作,充分利用自身优势,打造出具有"丝绸之路"特色的国际旅游线路或产品。

首先,北京有国内其他城市无法比拟的历史文化资源,"一带一路"沿线国家也有各具风格特色的历史文化资源,通过挖掘彼此的合作潜力,打造一条"丝绸之路"旅游线路,推动沿线国家在旅游业发展的一体化进程。从海上来看,可加强同东南亚、南亚和非洲相关国家的合作交流,打造"海上丝绸之路"。把"一带一路"沿线旅游建设成为北京市极具特色的重点旅游项目,北京将成为由东向西的"陆上"和由北向南的"海上"两条国际旅游线路的游客重要集散地。

其次,可更加主动地与"一带一路"沿线国家展开旅游合作,加强与世界旅游城市联合会的合作,通过与沿线国家节点城市之间的旅游合作,开发大型旅游活动,进而有助于增进沿线国家民众彼此之间的认知,挖掘出大规模的游客市场。

再次,北京要利用各种手段加强沿线国家旅游客源市场的宣传促销,通过打造旅游节、旅游交易会等方式,以及搜索引擎、旅游网站等网络资源,结合在沿线国家广告投入,多角度、多渠道地向"一带一路"沿线国家推介北京的历史特色旅游资源。同时,要进一步加强与沿线国家合作,共同开展旅游营销活动,不断向沿线国家民众推介"一带一路"旅游线路。

最后,北京要采取措施,进一步提高旅游服务的质量,制定更加严格的行业规范,按照国际标准,为游客提供优质的服务,提升北京旅游服务品牌。要强力整顿景区的环境,提高相关景区的基础设施建设,不断提升相关景区上档升级。此外,北京的环境污染,尤其是空气污染亟待解决,要进一步加大对环境的治理力度,改善包括空气污染在内的各种问题,并解决垃圾处理、交通拥堵等问题,减少雾霾天,为北京在"一带一路"旅游发展上创造大环境。

"一带一路"建设将会推进首都经济圈的建设,对北京以及周边区域来说是双赢的机会,北京的产业转移可推动自身的产业升级,同时周边在接纳北京转移的产业时可以着重发展制造业高端、新兴的环节,以迎合节能、环保、可持续发展的大趋势。北京市应该积极推进产业结构的调整,即由传统的劳动密集型产业向现代产业体系以及高端服务业升级。北京东、南、西、北部产业集聚区的发展和产业转移必将产生较大的溢出效应,对华北和东北地区的产业发展和"一带一路"战略北线向俄罗斯的延伸起到较大的促进作用。同时,"一带一路"战略将会凸显北京的优势产业,刺激其向国外发展,深化北京高科技产业以及服务业的主导地位。

在"一带一路"战略大背景下,北京的眼光不能仅局限于吸引发达国家的跨国企业,更重要的是成为"一带一路"沿线国家经济合作,尤其是产业分工合作的重要基地,为深化沿线区域经济融合做出努力,这样不仅有利于提升北京自身的国际影响力和经济实力,也将给中国经济发展带来更多活力。

1.3 社会文化功能——"一带一路"沿线国家社会文化活动的聚集地和友好交往的中心城市

自进入 21 世纪以来,随着全球化的深入发展,借由通信网络、交通运输、媒体传播等介面,国际关系的发展已经不再是以权力、利益为唯一准则。国际关系的主体和关注的议题都发生了巨大变化。从主体上来看,国家作为唯一行为主体的时代已经过去,伴随政府间组织、非政府组织等国际组织的快速发展,它们的影响力与日俱增,在全球环境治理、推动人权事业、繁荣全球经济等领域发挥重要作用。所以说,"一带一路"战略离不开国际组织的支持,而国际组织也可以借助这个平台发挥自己独特的作用。

根据《国际组织年鉴》,目前世界范围内的国际组织共有 68029 个,其中有 37000 多个国际组织处于正常运作状态,同时每年将诞生 1200 个国际组织。目前,国际组织数量位列前十的分别为布鲁塞尔、巴黎、伦敦、华盛顿、日内瓦、纽约、维也纳、罗马、哥本哈根、斯德哥尔摩。

一个城市拥有多少国际组织,就意味这个城市有多大的国际地位和影响力。以纽约为例,世界最大国际组织——联合国总部位于这里。1995 年,在联合国 50 周年庆典上,纽约市前市长朱莉安尼无不自豪地说:"正是因为联合国总部的存在,纽约才当之无愧地被誉为'世界之都'"①。除了围绕联合国建立的联合国开发计划署、联合国儿童基金会等主要机构外,当地非政府组织的发展特别成熟,更有一大批国际性非政府组织的总部坐落在纽约。英国伦敦也是许多国际组织总部的所在地,其中包括国际海事组织、国际合作社联盟、国际笔会、国际妇女同盟等。东京、巴黎、新加坡等国际性大城市同样聚集大量的国际组织的总部或分支机构,每年的举办的国际会议也很多,社会文化活动非常丰富。

近年来,随着中国经济社会的快速发展,国际地位大幅提升,越来越多的国际经济、社会和文化等组织相继在北京设立代表机构。据资料显示,目前已在北京设立了代表处的国际组织共有 23 个,北京国际组织的聚集程度有了较大提升(见表 3-1)。

表 3-1　驻北京的国际组织机构一览表

序　号	名　称	简　称
1	亚洲开发银行驻华代表处	ADB
2	联合国粮食及农业组织驻华代表处	FAO
3	红十字国际委员会东亚地区代处	ICRC
4	金融公司驻华代表处	IFC
5	红十字会与红新月国际联合会东亚地区代表处	IFRC
6	国际劳工组织北京局	ILO
7	国际货币基金组织驻华代表处	IMF
8	国际竹藤组织	INBAR
9	阿拉伯国家联盟驻华代表处	LAS
10	太平洋岛国论坛驻华贸易代表处	PIF
11	上海合作组织秘书处	SCO
12	联合国亚太农业工程与机械中心	UNAPCAEM
13	联合国开发计划署驻华代表处	UNDP
14	联合国环境规划署驻华代表处	UNEP
15	联合国教科文组织驻华代表处	UNESCO

---

① Clyde Haberman, "Act Globally, Get Stuck Locally", New York Times, February 25, 2005.

续表

序 号	名 称	简 称
16	联合国人口基金驻华代表处	UNFPA
17	联合国难民事务高级专员署驻华代表处	UNHCR
18	联合国儿童基金会驻华办事处	UNICEF
19	联合国工发组织中国投资促进处	UNIDO IPS
20	联合国工业发展组织驻华代表处	UNIDO
21	联合国世界粮食计划署中国办公室	UNWFP
22	世界银行驻华代表处	WBOB
23	世界卫生组织驻华代表处	WHO

资料来源:中华人民共和国外交部网站,http://www.fmprc.gov.cn。

应该说,北京作为中国的首都,是国内社会文化活动的中心,每年举办的各种社会文化活动数不胜数,吸引了来自国内其他地区的人们纷纷前来。但是显然,作为国际交往中心的北京,在吸引和聚集国际活动上还远远不够。应该说,国际组织驻京机关数量与北京国际地位和经济增长相当不匹配,也与"一带一路"的战略愿景差距较大,而且已经驻京的这些国际组织基本上为代表处,只有少数几个为机构总部或地区总部机构,缺乏吸引力和代表性。为吸引国际组织更多更快落户北京,北京应该借鉴纽约等国际大都市的经验,要做好国际组织落户北京的宣传工作、完善相关国际组织落户的法律法规的制定和修改、创造一个适合国际组织发展的城市环境、做好吸引国际组织落户北京的配套工作、培育发达的公民社会组织。尽管当前北京在国际组织总部和办事机构上,与世界城市差距明显,但随着中国经济实力的增强和北京国际地位的提高,国际组织落户北京的数量将会不断增加。

2016年4月11日,外交部部长王毅与应邀来访的联合国亚太经社会执行秘书阿赫塔尔在北京签署《中国外交部与联合国亚太经社会关于推进地区互联互通和"一带一路"倡议的意向书》。根据意向书,双方将共同规划推进互联互通和"一带一路"的具体行动,推动沿线各国政策对接和务实合作。这是中国与国际组织签署的首份"一带一路"合作文件,旨在达到双方开展"一带一路"合作的共识,加强交流对接,深化务实合作。可见,国际组织在推动"一带一路"战略上能够发挥独特的作用。

"一带一路"不仅是经济贸易之路,更是沿线国家之间人文交流之路。北京有丰富的历史文化资源,在"一带一路"沿线国家人文交流中能发挥重要作用。

城市外交缘起文化交流。以"丝绸之路"为例,在古代,通过丝绸这一物质媒介,沿线国家和民族之间建立了密切的联系,形成了友好交往的传统,形成了包括阿富汗、哈萨克斯坦、中国新疆中亚地区为轴心向东西延伸的国际大市场。通过"丝绸之路",我国的科学技术和文化传到了西方,而西方的产品和文化也传入中原,从而在"丝绸之路"上留下了悠久而丰富的物质和非物质文化遗产。

在著名国际关系学者约瑟夫·奈看来,文化外交是"软实力"的重要组成部分。他认为,地域文化的迥异将产生"文明的冲突",但也会让地域之间互相借鉴、增信释疑、取长补短,从而构建起共同的认知和心理基础。进入现代社会,人类文化发展的成就更多地集中在城市,城市之间的交流将很大程度上帮助各国之间的民众交流和了解,并推动国家间文化的融合、创新和发展。"一带一路"沿线国家,尤其是"丝绸之路"上的国家有丰富的物质和非物质文化遗产,保存了大量的人类文化瑰宝。但这些国家城市自身的创新能力不足,尤其是文化产品的创新压力巨大,难以支撑起长远的发展,而加强"一带一路"沿线国家城市之间的合作交流,能够共同行动、机体协调将这些文化资源发挥出最大作用。所以,通过文化交流,保护和开发丝绸之路上的物质和非物质遗产,创造出符合时代特征的文化成品成为这些城市之间交往的驱动力之一。根据"一带一路"的战略规划和设计,未来沿线国家间将最终实现政策沟通、设施联通、贸易畅通、资金融通、民心相通,其中民心相通则主要依赖城市间的文化交流。

作为中国的文化中心,北京的历史文化资源是国内很多城市无法比拟的,北京拥有世界遗产多达七项,是世界上拥有世界文化遗产数最多的城市,造就了极为丰富的文化旅游资源。同时,北京是中国的教育中心,北京大学、清华大学等中国顶尖学府齐聚北京,位居世界第三、亚洲第一的中国国家图书馆也坐落于此。此外,中国科学院、中国工程院等科学研究机构和号称"中国硅谷"的北京中关村科技园区,每年获国家奖励的成果占全国的三分之一,每年研发投入超过1286亿元,是知识经济密集的科技创新区。总体来说,从传统文化到创新科技文化,北京在全国甚至世界上享有盛誉,雄厚的文化资源为北京建设国际文化城市奠定了基础。

以宗教文化交流为例,回顾历史,在"丝绸之路"上北京见证了马可·波罗访问元朝,通过一部《马可·波罗游记》直接或间接地开辟了中西方直接联系和接触的新时代;作为天主教在中国传教的最早开拓者之一的利玛窦,也是沿"丝绸之路"来到北京,向中国介绍了西方天文、数学、地理等科学技术知识以及人文主义和天主教的教义,同时他又向西方介绍了中国文化,有力地促进东西方文化的交流;在这里,郑和率领船队开启了七下西洋的壮举,进一步开拓了"海上丝绸之路",促进了沿线国家政治、经济、商贸和文化交流,也有力促进了伊斯兰教、佛教等多种宗教文化的交流、融合和发展,将古代"海上丝绸之路"推向了鼎盛。

从现实规划来看,北京是"一带一路"中线的起点,连接西安、乌鲁木齐、阿富汗、哈萨克斯坦、匈牙利、巴黎,是连接欧亚大陆的重要节点,在"一带一路"建设中占据十分重要的地位。作为一个多民族聚集、多种宗教文化并存的国际大都市,北京云集了五大宗教、四个全国性宗教团体及四所全国性宗教院校。在北京,一些宗教场所历史悠久,在国际国内享有巨大的盛誉和影响力,接待过很多国家的政要和宗教领袖。所以说,北京的宗教文化底蕴十分浓厚。

"一带一路"沿线国家的居民宗教信仰各异。北京应该充分发挥优势,立足历史传统的基础上,把文化交流,特别是宗教交流作为融入"一带一路"战略的重要举措并加以重视,探索新的方式方法、建立新的体制机制,加强北京与沿线国家城市的宗教文化交流,增进彼此的互信、加深彼此的友谊。通过宗教文化的交流,不仅有助于提升北京的文化中心地位,而且能够在树立我国尊重宗教信仰自由和推进改革开放的良好国际形象。同时,也能够为我国经济社会发展创造良好的外部环境,营造"一带一路"沿线国家友好交往的氛围。

"一带一路"沿线国家的经济社会发展水平差异较大,多数国家的经济并不发达,定位于世界城市的北京对于这些国家的居民有很强的吸引力。一方面,北京享有较高的国际知名度;另一方面,凭借深厚的历史文化和旅游资源,能够吸引包括"一带一路"沿线国家在内的世界各国游客。

北京在历史文化和旅游资源上有其他城市难以比拟的禀赋,通过"一带一路"战略将有助于北京打造国内国际一流的旅游文化城市,从而为北京的经济发展提供动力,也有助于实现中华文化在全世界的传播和影响。一方面,北京要运用现代技术不断提升自身的旅游文化城市的知名度。比如,可以打造北京旅游文化的门户网站,向游客提供便利的购票、查询等各类旅游文化服务。另一方面,要加强基础设施建设,打造统一开放的全国文化大市场,提升北京文化中心的地位。此外,北京要把旅游资源和历史文化资源紧密结合起来,用文化带动旅游,以旅游促进文化,将独具魅力的传统文化与丰富多彩的当代文化相结合,形成北京文化旅游的知名品牌。通过北京文化旅游建设,使北京成为"一带一路"沿线国家人民文化交往的重要平台,乃至整个世界了解中国的虹桥。更为重要的是,北京应该抓住"一带一路"战略实施的契机,进一步加强基础设施建设,吸引越来越多的"一带一路"沿线国家以及其他国家的公民来北京工作、就业,甚至定居,推动"一带一路"沿线国家乃至全世界各国人民之间的社会文化交流进入更高的层次。

尽管北京的国际组织数量无法与纽约、伦敦等世界城市匹敌,但却是"一带一路"沿线国家城市以及国内其他城市无法比拟的,理应成为"一带一路"沿线国家社会文化交流的重要聚集地。正如前文所述,北京要尽快做好国际组织落户北京的宣传工作、完善相关国际组织落户的法律法规的修改和制定、创造一个适合国际组织发展的城市环境、做好吸引国际组织落户北京的配套工作、培育发达的公民社会组织,真正把北京打造成为国际组织的"娘家"。

第二节 "一带一路"背景下
北京国际交往中心建设的战略目标

2.1 打造"一带一路"节点国际中心城市

作为中国的首都,北京市是全国的政治中心、文化中心、国际交往中心、科技创新中心,在"一带一路"战略和京津冀协同发展战略中扮演至关重要的角色。北京在"一带一路"战略中发挥作用,将有助于北京实现人文北京、科技北京、绿色北京的战略目标,优化三次产业结构,突出高端化、服务化、集聚化、融合化、低碳化,有效控制人口规模,增强区域人口均衡分布,促进区域均衡发展。

根据"一带一路"路线图,北京是"一带一路"中线和北线 B 的起始点,在"一带一路"战略中发挥重要作用,北线 B 连接北京—俄罗斯—德国—北欧,中线连接北京—西安—乌鲁木齐—阿富汗—哈萨克斯坦—匈牙利—巴黎,是连接欧亚大陆的重要环节。因此北京将成为"一带一路"战略中连接中亚、东欧、北欧和西欧,连接欧亚大陆的重要节点,成为中国与亚洲其他国家乃至欧洲国家的贸易互通交流的重要平台。

"一带一路"战略提出后,国内沿线省份相继制定了融入"一带一路"的规范方案。比如,作为古代"丝绸之路"的起点,陕西提出要打造"丝绸之路"经济带的新起点和"桥头堡"。作为现代欧亚大陆桥的重要枢纽,陕西提出要"以建设西安国际化大都市为核心,以构建欧亚立体大通道为基础,以加强商贸物流、文化旅游、先进制造、科技教育、现代农业等领域合作为重点,紧紧抓住机遇、积极主动作为,深化区域合作、促进互利共赢,努力把陕西打造成为丝绸之路经济带的交通物流商贸枢纽、文化科教交流核心区、承接产业转移示范区、高端生产要素聚集区。"①

新疆虽然是中国的边疆地区,但在地理位置上处于亚欧大陆中心地带,与周边八个国家接壤,是中国面积最大、陆地边境线最长、交界邻国最多的省区。新疆提出要打造丝绸之路经济带的主力军和"排头兵"。按照规划,新疆将充分"发挥亚欧大陆核心地带的地缘优势、四大文明交汇的文化优势、富集的资源优势,利用经济社会发展的黄金时期,加大全方位开放力度,建设成为丝绸之路经济带的区域性交通枢纽中心、商贸物流中心、金融中心、文化科教中心和医疗服务中心,以及国家大型油气生产加工和储备基地"。②

甘肃守住了"丝绸之路经济带"的咽喉要道,既是华夏文明与域外文明交流融合之地,又是连接亚欧大陆桥的战略通道和沟通西南西北的交通枢纽。甘肃提出,要"着力构建兰州新区、敦煌国际文化旅游名城和'中国丝绸之路博览会'三大战略平台,重点推进道路互联互通、经贸技术交流、产业对接合作、经济新增长极、人文交流合作、战略平台建设六大工程,努力把甘肃省建设成为丝绸之路的黄金通道、向西开放的战略平台、经贸物流的区域中心、产业合作的示范基地、人文交流的桥梁纽带"。③

广西是我国唯一与东盟海陆相连的省区,海岸线 1595 公里,与东盟"一湾连七国",拥有防城港、钦州、北海等北部湾良港。广西将眼光瞄向了"21世纪海上丝绸之路",提出要打造"海上丝绸之路"的新门户和新枢纽。在规划中,广西将深度融入中国—东盟自贸区升级版建设,进一步开拓沿线国家市场,"充分发挥对东盟合作前沿窗口和桥梁作用,加速成为我国西南、中南地区面向东盟、走向世界的国际大通道和'海上丝绸之路'的主要节点和重要平台"。④

---

① 赵正永.向西开放:西部大发展的新机遇——学习贯彻习近平同志共建丝绸之路经济带的战略构想[N].人民日报,2013 - 10 - 29(7).

② 冯瑾,姚彤.丝绸之路经济带国际研讨会在乌开幕[N].新疆日报,2014 - 06 - 27(1).

③ 卢吉平."丝绸之路经济带"甘肃段建设蓝图出炉[N].甘肃日报,2014 - 05 - 23(1).

④ 陈武.发展好海洋合作伙伴关系——深入学习贯彻习近平同志关于共建 21 世纪"海上丝绸之路"的战略构想[N].人民日报,2014 - 01 - 15(7).

　　除了以上几个省份外,"一带一路"战略沿线的四川、云南、河南、青海、宁夏、重庆及"21世纪海上丝绸之路"沿线的广东、山东、福建、江苏、浙江、海南等省份也都结合自身特点优势提出了建设"一带一路"的规划方案,甚至一些不在沿线的省份也提出要积极融入"一带一路"战略。

　　作为国家中央政府所在地,首都一个国家政治经济活动的中心,在推动国家战略上常常扮演举足轻重的角色。综观世界各国首都城市,无论是华盛顿还是伦敦或是东京,都在其周边形成了经济带或者城市群,而成为该国区域发展的重要一极。同理,作为中国首都的北京,担任着我国政治、文化、科技创新和国际交往等职能,更要积极主动融入"一带一路"战略,为中国和"一带一路"沿线其他国家搭建起政治沟通、文化交流的平台。在国际舞台上,北京被看作中国的一张名片,可以说必然是中国向"一带一路"沿线国家全方位开放的门户地区。未来在与"一带一路"沿线国家之间举行多边经贸洽谈、互派留学生、加强科技合作等方面,北京一定会深度参与。

　　北京在"一带一路"中的定位,"一带一路"相关文件并没有加以详细说明。北京市市长王安顺在政府工作报告里曾重点提到"一带一路",要求立足国际交往中心定位,服务国家对外交往大局,主动融入国家"一带一路"战略,深化对外交流与合作。

　　从地理区域来看,北京东部连接"海上丝绸之路"北端的天津港,向北连接中蒙俄经济走廊,向南经京广铁路与新亚欧大陆桥相通,北京恰好是"一带一路"交通网络中的辐射核心,同时也是东北亚经济圈的中心。因此,北京可以利用这个地理区位上的优势,主动融入"一带一路"战略,通过连接中亚、东欧、北欧和西欧,为北京与亚洲、欧洲的其他国家进行国际贸易起到重要作用,以此实现对东北亚、中亚及欧洲等的全方位开放,进而带动我国周边发展中国家的经济增长,扩大中国经济的影响范围。

　　北京作为国家首都与直辖市,其中央与地方的双重属性让其在区域战略中地位一直很特殊。北京市目前融入"一带一路"战略的明确主体项目是推进构建北京至莫斯科的欧亚高速运输走廊,莫斯科至北京的高铁全长超过7000公里,途经俄罗斯、哈萨克斯坦和中国三国。目前全长770公里的第一段已经开始施工,高铁线采用的是中国技术,高铁投入使用后的前几年,年客运量预计可达 1050 万人次。

因此,在"一带一路"背景下,北京打造国际交往中心,首先就是要成为"一带一路"沿线国家的交往中心。其次北京必须要抓住"一带一路"战略契机,充分发挥自身优势建设"一带一路"节点国际中心城市,成为沿线国家政策沟通、文化交流和民间互通的"桥头堡"。

2.2　树立全面深化改革的形象,提高对外开放水平

1984 年 11 月 1 日,中央军委座谈会上邓小平曾提出:"我们还有一些人没有弄清楚,以为只是对西方开放,其实我们是 3 个方面的开放。一个是对西方发达国家的开放;另一个是对苏联和东欧国家的开放;还有一个是对第三世界发展中国家的开放。"中国前 30 年的改革开放,重点是西方发达国家,需要通过与西方交流引进技术、人才和观念,这就是所谓的不平衡开放战略。

那么,自 2014 年以来,中国深化改革开放的战略方向是什么呢？党的十八届三中全会提出要形成全方位开放的新格局,也就是邓小平提出的统筹"三个开放"的新时期。

早在 1988 年,邓小平就提出了"两个大局"的思想。首先形成东部沿海地区率先发展的大局,其次形成中西部开放开发的大局。"一带一路"可以说是统筹两个大局的重要举措,是推动全方位国际合作的重大新战略,无疑将有利于进一步提高我国西部地区的改革开放程度,推动西部大开发。中国幅员辽阔,国内地区间经济发展差距明显,尤其是中西部差距很大。因此,当前统筹两个大局,本质上就是为了解决我国区域间发展差距的问题,最终实现新时期国内的城乡、区域间的均衡发展。

中国长期坚持的"改革开放"政策,使中国迅速发展起来,并显著提高我国的国际影响力,而新时期的"一带一路"实际上是"改革开放"政策的一种延续,是统筹改革、开放的全新战略,试图通过利用全球投资、重新配置全球资源,形成新的全球影响力。当前,美国推动了新一轮全球经贸规则变局,

以 TPP、TTIP 为代表的新一轮高标准自由贸易区新规则;以 TISA 为代表的新一轮高标准服务贸易开放新规则;以 BIT2012 为代表的新一轮高标准投资自由化新规则;以限制政府,利用优惠政策提高国有企业战胜民营企业的能力为指向的新一轮竞争中立规则;以新议题为代表的新一轮高标准劳工规则、环境规则、知识产权保护规则、政府采购规则等构成"一带一路"战略实施的国际背景。

这些新的规则将对包括中国在内的广大发展中国家提出新的挑战,不主动适应将会面临被边缘化的风险,而主动适应又将面对体制机制改革和承受能力差距较大带来巨大冲击的风险。对此,习近平总书记提出要逐步构筑起立足周边、辐射"一带一路"、面向全球的自由贸易区网络。这就必须按照"四个全面"的新要求,全面推动新一轮高标准的改革、高水平的开放、高质量的发展,使"一带一路"建设真正成为我国走向全球责任大国的康庄大道。

2013 年 11 月,中国共产党通过《中共中央关于全面深化改革若干重大问题的决定》,标志中国的改革开放进入了新的阶段。2014 年,习近平总书记考察北京市提出了北京要打造国际交往中心的要求。北京市作为中国的首都和政治中心,同时是中国对外交流的最主要窗口,能够集中对外展示中国的国家政治制度、经济实力、文化水平。从政治上来看,在中国全面深化改革的道路中,北京建设国际交往中心,把首都的改革开放推向更高层次,可以树立新时期中国崭新的对外开放形象;从经济上来看,通过打造国际总部经济,带动北京经济创新发展,继而带动全国经济结构的调整和优化。

要把建设国际交往中心放在推动全面深化改革的战略高度上去考虑,把建设国际交往中心当作全面深化改革的重要组成部分和关键环节,不断提升北京的对外开放层次。我国第一轮对外开放率先在有地理优势的沿海地区兴起,通过沿海地区的发展带动并逐步向内陆地区延伸,大力发展外向型经济,促进产业升级和开拓国际市场。沿海开放战略的成功充分向世人展现了中国改革开放的决心,大大地激活了中国的发展潜力。我国第二轮的改革开放重点转移至西部,主要是通过市场的方式来解决经济发展不平衡地问题。北京作为首都,有统领全局的示范效应,在新时期,北京建设国际交往中心,符合首都的性质和功能,一方面,可以与沿海、西部地区分工合作、优势互补、共同发展;另一方面,可以使北京的产业发展提高到新的层次,激发出更多深化改革的活力。

从开放的内涵上来看,不仅是"引进来",而是"引进来"和"走出去"更好结合,更加注重"走出去",实现中国企业向国际市场迈进;从开放广度上来看,将推进中西部地区的改革开放,改革开放的空间格局由东部向中心部扩展,构建全方位的开放新格局;从开放深度上来看,顺应世界区域经济一体化发展趋势,以周边为基础加快实施自由贸易区战略,实现商品、资本和劳动力的自由流动。

在开放对象上,提升新兴经济体和发展中国家,尤其是"一带一路"沿线国家和地区在我国对外开放格局中的地位,通过制造业、商贸物流、资本资金、外汇金融、高铁船舶等优势,实现自身经济的转型升级和可持续发展,从资金、技术等单向输入国为主,转变为输出、输入双向发展新格局。

良好的国家形象被认为是国家的"软实力",能够为国家带来诸多利益。通过"一带一路",中国展现了致力于推动和平发展的形象,也让很多国家意识到在"一带一路"框架下与中国合作是一条开放包容、合作共赢的道路。中国长期坚持改革开放的基本国策,在短时间内迅速成长为国际舞台上的重要一极,树立对外开放的良好形象,而"一带一路"战略的提出,是全球经济一体化和国内经济进入新常态的必然要求,也是我国构建开放包容国际合作的延续,必将有助于中国进一步树立良好的国际形象。

就中国而言,"一带一路"战略的实施体现了中国从过去重视"引进来"向现在"引进来"和"走出去"相结合的决策转变,并且对"走出去"的重视,将有助于培育推动中国经济发展的新优势;"一带一路"在面向亚太地区开放的同时,更加强调了向南、向西的开放,这能够促进我国经济格局由东部向中西部拉开,推动中西部地区的改革开放;"一带一路"也体现了全球经济一体化的走向,有助于实现周边地区的自由贸易。

从国际来看,不同于国际组织或国家间联盟,"一带一路"体现了区域经济合作的灵活多样、开放包容,这将更容易实现区域经济一体化,推动沿线国家的经济互补发展。"一带一路"可以看作开放包容的国际经济合作新平台,不同信仰、不同种族、不同制度的国家,甚至是有领土纠纷的国家也可以在这个平台内进行合作,沿线国家可以根据自身的国家利益自愿平等的参与到"一带一路"中来,成为这一战略的支持者、建设者和受益者,走出一条共商、共建、共享的经济发展之路。

国际组织聚集是反映一个城市开放程度的重要标志。正如前文所述,北京在吸引国际组织落户上与伦敦、纽约、东京等世界城市相比,差距十分明显。北京要成为国际组织的重要聚集地,必须要做以下几方面的努力:一是北京市有关方面要改变以往对"国际组织"的既有态度,充分认识到国际组织"落户"对北京发展的推动作用。国际组织的"落户"将为北京建设国际交往中心起到事半功倍的作用,使北京在国家外交上扮演更加重要的角色。因此,北京要把推进国际组织"落户"北京纳入城市建设的战略层面,将国际组织纳入城市公共外交的重要组织部分,出台更加便利的政策措施为国际组织创造更加完善的运作环境。北京拥有重要的高校资源,要加强对国际组织的研究,通过学术研究带动解决当前国内立法与国际制度衔接不够、民众和政府对国际组织认识不足等问题。二是要加强人才建设,建立具有中国特色的国际组织人才队伍。目前,国际舞台上活跃的国际组织很多都是西方国家创立的,体现了西方的价值观和组织特点,充满西方式法规和条约。一方面,中国的国际组织专业人才严重不足,尤其缺乏具有国际化视野的专业人才,地方政府对国际组织的了解不够,高校对国际组织的研究也不够。另一方面,西方对中国运作国际组织的方式也存在疑惑,认为中国政府的策略往往过于务实,有人甚至认为中国在联合国等组织中的行为体现了公共利益"搭便车"的特点,即以最小的支出换取最大的好处。虽然近年来,中国参与国际组织活动越来越活跃,承担的责任也越来越多,但是真正接触、了解、参与国际组织的人仍然屈指可数。三是要积极学习国外城市吸引国际组织"落户"的成功经验,进一步完善配套措施吸引国际组织"落户"北京。比如,德国波恩就成立了国际事务办公室,直接对市长负责,在服务国际组织、吸引国际组织"落户"上起到了重要作用。吸引国际组织"落户"不仅要提供政策措施支持,而且要了解国际组织的特点,根据国际组织具体的需求制定相应的办法,赋予北京市更多的自主权,为国际组织提供更好地基础设施条件和优惠政策。

可以说,北京建设国际交往中心与"一带一路"战略有异曲同工之妙,都有助于树立国家全面深化改革的形象,不断提高我国的对外开放水平。就北京自身而言,应将国际交往中心建设更加紧密地嵌入国家战略布局中,以更加有力的措施推动国际交往中心建设,在主动服务"一带一路"战略中展示城市自信开放的良好形象。

2.3 运用全球资源推动北京乃至全国经济发展

国际交往中心的重要特征就是国际政治、经济和社会文化的高度聚焦,各种国际组织和机构汇聚于此,国际交往活动高度频繁。国际活动聚集可以带来可观的经济效益。

作为国际化大都市,虽然北京的经济发展初具规模,具备建设国际交往中心乃至世界城市的基础和优势。但是,与东京、纽约、伦敦等世界城市相比,北京无论是从经济规模,还是从质量上仍存在很大差距。

一个国家和城市的经济实力主要体现在经济规模有多大、产业结构是否合理,经济规模有多大意味这个城市的辐射力和影响力有多大,而合理的产业结构将为城市可持续发展提供无穷的动力。对比世界城市,北京的经济差距主要体现在:在经济规模上,据数据显示,2007 年北京 GDP 为 9006.2 亿元,人均 GDP 达到 56044 元,按年平均汇率折合成为 7370 美元,这只不过相当于伦敦、东京、纽约等世界城市人均 GDP 发展水平的 1/8 到 1/3。2008 年,纽约的 GDP 为 11330 亿美元,人均 GDP 高达 13.7 万美元,位居世界城市第一。北京 2009 年 GDP 为 11865.9 亿元人民币,人均 GDP 虽然超过了 1 万美元,但距离世界城市公认的 1.5 万美元至 2.5 万美元的标准尚有一定差距。从产业结构上来看,对比世界城市,北京的产业结构亟待优化升级。伦敦、纽约、东京等世界城市的服务业产值和就业比重均在 80% 以上,而北京目前第三产业所占比例虽然已达到 75.8%,仅达到世界城市的及格线,与世界城市相比差距较大。

以会展业为例,据数据显示,美国每年举行商业会展达 200 多个,经济效益高达 38 亿美元。以"RSNA 芝加哥"展览为例,其一年的收入就达 1 亿美元。法国每年的展会营业额也达到 85 亿法郎,展商的交易额高达 1500 亿法郎,展商和参观者的间接消费也在 250 亿法郎左右。其中"会展之都"巴黎,每年承办 300 多个大型国际会议,有 7 亿美元的收入。① 由于会展业属于高收入、高盈利的行业,利润率在 20% ~ 25%,可以产生直接的经济效益,使我国各城市会展业得以迅速发展。

在经济学专家眼里,随着全球化进程的深入,展览业越来越成为城市和区域经济发展的重要增长点,能够强力拉动相关产业行业的发展。据预测,国际上展览业的产业带动系数大约为 1:10。一方面,国际活动能够带动城市基础设施产业的发展。举办国际活动可以带动城市基础设施的大发展。1996 年,德国汉诺威成功举办世界博览会,其城市的基础设施得了迅速改善,这得益于德国政府给予的 70 亿马克的财政支持。同样的道理,1999 年,我国昆明举办世界园艺博览会,超过 216 亿元的巨额投资让昆明的城市建设加快了至少 10 年。2008 年北京奥运会则使北京城市基础设施建设提高到一个崭新的水平和发展阶段。另一方面,国际活动促进服务经济的发展,带动集旅游、交通、餐饮、购物、住宿于一体的"第三产业消费链"。资料显示,在"十一五"时期,北京市接待会议 22.4 万个,接待会议人数 1615.3 万人次;承接展览项目 1216 个,展出面积共计(含室外展览面积)649.7 万平方米;会展业从业人员达 20.7 万人。会展业的发展带动了北京市服务经济的繁荣与发展,对促进北京交通业、餐饮业、零售业、旅游业等发展作用十分显著。此外,国际活动还能带动现代电子通信产业及传媒产业的兴旺与发展。国际活动的举办对电子通信业、传媒产业的带动作用也非常明显。

作为首都,北京是一座不折不扣的"国际会议之都"。根据国际大会与

---

① 甄明霞,欧阳斌. 会展经济——城市经济的助推器[J]. 上海经济研究,2001(6).

会议协会(ICCA)最新发布的数据,在 2014 年接待国际会议数量全球城市排名中,北京排名第 14,较 2013 年上升 4 个名次,位居中国之首,亚洲排名第 2。

作为北京的重要功能城市,北京需要下大力度推进国际交往中心建设。而密集的国际会议是国际交往中心的重要特征之一,因此必须要发展会议产业,提高北京的城市活力和对外开放程度,进而向国际交往中心迈进。而北京在承接国际会议方面有国内其他城市不具备的巨大优势:年吞吐量近8700 万人次的首都国际机场,有丰富的历史文化资源,有领先于全国的总部经济和国际组织办事处。

在接待国际会议的竞争力上,北京在国内更是首屈一指。从全国情况来看,2014 年,332 个国际会议在中国召开,北京就占了三成。近年来,越来越多的国际会议选择在北京举行,众多来自世界各地的学者、专家或商务人士来到北京,就相关行业、专业的议题进行沟通交流。

从奥运会到 APEC,从世界互联网大会到世界葡萄大会、世界种子大会,近年来,北京举行了一系列顶级的国际会议和活动,让会议产业成为北京新的城市名片。其中,国家会议中心拥有近百个大、中、小型会议室,最多能同时容纳 2 万人,面积达 5000 平方米的中央厨房可同时满足 1 万人用餐需求。仅 2014 年,国家会议中心就接待了 918 个会议、活动,国际会议约占 12%。

早在 2012 年,北京市旅游委便在全国率先发布《关于促进会议与奖励旅游发展的若干意见(试行)》,提出为了推动北京旅游服务业发展,促进产业转型升级,对旅游机构申办重要国际会议给予奖励和支持,大力发展会展业。北京还成立了高端旅游与会议产业联盟,对接各项国际会议项目。

一方面,国际会议的 LOGO 举行能够吸引群众的参与,提高社会活力。以 2016 年 10 月举办的机器人大会为例,仅 LOGO 的征集就吸引了全国 30多个城市、106 位设计爱好者及专业组织提交的 131 个作品参与,激发了民众的参与热情。另一方面,国际会议将吸引来自国内国际的众多专业人士齐聚北京,有助于北京吸引优秀的国际资源,推动自身相关产业和行业的发展。比如,2014 年北京延庆县举办的世界葡萄大会,不仅推动了葡萄行业内的学术交流,也推动了相关产业的发展。北京延庆与河北怀来县共同发布建设"延怀河谷"葡萄及葡萄酒产区规划,京津冀"抱团"共建延怀河谷葡萄及葡萄酒产区,无疑将促进中国的葡萄种植业及全世界葡萄产业的发展。

实际上,国际活动聚集不仅对所在城市具有聚集功能,而且还有重要的整合区域经济资源和对外经济辐射的功能,这将有助于迅速提升北京城市的竞争力和"软实力"。

国际活动聚集的整合区域经济资源功能主要体现在国际活动聚集对区域经济资源的优化配置上。比如,2008年北京奥运会的举办,深刻地影响了京津冀和环渤海地区的发展,加速了京津冀经济资源的整合利用。利用2010年上海世博会契机,上海市与杭州、苏州、南京、无锡等城市组成长三角地区城市群,共同打造长三角"世博圈",并逐步形成长三角地区会展经济城市群。

国际活动聚集还具有对外经济辐射的功能。这种辐射作用也是国际活动作为公共活动其外部性的体现。国际活动聚集的对外辐射功能取决于国际活动的作用范围和规模。从作用范围来看,就一般而言,距离国际活动举办城市越近的地区,外部性作用越大,如果正外部性明显,则该地区经济上受益就越大;从规模来看,国际活动规模越大,辐射的距离就越远,受益的地区可能就更多。目前,京津冀一体化已经上升为国家战略,北京打造国际交往中心,将进一步推动京津冀地区的资源整合和产业分工,为天津、河北乃至整个中国带来经济推动力。

虽然中国的经济发展取得了巨大成就,但中国经济发展的空间布局还有待进一步优化。通过"一带一路"战略的实施,中国经济发展的地域空间布局将从沿海地区向中西部内陆不断推进,从而深度优化我国的经济发展空间格局,为产业调整提供机遇。"一带一路"战略的实施将推动我国产业的国内国际转移,将促进我国各地区向更高水平、更高层次的开发开放迈进,推动形成国内外联动、东中西统筹、南北方协调的经济发展新格局。"一带一路"战略的成功实施将在区域经济合作新格局中寻找我国未来发展的新的突破口,为我国全面深化改革和可持续发展创造良好条件。

改革开放 30 多年来,中国的经济规模迅速扩大,产业结构也更加优化,而昔日的经济霸主日本的经济持续衰退,过去以日本为雁首的亚洲产业分工和产业转移模式逐渐被打破,以中国为雁首的新的雁阵模式正在加速形成。中国与"一带一路"沿线国家之间有互补的经济结构,在"一带一路"战略框架下,中国的劳动密集型行业和资本密集型行业将依次转移到"一带一路"沿线国家。从区域分工协作角度来看,无论是将北京置于"一带一路",还是京津冀区域,北京的产业结构决定了北京的产业定位在产业链的研发环节和流通环节,在两端布局知识密集型和技术密集型产业。从产业升级转移的角度来看,北京产业结构仍需要继续调整,应优化三次产业结构,发挥科技创新中心作用,突出高端化、服务化、积聚化、融合化、低碳化,大力发展绿色经济、服务经济、知识经济,加快构建高精尖经济结构。

在"一带一路"背景下,北京市更应成为沿线国家交往活动的聚集地,一方面,整合"一带一路"区域经济资源,推动沿线经济资源涌入北京;另一方面,增强自身经济的辐射能力,有助于京津冀经济和全国经济发展乃至沿线国家的经济融合和交流。

2.4 加快北京建设世界城市步伐

作为现代城市发展的高端形态,世界城市代表了城市国际化的最高水平,是全球化进程的必然结果。随着全球化步伐的加快,越来越多的国家,尤其是发达国家把建设世界城市作为获取更大发展空间的战略选择。著名学者霍尔在其 1996 年的著作《世界城市》中对世界城市给出了经典的定义:世界城市指那些已对全世界或大多数国家发生全球性经济、政治、文化影响的国际第一流大城市。具体包括:主要的政治权力中心;国际贸易中心,拥有大的港口、铁路和公路区域枢纽以及大型国际机场等;主要金融中心;各类专业人才集聚的中心;信息汇集和传播的地方,有发达的出版业、新闻业及无线电和电视网总部;大的人口中心,而且集中了相当比例的富裕阶层人口;娱乐业成为重要的产业部门。① 从目前来说,公认的世界城市包括东京、纽约、巴黎、伦敦等,值得注意的是,世界城市往往也是国际交往中心。这些城市不仅拥有富可敌国的经济实力、非常完善的基础设施,还有难以估量的来自全球范围的国际资源,聚集了大量的跨国企业总部和国际组织,在国际政治经济舞台上扮演举足轻重的角色。

2008 年,北京利用举办奥运会的契机,迅速改善基础设施,提高自身的综合实力和全球影响力,成功地塑造了国际化大都市的形象。北京奥运会给这座城市留下了宝贵的物质和精神财富,其提出的"人文北京""科技北京""绿色北京"口号已经融入北京发展的血脉,成为北京城市发展的重要内涵。2009 年,面对国际金融危机,北京采取措施,成功应对冲击并在经济发展迈上了新台阶。在新的世界政治经济形势下,随着中国的崛起,北京进入了创新发展的新阶段。北京市委市政府瞄准国际城市的高端态势,提出了建设世界城市的目标,加快建设世界城市的发展目标与战略构想的步伐。从人文奥运到人文北京,再到世界城市,北京正在迈向新的跨越。

尽管不同学者对北京建设世界城市战略目标有不同的解读,但对北京世界城市在国际政治领域的定位大致相同。作为世界城市,北京理应成为国际政治交流中心、世界总部经济的基地和国际活动的聚集地,这与北京打造国际交往中心有异曲同工之处。可以说,打造国际交往中心是北京建设世界城市的应有之义,必将加快北京建设世界城市的步伐,促进北京的经济发展和城市建设。

纵观世界城市的发展历史,伦敦、东京、纽约等世界城市都是随着世界经济政治格局变化和重心转移逐渐崛起的。近年来,受到 2008 年金融危机的影响,世界经济格局出现显著变化。巴西、俄罗斯、中国等新兴市场在世界经济格局中占据了更加有利的位置,更加有力地影响世界的政治经济局势。随着世界经济重心从大西洋向太平洋转移,中国将在成为世界政治经济发展中扮演更加重要的角色,发挥至关重要的作用。

---

① P. 霍尔. 世界大城市[M]. 中国科学院地理研究所译,中国建筑工业出版社,1982.

从"一带一路"战略的角度来看,"一带一路"战略将促进沿线国家城市对世界城市的格局产生影响。就目前而言,纽约、伦敦和东京等世界城市掌握了投资贸易、信息流通的主动权,对全球其他城市,尤其是南方国家城市有重大影响,而"一带一路"实施欧亚大陆基础设施的互联互通将对现有"流动空间"产生冲击,欧亚大陆城市贸易、资金、信息和人口流动量的上升将驱动世界城市格局的改变。作为首都,北京有望随着全球化进程的深入及世界经济重心转移的趋势脱颖而出,成为新的世界城市。深度融入"一带一路"战略无疑将有助于北京建设世界城市的目标完成,具体体现在以下四个方面:

第一,能够更高层次配置现代经济战略资源。打造国际交往中心从客观上导致人才、技术、资金、信息、管理等现代资源的高度聚集,而北京积极参与到"一带一路"战略中有助于更快地吸收来自沿线国家的这些现代资源,为现代城市经济发展聚集战略资源,这种资源为北京这样自然资源、环境治理压力较大的城市来说提供了一条新的发展道路。北京要进一步提高贸易、金融等现代服务业及高新技术产业在经济结构中的比重,推动知识型服务业的发展,承接国际服务业转移。要利用"一带一路"沿线国家的合作,进一步做大做强具有优势的文化创意、休闲旅游、金融等产业。要大力发展高新产业,重点发展高新技术服务业和制造业,不断提升自主创新能力和整体产业竞争力。

第二,推动第三产业的发展,促进产业结构优化。我国经济社会发展需要良好的外部环境,而"一带一路"战略的实施将加深沿线国家的信任和合作,进而培养我国出口的新增长点,而且沿线国家拥有丰富的资源,将有利于我国获取发展所需的能源资源。

随着国内人力成本的上涨,我国既有的劳动密集优势逐渐丧失,大量的劳动密集型产业需要转移出去。纵观经济发展历史,类似的转移出现过多次,能够为承接国创造工业化、现代化的窗口机遇期。这将是我国与"一带一路"沿线国家合作的新模式,帮助这些国家"造血",为他们创造窗口机遇期,将大大有助于这些国家实现经济的快速发展,摆脱贫困,成为新兴工业化经济体。

据数据显示,2014 年,中国制造业的就业人员达 1.24 亿人,这是 20 世纪 60 年代日本劳动密集产业向外转移时的 12 倍,20 世纪 80 年代"亚洲四小龙"劳动密集产业向外转移时的 22 倍。从全球范围来看,目前只有非洲地区能够承接如此规模的劳动密集型产业转移。非洲地区大量剩余劳动力在农村,工资成本只有中国的 1/10 至 1/5,而且年轻人居多。比如,东莞的华坚鞋业集团在非洲投资设厂,就创造了 2000 个就业岗位,并成为埃塞俄比亚最大的出口企业,带动了该国的出口。因此,产业的转移将推动我国附加值较高的产品出口,为我国的产品开拓更广的国外市场。通过"一带一路"战略的实施,将为沿线各国形成共赢的格局,推动沿线各国的经济发展、基础设施建设。

国际交往中心具有鲜明的外向型,这些城市通常是跨国公司集团总部、国际金融机构的聚集地,第三产业高度发达,是全国或区域的服务中心。就外向型企业而言,"一带一路"倡议是一个重大机遇,对改革开放和中国企业"走出去"具有深远价值和长远意义。北京打造国际交往中心,深度融入"一带一路"战略中,必将推动北京的第三产业的快速发展。

第三,加快北京城市现代化步伐。"一带一路"规划中提出,基础设施互联互通是"一带一路"建设的优先领域。根据规划,沿线国家将尊重国家主权和安全,推进在基础设施建设上的合作,推动沿线国家的交通设施建设,逐渐形成链接亚洲各区域和亚欧非之间的基础设施网格。作为国际交往中心,随着国际交往活动不断增加,将对相关城市的服务、交通等基础设施建设产生巨大的推动作用。比如,北京、东京等城市,利用奥运会契机投入巨资进行城市再造,新建扩建高铁、机场和高速公路网络,短时间内提高了城市基础设施水平。利用"一带一路"战略,北京将自身打造成"一带一路"节点国际中心城市,必然需要加强基础设施建设水平,进而加快北京城市现代化步伐。

第四,扩大就业,促进消费。国际交往中心的建设必然吸引大量外来人口,尤其是外国人,消费档次高,市场辐射范围广。北京主动融入"一带一路"战略,将吸引更多沿线国家公民来到北京消费。很多世界城市每年接待外国人高达数百万人次,甚至上千万人次,带来大量的就业岗位,大大刺激就业市场和消费市场。以纽约为例,仅联合国的各类外交机构就为该市提供3万多个就业岗位,带来每年32亿美元的收益,联合国成为纽约市除旅游和服务工业外的第三大经济来源。

　　总之,北京打造国际交往中心,是新时期全面深化改革的必然要求,是北京建设世界城市的客观选择,将有力地推动北京产业升级和经济发展,进而带动周边地区乃至全国的创新发展,而"一带一路"战略的实施为北京打造国际交往中心提供了重要契机,为北京施展抱负提供了良好平台,"条条大路通北京"前景可期。

第四章 "一带一路"背景下北京
国际交往中心建设面临的新要求、特征及问题

自 2008 年金融危机在世界发生并蔓延以来,全球政治经济开始了更为复杂的变化,2008 年自美国开始的金融危机波及世界各国,并不断在不同的层次不同程度影响着各国。综观全球各个国家,几年来已经呈现明显的分化状态,有的在经济发展方面企稳复苏,有的仍在不断恶化,但是各国共同关心的问题都是如何发展经济和技术,全球贸易投资格局和贸易投资规则也都面临不可避免的调整。共同建设"丝绸之路经济带"和"21 世纪海上丝绸之路"的提出,恰逢其时,正是顺应了合作发展共赢的世界潮流,符合人类交往互惠互利、相得益彰的发展规律。"一带一路"的关键词之一就是"公平",既包括公平分配世界财富,也有捍卫基本人权的内在要求。"一带一路"路线所涉及的国家中,中低收入和低收入国家的占比达到 61.9%,显而易见这是一项倾向保护"弱势国家"的提案。"一带一路"给全球经济发展提供一个契机,也为全球化背景下的国际关系走势提供了新的选择。

我国政府 2016 年 1 月 19 日公布了初步核算的 2015 年宏观经济数据,GDP 比上年增长6.9%,是继美国之后第二个跻身超 10 万亿美元经济体俱乐部。分季度看,一季度同比增长 7.0%,二季度增长 7.0%,三季度增长6.9%,四季度增长6.8%。根据 2014 年 9 月 28 日世界银行和国际货币基金组织的最新公布数字:如果以购买力平价(PPP),即名义 GDP(也称现价GDP)算法估算,中国 2014 年 GDP 总量已达到 17.6 万亿美元,超过美国

17.4万亿美元的 GDP 规模,成为全球第一大经济体①。自 2008 年至今,中国在两届政府的带领下,已经充分向世界证明了自己的经济实力和经济活力,在不久的将来,中国在国际组织上的制衡力和话语权的分配会得到进一步加强。北京作为中国与国际社会接轨的重要节点,建设国际交往中心,是首都北京发挥首都功能的重要战略任务。

国际货币基金组织(IMF)2016 年 7 月发布了《世界经济展望》的更新报告,报告指出英国脱欧在经济、政治和制度上带来的不确定性增加了世界经济下行的风险。IMF 预计全球经济活动回升将更为缓慢。但与此同时,IMF 对中国 2017 年经济增长预测上调了 0.1 个百分点,升至 6.6%。②

中国已经成为世界第二大经济体,是全球经济发展的原动力,北京作为中国的首都,建设国际交往中心既是北京的历史使命,又是世界经济重心转移的战略需要。本书将围绕“一带一路”背景下北京国际交往中心建设的要求、特征及问题三个方面展开探讨。

第一节　“一带一路”
背景下北京国际交往中心建设的要求

1.1　洲际性地缘性政治中心要求

北京地处华北北部,除东南部局部地区与天津市相连之外,其余部分均与河北省接壤。北京为中国第二大城市,同时也是中国陆空交通的总枢纽和最重要的国内国际交往中心。北京已经成功举办了 2008 年北京奥运会。北京有 3000 余年的悠久历史和 850 多年的建都史,是世界历史文化名城和中国四大古都之一。其地理位置优越,是中国全国政治中心的理想所在,是

---

① 资料来源 http://finance.china.com.cn/specialpreview/2916_preview.shtml.
② http://politics.people.com.cn/n/2017/1003/c1024-23101457.html.

全国政治、文化和国际交往中心。早在70万年前,北京周口店地区就出现了原始人群落"北京人",北京最初见于记载的名字为"蓟"①。

即便是在漫长的世界历史长河中,北京这样独特而伟大的城市也很罕见,中国是历史上改朝换代次数最多的国家,而北京竟然在极其漫长的岁月里都占据这个幅员辽阔的国家非常重要的位置。《不列颠百科全书》认为北京是当之无愧的全球最伟大的城市之一,书中写道,"这座城市是中国历史上最重要的组成部分。在中国过去的八个世纪里,不论历史是否悠久,几乎北京所有主要建筑都拥有着不可磨灭的民族和历史意义"。故宫、天地日月四坛、颐和园等古迹也为北京吸引了更多世人艳羡的目光②。

"地缘政治"发端于瑞典地理学家克节伦,关于地缘政治学的定义,英国政治地理学家杰弗里帕克认为,"从空间的或地理中心论的观点对国际局势背景进行研究,整体的认识"。作为亚洲唯一一个联合国常任理事国,世界经济增长的亚洲中心,我国提出的"一带一路"、扩展"亚太自由贸易区"、兴办"亚洲基础设施投资银行"等一系列重要经济决策带有特征明显的地缘政治特点。

作为一个大国之首府,北京的对外交往有天然政治的优势,截至2016年5月,北京市与全球72个国家124个城市建立了友好往来关系。2014年在京留学生数量已经达到11万人次之多,并且随着北京各级各类学校对留学生在华学习课程的进一步修改完善,北京留学生的结构也进一步优化。北京现有外国驻华大使馆157个,国际组织和地区代表机构25个,外国新闻机构190个。在北京设立的国外驻京代表机构已超过7000家,全球最大500家跨国公司已有185家来京投资③。表4-1是与北京的友好城市一览表。

---

① 中国地理网。
② 最大气的城市——北京-之最网(www.zhizui.or)。
③ 资料来自北京市政府外办。

表4－1　与北京的友好城市一览表①

城市	国家	结好日期	城市	国家	结好日期
堪培拉	澳大利亚	1979年3月14日	哈瓦那	古巴	2005年9月4日
东京	日本	1979年3月14日	马尼拉	菲律宾	2005年11月14日
纽约	美国	1980年2月25日	伦敦	英国	2006年4月10日
贝尔格莱德	塞尔维亚	1980年10月14日	亚的斯亚贝巴	埃塞俄比亚	2006年4月17日
利马	秘鲁	1983年11月21日	惠灵顿	新西兰	2006年5月10日
华盛顿特区	美国	1984年5月15日	赫尔辛基	芬兰	2006年7月14日
马德里	西班牙	1985年9月16日	阿斯塔纳	哈萨克斯坦	2006年11月16日
里约热内卢	巴西	1986年11月24日	特拉维夫	以色列	2006年11月21日
巴黎大区	法国	1987年7月2日	首都大区	智利	2007年8月6日
科隆	德国	1987年9月14日	里斯本	葡萄牙	2007年10月22日
安卡拉	土耳其	1990年6月20日	地拉那市	阿尔巴尼亚	2008年3月21日
开罗	埃及	1990年11月28日	多哈	卡塔尔	2008年6月23日
雅加达	印度尼西亚	1992年8月4日	圣何塞	哥斯达黎加	2009年10月17日
伊斯兰堡	巴基斯坦	1992年11月8日	墨西哥城	墨西哥	2009年10月19日
曼谷	泰国	1993年5月26日	都柏林	爱尔兰	2011年6月2日
布宜诺斯艾利斯	阿根廷	1993年7月13日	哥本哈根	丹麦	2012年6月28日
阿姆斯特丹	荷兰	1994年10月29日	新南威尔士	澳大利亚	2012年8月3日
莫斯科	俄罗斯	1995年5月16日	德里	印度	2013年10月23日
巴黎	法国	1997年10月23日	德黑兰	伊朗	2014年2月27日
罗马	意大利	1998年5月28日	乌兰巴托	蒙古	2014年8月17日
豪登省	南非	1998年12月6日	万象	老挝	2015年4月24日
雅典	希腊	2005年5月10日	布拉格	捷克	2016年3月29日
布加勒斯特	罗马尼亚	2005年6月21日	明斯克	白俄罗斯	2016年4月26日

同时,中国作为"金砖五国"之一,是全球经济发展的核心推动力;同时,中国既是"一带一路"的倡议国,也是"亚投行"总部的所在地,在不久的将来,中国势必会成为发展中国家交流发展经验,加强相互间合作和学习的纽带和中心;也会成为世界工业发展组织,"南南"合作组织等国际组织的最佳

---

① 资料来自北京市政府外办。

合作伙伴。北京作为中国的首都,应首要服务于国家性对外交往战略大的部署和布局,成为东方的国际交往中心、亚洲中心、新兴世界的中心,这也是地缘政治的客观要求。

1.2 国内地缘政治中心的发展要求

北京作为中国的国际交往中心,依托中华人民共和国中央人民政府和全国人民代表大会所在地,这是北京独有于国内其他大城市的天然优势,更具有重要的地缘政治中心作用。北京是中华人民共和国国家各个部委的集中所在地;截至 2015 年 12 月,重组之后的国资委下属直管央企仅剩 108 家,加上保监会、银监会、证监会旗下直管的金融类央企,一共 120 家央企的总部几乎都落户于此;全国性国企的总部或主要管理部门也多分布于北京市各区,北京要建设国际交往中心,这些都是巨大的先天优势和丰厚的资源。此外根据数据,我们可以清楚地看到,北京事实上已经是世界 500 强在中国的中心所在地。另外这 48 家企业总部设在北京的企业中,90% 以上都为央企,包括三大石油企业、三大电信运营商、四大国有商业银行等(见表 4-2)。全国所有其他地方的 500 强企业数量加起来,都不敌北京。并非中国经济最发达的北京,却拥有中国最多的世界 500 强企业。

央企通常都是国有控股,因此从央企自身发展和盈利的需求来看,它们有天然而强烈的接近国家政治中心(以及经济中心)的需求。北京是我国的政治中心,大部分将总部设在北京的央企考虑的最主要因素就是企业发展的需要。将总部设在北京,对央企来说,从获取各方面最新信息的角度来看,有地方企业所无法企及的便利优势,和央企相比,地方企业是没有这种行政优势的。这种优势不容小觑,在某种程度上,这一优势可以转化"生产力"和竞争力,从而使央企的市场地位牢不可破。央企作为企业,其高管虽然不按照行政级别安排,但实际上,由于和国家行政机关之间长期的密切的关系,央企高管的任命不可能完全褪去行政色彩,也就是说,央企自身除去经济功能外,不可避免会有一定的政治功能属性。中国百年以来除了"文化大革命"时期,金融中心一直是上海,然而中国工商银行、建设银行、农业银行、中国银行总部均设在北京,其政治意味不言而喻。现在在建设"一带一路"的背景之下,北京要建设国际交流中心,就央企而言,更是一个机会,国际交流中心其中很重要的一个内容是科技技术创新层面的交流,如何在这个世纪机遇之中成为这个交流层面的主要载体是很多企业,尤其是央企非常重视的问题。中国实施"一带一路"战略构想,对外交往是重要的政治手段,服务于经济发展也是其基本职能,各大央企和国企的对外贸易作为一国经济发展不可动摇的支柱,越来越多的需要外交手段搭线、铺路;在国际舞台上的民族企业,也越来越多地需要政府的外交支持。以经贸类项目洽谈,项目考察为目的,甚至以对企业经济纠纷的调解、贸易政策斡旋为目的的对外交往活动会日益增加。国外越来越多的机构需要走进中国和相应的国内机构商讨未来发展、国际合作,北京也是他们靠近市场、靠近渠道、靠近资源的首选之地。

1.3　未来国际城市规划发展的要求

随着城市自身国际发展需求的推动,北京对外交往网络也逐步成熟起来。而通过这一对外交往网络而连接在一起的与世界各国其他城市之间的全方位、跨领域、深层次的合作也随之不断加深。在建设"一带一路"的背景之下,可以预见到,北京对外交往的活动频率在未来一段时间内将呈现几何倍数的增长。

我国是发展中大国,但是已步入后工业化阶段的城市并不多,北京是其中之一。同时北京也是全球最大的跨国公司总部基地之一,跨国公司地区总部累计达到 127 家,是新增外资企业数量最多的城市。北京的经济优势不仅体现在经济总量上,也体现在经济结构上,更体现在据全国领先地位的产业形态之上。第三产业已在北京的经济结构中占据主要地位,并且第三产业中的主要几个行业,如金融、信息、消费服务、文化娱乐、互联网科技等,北京均占全国领先的地位。文化科研资源集中的优势,使北京将其转化为无形财富。在融入"一带一路"战略的过程中,北京仍会吸引国内外高端优秀要素聚集,并持续向外输出文化科技资本等高端服务产品,以此来参与到

"一带一路"沿线区域的产业分工协作中。

北京融入"一带一路"战略的城市定位同样是多层次的。在国际层面，日本的经济这些年仍持衰退，而我国经济发展也进入产业结构升级的阶段，20世纪60年代开始亚洲以日本为雁首的产业分工和产业转移模式逐渐被打破。目前从我国劳动力成本不断上升和"一带一路"沿线各国的自然资源禀赋优势相对比较来看，未来的趋势是，原本转移到我国的劳动力密集型行业和资本密集型行业有望依次转移到"一带一路"沿线国家，形成以中国为雁首的新的雁阵模式。无论是在前几年热议的京津冀一体化之中，还是目前新提出的"一带一路"规划之中，北京现有的产业结构比例和政治经济中心地位都将北京的产业定位指向知识密集型和技术密集型产业。但尽管如此，北京的经济产业结构仍然存在自身的问题以及可改善的空间和潜力，三个产业结构的占比仍可进一步优化，北京的科技创新中心地位仍然不够突出，需要高端化、服务化、积聚化、融合化、低碳化，大力发展服务经济、知识经济和绿色经济，加快构建高精尖经济结构。北京要以建设世界城市为努力目标，不断提高北京在世界城市体系中的地位和作用。同时弘扬历史文化，保护历史文化名城风貌，形成传统文化与现代文明交相辉映，具有高度包容性、多元化的世界文化名城，提高国际影响力。在国内层面，北京要充分发挥首都在国家经济管理、科技创新、信息、交通、旅游等方面的优势，进一步发展首都经济，不断增强城市的综合辐射带动能力。在京津冀区域发展层面，要积极推进环渤海地区的在经济合作与协调发展，加强京津冀地区在产业发展、生态建设、环境保护、城镇空间与基础设施布局等方面的协调发展，进一步增强北京作为京津冀地区核心城市的综合辐射带动能力①。基数大、增长快将会导致在绝对数量上的进一步飞速发展。如何规划建设北京国际交往中心更好地发挥外事功能也是未来城市规划发展的客观要求。

---

① 韩晶，刘俊博，酒二科. 北京融入国家"一带一路"战略的定位与对策研究[J]. 城市观察，2012(20).

1.4 北京城市外交和民间外交的扩展需求

自冷战结束之后,全球政治格局和经济格局都趋向多极化,随着我国经济体量不断增大,在国际社会的地位日益提高,也相应地承担了更多的大国责任,在国际社会的分工中也越来越多地出现中国的身影。在经济发展的同时,我国基层民主政治也得到了很大的发展,一些城市的政府在国际事务中的参与也逐渐频繁起来。城市外交在国家总体外交当中起到的作用越来越重要。以北京为例,在很多情况下,尤其是一些特定的场合,北京的城市外交在一定程度上代表了国家外交。从北京的城市外交历史沿革我们可以看出,1978 年以后,北京的城市外交主要强调的是政治中心和文化中心的职能作用,而此时上海才是全国经济中心的职能代表;到了 20 世纪 90 年代,北京首次提出要建设成为国际交往中心;进入 21 世纪以来,北京又逐步将自己定位为全国的经济管理中心。经过过去几十年城市的定位和职能的调整,在北京的城市建设与发展上都烙下了深深的痕迹,建设"一带一路"也必将在北京的城市建设上留下浓墨重彩的一笔。

经过几十年的实践和磨合,北京的城市外交逐渐形成了自己的框架,首要任务仍然是服务中央外交,在这个前提之下扩展与国际友好城市的交往,同时积极和国际组织互动交流,积累参与国际组织全球事务的经验,通过不断地积累经验来扩大自身在国际社会上的影响力。民间外交的主体主要是民众和民间机构,客体主要是其他国家的官方人士以及民众,民间外交是增进各国人民相互了解和友谊的最佳途径之一,这也是各类外事活动的主要增长点,在国际交往中心的规划发展、设施建设、法律法规建设上对首都北京会提出越来越多、越来越细的具体要求。在不同的历史阶段,城市外交和民间外交的扩展需求也是不同的。

1. 1979—2009 年。北京市从 1979 年开始与世界各国重要城市或首都结为友好城市,之后友城工作蓬勃开展,基本上形成了布局合理的网络体系。北京的友好城市工作不仅在配合国家总体外交方面做出了积极努力,而且已经成为北京市对外交往的主要渠道。随着北京市国际影响力的扩大,北京市成为越来越多国际会议申请举办地,受邀参加大型国际、全球会议级别上升,数量迅速增加,国际组织驻京机构增多,北京朝着世界城市的目标不断迈进。目前,总部设立在北京的国际组织有上海合作组织秘书处、联合国亚太农业工程与机械中心、国际竹藤组织等。仅 2009 年一年,市政府外办审复了 45 场次的举办境内国际会议的申请,英国王子基金会在北京成立了办事处。到 2010 年底,在京常驻外国机构达到 14360 家。同时在这段时期,北京市应邀出席了包括哥本哈根联合国气候变化大会等世界级的高规格会议。2008 年北京市当选为新一届 UCLG 亚太区理事会和执行局成员,并成功举办了国际旅游博览会、国际文化创意产业博览会。北京市为各行业"请进来,走出去"搭建了多边平台。北京市政府不断扩展对外交往的形式和领域。在这段时期,北京市从自己的利益和国家利益出发,接受大量境内外记者采访,开展了各种形式的驻华使节招待活动,同时常驻北京市的外籍人员和外国机构增多。北京市政府首次组织普通人大代表出访,与外国议会进行交流,创新了议会交流模式。①

与此同时,自市民讲外语活动蓬勃开展开来,北京的首都国际化水平得以提升。在这段时期内,北京扎实推进市民讲外语活动,全面实施《北京市民讲外语活动规划(2003—2008)》,到 2008 年底,北京市讲外语人数达到 550 万人。市民讲外语活动被国际奥委会列入人文奥运遗产。北京目前已经基本实现了地铁公交、道路交通、商业场所、体育场馆、环卫设施、文化设施、旅游景区、博物馆、医疗卫生九类重点公共场所双语规范普及化,为成功举办奥运会、残奥会提供了良好的语言环境。市民素质和城市的国际化程度得到提升。2009 年《首都国际语言环境建设工作规划(2009—2013 年)(草案)》的起草工作得以完成。该工作规划加大了英文标识、译法标准的推广力度,规定将标识英语译法的领域扩大到铁路、机场、金融、邮政等。市民讲外语活动整合社会资源,积极创新。这段时期,北京市基本规范了全市主要公共场所双语标识规范化和 A 级旅游景点双语宣传材料,同时举办了系

---

① 贺耀芳. 北京城市外交实践研究[C]. 外交学院硕士论文, 2012 - 06 - 01.

列英语电视大赛、外语专家公益免费讲座、外语游园会等活动,并开始创新性地开展市民讲外语进农村活动。①

2. 2009—2013 年。2008 年北京成功举办了第二十九届奥运会,2009 年在北京又举办了庆祝新中国成立 60 周年的大型活动,北京的对外交往由此开始了新的征程,进入建设国际交往中心的新阶段。北京市依据《北京市外事发展五年规划(2009—2013)》,认真总结了这两年筹办大型活动的宝贵经验,在以前文件的基础上出台了《首都国际语言环境建设工作规划(2011—2015)》。我们在这一规划中可以看到,政府推广市民讲外语的步伐是稳扎稳打步步为营的:2011 年,在原有市民讲外语活动和进一步统一规范北京各公共场所的英语标识,不断延伸工作范围,继续细化和规范工作模式,并进一步完善管理制度;为市民学习外语拓展更多的环境和渠道,增加外语互动活动的数量和种类;提升外语水平测评服务的水准;进一步规范服务行业的外语用语;建立和完善多语言服务平台,从而使外国人在北京的生活更加便利;提高外语服务志愿者队伍的服务水平和管理水平。②

除了重视市民整体外语水平的提高外,城市公共设施的对内对外服务水平也是政府非常关心的一面。主要举措有:修订、扩充《北京市地方标准〈公共场所双语标识英文译法〉》及其指南、《北京市地方标准〈组织机构、职务职称英文译法〉》《北京市组织机构、职务职称英文译法汇编》以及《中文菜单英文译法》。③建设了"eBeijing""市民讲外语活动"等 app 或者网站,通过在这些媒体上的各种推广活动,使市民能够更好地得知如何免费使用这些资源。根据公共场所双语标识英文译法的国际以及北京市地方标准,提出有步骤地对道路交通、旅游景区、博物馆、商业场所、文化设施、地铁公交、医疗卫生、体育场馆、环卫设施等公共场所和设施的图标、英文标识和英文说明进行进一步的统一规范。增强双语标识设立和规范工作的前瞻性,统筹安排和规划双语标识的设置工作,重点抓好新建公共设施中双语标识的

① 贺耀芳. 北京城市外交实践研究[C]. 外交学院硕士论文,2012 – 06 – 01.
② 《首都国际语言环境建设工作规划(2011—2015)》。
③ 贺耀芳. 北京城市外交实践研究[C]. 外交学院硕士论文, 2012 – 06 – 01.

规范工作,发挥群众力量进行监督和纠错。这对激发群众自发学习外语也起到了促进作用。①

北京市也非常重视媒体的作用,在《首都国际语言环境建设工作规划(2011—2015)》中提出加大媒体双语化建设力度,这项措施的逐步推进落实,将在很大程度上满足北京市民学习外语的需求,同时增进在京外国人对北京的了解,促进他们在北京的融入。措施主要有:开发制作各种外语栏目,包括广播、电视、微电影等。北京本地媒体在办好现有各类节目的基础上,进一步开发不同类型的外语栏目。鼓励各个栏目中增加双语内容,与专业机构和专业人士共同打造外语节目,从而使市民学习外语和了解国外文化的视野更为广阔。制定有关语言标准,要求各出版发行、窗口行业和大型企、事业单位依据标准,规范外文网页。规范"eBeijing"上设计政务公开的外语内容,力求严谨。鼓励北京各委办局、区县网站上设立相应的英文网页,使外国人在浏览时的便利程度得到改善。②

国际交往中心的建设,离不开外语人才的储备和全方位扩充,新的规划在原有规划的基础上,提出大力挖掘社会外语人才资源,组建一支高素质、国际化的外语志愿者队伍。③

3. 在"一带一路"的背景下,作为中国的首都,作为正在建设之中的国际交往中心城市,北京拥有众多的外国驻华使馆和国际组织代表机构;许多著名跨国集团都在北京设有办事处;来自全球各地的不同年龄的留学生在北京生活;国际航班线路在首都机场密集起飞降落,国际友人遍布北京的胡同,是民间外交的"桥头堡"。如表4-2所示。通过2014年至今北京市外办公布的对外交往重要活动所归纳的表格,可以清楚看到自2013年9月习近平总书记第一次提出"一带一路"的宏伟愿景以来,北京市建设国际交往中心的步伐就不断加快,步子越迈越大,视野也越来越远。

---

① 《首都国际语言环境建设工作规划(2011—2015)》。
② 《首都国际语言环境建设工作规划(2011—2015)》。
③ 贺耀芳. 北京城市外交实践研究[C]. 外交学院硕士论文,2012-06-01.

表 4 – 2   "一带一路"背景下北京重要的对外交流活动归纳

日期	活动名称	内容
2015.1.30	申办冬奥会宣讲团走进延庆	就奥运会的申办情况进行阐释,向民众普及奥运会的历史文化知识。
2015.2.9	朝阳区"凤凰计划"再次认定海外高层次人才20名	此次获得认定的海外高层次人才专业领域多数来自高科技行业。其中很多都是来自 google 等全球顶尖科技公司的海外高层次人才。
2015.2.17	土耳其民众过上喜庆中国年	应我驻外大使馆及当地政府机构的邀请,由文化部、北京市人民政府主办,市文化局承办。此次在土耳其进行的活动将持续至2月15日,来自中国的艺术家还将在伊斯坦布尔举办多场活动。随后,艺术家们还将飞赴芬兰、爱沙尼亚等国,为当地观众奉献精彩的文化盛宴。
2015.3.8	2015年中国国际教育巡回展开幕	来自约27个国家和地区的400余所海外知名高校和教育机构来到北京,同聚一堂,集中展示所在国留学特色、专业种类、课程设置和就业前景及其他相关内容。本次参加教育巡回展的参展机构层级多样、类型丰富。其中近十个国家来的都是国家级展团。很多院校所在国家的各海外院校及所在国驻华使(领)馆也给予了活动大力的支持。
2015.4.7	平谷代表北京申办2020年世界休闲大会	平谷区正式宣布,将代表北京申办2020年世界休闲大会,模式是北京主办,平谷区承办。申办工作已得到国务院正式批准,申办意愿也得到世界休闲组织的高度认可。2015年秋季,世界休闲组织将召开投票大会,目前平谷区撰写申办报告和宣传片制作等工作正在有序推进。平谷将以申办世界休闲大会为契机,大力发展休闲旅游产业。为做好申办世界休闲大会的宣传开展工作。
2015.5.11	尼泊尔地震处理综报	顺利帮助在尼滞留的18人分批次回国。并协调相关单位继续完善境外领事保护应急预案与领事保护机制建设,为我市人员和机构的各项"走出去"活动保驾护航。
2015.5.28	在京外国人篮球赛	2015年10月底至11月利用周末举办"友好使者杯"在京外国人篮球赛。
2015.6.18	亚洲国际癌症中心在京成立	中欧将在肿瘤治疗方面进行多元化多领域的合作,其中包括推进中西医结合项目。所有实施和布局将于2020年前完成。
2015.7.7	中德法治国家对话法律研讨会在京举行	此次研讨会上,来自中德的100余位立法工作者、政府官员、法官、律师和专家学者围绕"家庭暴力的预防与发现及对受害人的救助""家庭暴力的行政救济和刑事责任"和"家庭暴力的民事救济"三个专题进行深入交流和探讨。

续表

日期	活动名称	内容
2015.7.17	首次中日高级别政治对话在北京举行 杨洁篪同谷内正太郎共同主持	双方同意,中日关系关乎两国人民根本利益。开启高级别政治对话是两国加强高层战略沟通的重大举措,有助于积累共识,管控分歧,形成中日关系稳定向好的势头。
2015.7.28	首届中英大学生体育周启动	本次活动以英式橄榄球竞赛为主线,也得到了英国文化协会的积极参与。
2015.7.31	申办冬奥会成功	国际奥委会第128次全会7月31日下午在马来西亚吉隆坡投票决定,将2022年冬奥会举办权交给北京。
2015.8.13	北京国际图书博览会	本届图博会共设立国际儿童教育馆、海外馆、销售馆、综合馆、专业馆,阿拉伯联合酋长国是本届书展的主宾国。
2015.8.24	2015年北京国际田联世界田径锦标赛隆重开幕	来自207个国家和地区的近2000名运动员齐聚鸟巢,同场竞技。
2015.9.23	北京国际设计贸易推介活动开幕	以国家对外文化贸易基地(北京)建设在保税区内的平台承载此次设计贸易推介活动,充分挖掘了国家对外文化贸易基地作为文化口岸对国际文化创意产业前沿资源的整合能力,也发挥了文化贸易基地连接和打通国际、国内两个市场的特殊作用。
2015.11.1	"读懂中国"国际会议将在京召开	会议议题包括"一带一路"与全球秩序。
2015.11.11	第五届全球视频媒体论坛在北京开幕	来自美联社、路透社、美国有线电视新闻网、推特、肯尼亚广播公司等23家境外机构和驻京外媒以及新华社、中央电视台等多家中国机构代表约200人出席。
2015.11.17	"北京—意大利"科技经贸周开幕	举办了9场圆桌会议,目标是建立更为活跃的信息、人才、项目等国际间的合作平台。
2015.12.2	自由式滑雪世界杯再临鸟巢	来自包括东道主中国在内的10个国家近60名运动员参加各项赛事的角逐。
2015.12.24	第七届投资北京洽谈会成功举办	来自国内外约460家企业600余人参加了洽谈会。
2016.1.16	亚洲基础设施投资银行开业仪式	习近平总书记出席,亚投行57个创始成员国代表团团长参加了会议。
2016.5.18	首届世界旅游发展大会在北京举办	中国迎来首次世界级旅游盛会。世界143个国家的旅游部长、部分国家政要、联合国等国际和地区性组织负责人,以及国外旅游界专家学者来华出席大会。

日期	活动名称	内容
2016.2.23	欧盟中国冬季运动合作交流会在北京举办	本次交流会由欧盟中国经济文化委员会、欧盟中国冬季及户外运动联盟等共同主办。本次交流会旨在遴选欧洲最佳冰雪运动项目、赛事组织、产业对接、器材设施、人才培训等系列资源,为北京2022年冬奥会助力。
2016.3.23	中国新丝路经济文化发展中心在京成立	该中心由中国经济文化交流协会与中国中信集团公司共同发起成立,现拥有15家理事单位,同时计划在"十三五"规划期间,在世界各地陆续设立驻外事业部——中国中心。目前,发展中心第一个驻外事业部——迪拜中国中心筹建工作已完成,将于年内正式成立。
2016.4.5	国际青少年冰球邀请赛落户北京	首届国际青少年冰球邀请赛将于2016年7月底至8月初在京举行,本项赛事是迄今为止亚洲规模最大的青少年冰球邀请赛。
2016.4.11	中国—东盟建立对话关系25周年国际研讨会举行	本次研讨会由中国国际问题研究院和中国—东盟中心联合主办,邀请来自中国和东盟国家的专家参与。
2016.5.10	第四届中国(北京)国际服务贸易交易会开幕	本届京交会已吸引115个国家和地区的2753家企业参展参会,并首次与世界贸易组织共同举办全球服务贸易峰会。
2016.5.19	第十九届中国北京国际科技产业博览会开幕	科博会期间共设置12个专题展区,举办6场专题论坛和12场科技经贸推介交易活动。
2016.5.26	第三届中英司法圆桌会议举行 中国法院首次举办国别司法周活动	中英两国代表围绕"新世纪的司法正义"这一主题深入研讨。
2016.6.8	第二届中美气候智慧型低碳城市峰会开幕	中美两国城市政府部门、研究机构、企业等共同签署20多项协议,其中北京与兰州签署《北京—兰州低碳城市发展合作协议》。
2016.7.1	北京市和亚投行共商合作发展	6月30日下午,市委书记郭金龙,市委副书记、市长王安顺与亚洲基础设施投资银行行长金立群一行座谈,共商合作发展。
2016.7.29	中非经贸合作交流会暨签约仪式在北京举行	来自中非双方的政府官员、金融机构代表、商协会代表以及企业代表等400余人出席交流会。与会代表围绕中非产能合作、贸易投资便利化、金融合作等议题展开交流,探讨进一步拓宽中非经贸合作的途径,推动中非经贸关系深入发展。

资料信息来自北京市外办官网。

(以上表格中信息资料均来源于北京市外办官网)

1.5 国际交往中心的文娱发展的客观要求

从经验来看,全球其他的国际交往中心通常同时也是文化中心、娱乐中心。比如,巴黎、纽约等世界知名国际交往中心,如伦敦的文化创意产业和东京的动漫产业。伦敦是毋庸置疑的国际设计之都,同时也是全球三大广告产业中心之一,还是全球三大最繁忙的电影制作中心之一。东京的动漫产业在全球动漫迷心中有至高的地位,是世界认识日本的一个重要窗口,也是东京向世界宣传自己的最佳代言之一。东京有264家动漫公司,占日本的61.4%,这264家动漫公司制作的动漫节目几乎占全球总数的一半。

2015年底,德勤发布了题为《中国文化娱乐产业前瞻—电影新纪元》的研究报告,报告中预期,2015年文娱产业的总规模将达4500亿元,截至2020年更有望达到一万亿元。在这一数以万亿元的市场规模的动力之下,文化娱乐产业已经开始快速发展①。据数据显示,目前我国已经成为全球第二大消费市场,但是从比例上来看,第三产业的消费占比与美国等发达国家还有不小的差距,尤其是文化产业所占的比例。随着人民群众物质生活水平的提高,文化市场的消费空间在不断的开拓新的维度,消费的发展又对文化产业的进步形成新的驱动力。目前,中国已经是世界上票房增长最快的国家,消费空间的潜力、政策层面的支持、互联网技术的支持、国内外市场的拓宽等这些积极因素都为文娱产业的发展提供了驱动力。多位业内人士乐观地表示,目前已经不断出台了对文化产业健康发展非常有利的政策,在这些政策的推动下,文化产业的发展迎来新的春天。北京大学陈少峰认为,国内影视企业的盈利能力只有好莱坞的1/50,国际市场基本还没有打开,2016年是"一带一路"国家战略建设落实的重要时期,是我国文娱业"引进来、走出去",开拓国际市场的重要契机②。

"一带一路"的伟大战略构想辐射欧亚大陆。从地图上来看,"一带一

① 《中国文化娱乐产业前瞻—电影新纪元》德勤会计师事务所。
② http://news.163.com/16/0119/11/BDMKOG9C00014AED.html.

路"陆上及海上沿线涉及将近 70 个国家,包括我国东部的亚洲各国,西部的中亚、东欧、中欧直到欧洲最西端和北非,也涉及我国北部的俄罗斯。虽然辐射的范围很广,但是这几十个国家同中国的文化贸易额度占比都比较低。由此可见,我国和"一带一路"沿线国家及地区之间的文娱贸易产业还有很大的经济潜力可供挖掘。"一带一路"战略涉及的地区是全球人口比较密集、民族构成最为复杂多样的区域,所辐射的一些国家,尤其是中东、东欧各国,是历来民族和宗教问题都非常敏感复杂多冲突的地方,再加上各个国家在文化传统、历史沿革、宗教传承上存在很大的差异,各个国家之间在对外来文化贸易输入上的需求有天壤之别,这为北京创新对外文化贸易新产品带来机遇的同时也带来了挑战。面对挑战,北京可以充分发挥自己历史积淀深厚的优势,发掘与"一带一路"沿线国家及城市的共同历史回忆,使我们积淀深厚的文化真正能够走到这些国家去,能够深入沿线国家的群众心里去,和他们产生共鸣,同时根据不同的需求开发更为细化的针对不同国家文化和情感需求的文化贸易新产品,以满足他们对中国文化产品的需求和消费。许多国际上知名的交往中心城市往往具有各自的文娱品牌,就这项客观要求而言,北京也是中国最理想的城市:北京有 3000 多年的建城史和 800多年的建都史,是世界著名的观光旅游城市,荟萃了元明清三代以来的中华文化精髓,历史积淀深厚,世界文化遗产就有 6 处,全国重点文物保护单位98 处,博物馆 159 座,居世界第二位。

1.6 "京津冀"一体化城市群的未来发展要求

1957 年,法国学者戈特曼最早提出"Megalopolis",在较早的文献中被译为"都市带""都市圈""都市连绵区""城市群"等不同内容。2006 年《中华人民共和国国民经济和社会发展第十一个五年规划纲要》正式将城市群纳入国家战略框架体,2014 年又提出了京津冀一体化的规划战略。

尽管在"一带一路"战略中,京津冀地区没有被直接圈定为涵盖的省份。但"一带一路""京津冀协同发展"与北京建设国际交往中心的发展战略之间明显存在相互促进的关系。协同发展的京津冀区域是中国不断融入全球经济一体化的重要环节之一,除了占尽天时地利的京津冀区域一体化的核心北京之外,整个京津冀地区的特点是历史沉淀深厚,文化底蕴源远流长,长久以来都是中国的政治和文化中心。习近平总书记对京津冀协同发展的问题一直十分关注,2014年2月26日,习近平总书记在北京主持会议,专题听取京津冀协同发展工作汇报。座谈会上,习主席提出了七点要求,鼓励推动首都经济圈的一体化。① 2014年3月5日,李克强总理在十二届全国人大二次会议上作政府工作报告,在报告中,李总理提出,把"一带一路"建设与区域开发开放结合起来,加强新亚欧大陆桥、陆海口岸支点建设。推进京津冀协同发展,在交通一体化、生态环保、产业升级转移等方面率先取得实质性突破。② 京津冀协同工作发展的推进,将对"一带一路"在我国境内北线中线的建设产生积极的影响和推动作用。③ 和全球多数大都市一样,北京建设国际交往中心面临机遇和挑战,而机遇和挑战恰恰从不同的角度激励了北京加强对外交事务的重视程度,城市外交的发展,从某种意义上来看,可以帮助城市抓住机遇,化解挑战,从而进一步促进城市在工商业、文化娱乐、第三产业等各个方面的发展,使城市本身更加具有创造力和竞争力。

随着科技的发展,尤其是互联网、物联网等兴起,国际贸易的方式、手段和媒介都发生了巨大的变化。贸易对象也早已发生质的改变,几十年前,流动的商品仅限于有形物品,而现在生产要素,甚至服务本身也已经成为流动的商品在地区间互联互通;随着互联网的飞速发展和通信卫星技术的进步,国际贸易的洽谈途径和媒介工具也早已从电话、电报、电传的局限中挣脱出来,数字技术和自动化技术的发展将传统贸易中的结算环节、商业检验环节、报税环节都变得更为高效简捷;贸易方式也告别传统的实物流通的模式,飞速进化到现在的直接在当地进行投资的加工贸易等多种多样的形式,并且这些新兴的贸易方式已经在很多国家和地区彰显其促进当地经济发展的效用。贸易创新就全球很多发展中国家的贸易活跃地区而言都是非常好

---

① http://politics.people.com.cn/n/2014/0228/c99014-24496781.html.

② http://politics.people.com.cn/n/2015/0305/c70731-26641894.html.

③ http://politics.people.com.cn/n/2015/0305/c70731-26641894.html.

的发展机会,很多贸易商品如果想继续保持优势和发展,就必须结合自身实际情况大胆进行创新,促进区域对外贸易发展①。在京津冀区域一体化的规划中,北京得天独厚的条件决定了无论在科研、服务还是创新环节都居于区域的核心位置。以北大、清华为首的全国知名优秀院校云集北京,为北京打造了雄厚的创新研发基础和源源不断的人才库,提供了强有力的智力支持。同时,北京发展第三产业的历史经验非常丰富,在这个基础上,着重挖掘服务国际贸易的潜力更是能提升整个地区对全球投资的吸引力,进而开发出更多的商机和更为广阔的市场。

1.7 "一带一路"战略实施发展的需求

一个城市的发展不仅需要国家意志的支持,而且更依赖于世界对它的需要。在过去的 20 世纪,交通的快速发展,全球发展的密切发展促进了沿(近)海的现代世界国际交往中心城市的发展,很多城市就是依靠其优良的港口条件发展起来的,可以说一个国际交往中心城市的发展离不开交通密集便利的基础。"丝绸之路"是一条伟大而古老的商业贸易路线,它经河西走廊连贯中国和西亚诸国,途经欧洲,最后到达非洲。现在我国领导人提出的"丝绸之路"含义得到了扩充,从路线上来看分为陆地上的"丝绸之路"和海上的"丝绸之路"。"丝绸之路"在历史上不仅是贸易之路而且更是东西方,亚洲和欧洲、非洲进行经济、政治、文化交流的重要途径。

自党的十八大以来,中央启动了新的一轮城镇化战略。城镇化对于拉动经济、城市改革与发展都有明显的带动作用,新一轮城镇化战略实施后的城市,尤其是特大型城市,在国家的外交事务中也扮演举足轻重的角色。历史经验告诉我们,全球任何国际交往中心的建立,其过程都离不开该城市和国外其他城市,该城市政府和其他城市政府之间的良性互动与持续合作。北京建设国际交往中心应当在遵循党和国家建设和实现伟大中国梦的规划

---

① 邢晓菲. 京津冀对外贸易合作研究[C]. 天津商业大学硕士学位论文,2010 – 05.

前提之下,结合自身优势开展城市外交。①

"一带一路"这个倡议不是简单的输出,它的立足点实际上是坚持推进国际化和全球化,着眼国内发展的同时也坚持对外开放。狭义的全球化是物资与资本在全球各区域间的跨境流通和优化配置。而广义的全球化则涵盖科技、经济、政治、法治、管理、组织、文化、思想观念、人际交往、国际关系等各个方面,在庞大复杂的全球化历程中,国际化大城市成为体系中的节点,其地位越来越不容忽视,所起到的作用也日益凸显。放眼寰宇,全球化程度和城市化水平相互依存难分彼此,越是这两项发达的地区,各种优质资源就越为集中。例如,亚洲的东京、首尔,北美洲的纽约、温哥华,欧洲的伦敦、巴黎、日内瓦、布鲁塞尔……这些国际化的大都市普遍的共同点是在城市中能看到世界各地不同面孔的人生活在一起,不同的语言符号宗教和平共处,国际组织、国际协会、跨国公司、世界性媒体云集于这些城市,每天都在紧张忙碌地编织他们在全世界的网络,制定越来越多、越来越细化的国际社会通行的规则,甚至一些机构和组织还手握制定国际社会的游戏规则的大权,在这些城市住上一年半载,你会觉得这不仅是城市更是一个典型的"全球公共领域"。这些城市开创的最新时尚,流行的最新文化、符号、创新的词语都对全球其他国家的社会面貌产生迅速而深刻的影响,"城市间经济网络开始主宰全球经济命脉,使若干世界性的节点城市成为在空间上超越国家的实体,并逐渐形成多极、多层次的世界城市网络体系。"②从新闻中我们不难发现,越来越多的国际化大城市在不断拓展自己城市外交的方式、广度和深度。例如,在朝鲜核危机时,最初美国拒绝了和朝鲜方的对话,甚至一度考虑对朝鲜动用武器,最终北京举办多次六方会谈,在一定程度上缓解了朝鲜核危机。例如,在应对全球气候变化的问题上,哥本哈根多次举办气候大会。可以说,假如没有高速发展的城市化,城市外交和城市本身的国际化便无从谈起,"一带一路"也就缺乏了最基本的媒介基础。由此可见,北京

---

① 韩晶,刘俊博,酒二科.北京融入国家"一带一路"战略的定位与对策研究[J].城市观察 2012(20).

② 赵可金,陈维.城市外交:探寻全球都市的外交角色[J].外交评论,2013-12-03.

建立国际交往中心是推动"一带一路"建设的必要条件,也是"一带一路"建设对北京提出的要求。北京作为全国政治中心制定国内外发展方针政策,是"一带一路"沿线国家加强政策沟通的中方"桥头堡"。古丝绸之路除了经商贸易往来的作用外,在历史上更多地扮演文化交流传播的媒介角色。古代陆上、海上丝绸之路传递的不仅有中国的丝绸和瓷器、西域的苜蓿和葡萄、南亚和东南亚的奇珍异宝、欧洲的玻璃和雕塑,而且还有各地的技术、音乐、绘画、舞蹈、宗教等文化交流。北京是一座历史悠久的文明古都,在丝绸之路上,它见证过马可·波罗访问元朝以及西方传教士带来的西洋科技,也是在这里开启了郑和七下西洋的壮举,将古代海上丝绸之路推向了极盛。北京的文化中心、国际交流中心和科技创新中心承古启今,将丝绸之路延续千年的商贸、文化、科技友好交流的传统继承下来,为"一带一路"沿线国家之间的人文沟通交流创造更好的平台。①

第二节　北京国际交往中心建设的特点

2.1　非自主性

作为地方政府,北京市政府只在国家局部领土上行使管辖权,即只在北京市辖区范围内行使管辖权。因此北京市政府的国际行为是非主权性的行为。这种非主权性的特点决定了北京市开展的国际活动不是主导性的活动,而是具有从属性质。这个特点同时也必然导致参与对外事务时,北京市政府只在一定的程度上具备自主性,市政府的自主是有条件的,有限度的。北京市对外行为必须符合整体国家利益,因此市政府外交既是国家利益实现的重要补充,也是对中央总体外交的补充。从 1979 年开始,北京市政府在财政、外贸、外资管理上获得一定的地方自主权,政府职能扩大,同时 1984 年

---

①　贺耀芳.北京城市外交实践研究[C].外交学院硕士学位论文,2012 – 06 – 01.

宪法也对北京市政府的新增职权给予肯定。北京市政府开始基于自身经济、城市发展需要着手开展国际活动。在活动过程中确立北京市自身的国际目标时,中央政府和北京市政府相关部门进行一定的协商。在不违背中央政策目标的前提下,北京市依靠自身的财政能力和行政机构推行自己的国际政策,开展国际活动,如结交友好城市等。北京城市外交逐渐形成了以服务中央外交为首要内容,以国际间友好城市交往为基本方式,在与国际组织的互动中积累经验并通过自身的努力来影响国际社会的四个层次。这是北京市城市外交中一定程度自主协调的一方面。这一阶段北京市城市外交的另一方面表现为继续执行、落实中央外交政策。尽管改革开放以后有权力下放,但下放的涉外权力极其有限,局限于涉外经济管理职能。北京市从事国际活动的自主性处于比较低的水平。北京市外交的主要工作还是配合、执行中央外交政策,代理中央外交事务,在中央授意下开展国际交流活动。本阶段北京市外交呈现协作执行的特征。①

作为一国之首都,同时作为地方政府,北京市政府的管辖权仅限于只在北京城市辖区范围之内。这一属性决定了,北京市的一部分外交活动并非主动性的活动。北京市的很多外交行为以及外交动机是出于对国家整体利益的考量,因此北京的城市外交既是实现国家外交利益的一个不可或缺的补充,又是对中央总体外交的补充,这事实上是为同时扮演作为国家政治文化中心和国际交往中心的城市角色设定要求,但是这些北京城市外交属性所决定的义务和要求又反过来促进了北京经济发展过程中产业结构的调整,推进了北京在国际事务中崭露头角,推进了北京建设国际交往中心的进程。

2.2 政府性

首都北京是中央政府之下的行政编制,具体执行国家外交、外事活动。按照国际惯例和宪法的规定,并不承认地方政府和主权国家享有同样的独

---

① 贺耀芳. 北京城市外交实践研究[C]. 外交学院硕士学位论文, 2012－06－01.

立权、平等权、自卫权和管辖权,因此无论多么伟大和重要的城市在国际上都没有国家主权地位。任何国家外交事务的最高权力都由中央政府掌握。城市的外交行为能力依附于中央政府,其对外交往行为从属于中央政府,其对外交往方面服从于中央政府的整体外交战略,对中央的外交总体布局起到有益的补充作用。城市在宪政上的隶属性,决定了其对外交往活动的领域、活动的方式、活动的目标,都需要得到中央政府的许可、默认或批准。在中央政府认可和默许范围内,地方政府拥有自主性。对于这种有条件的自主性所能发挥的作用,地方政府可以积极的予以挖掘。因为城市的对外行为一方面表现在所承担的中央政府委托的对外事务,另一方面更重要的是体现在服务于本地的对外事务,实现本地的公共利益,增进城市的国际利益,这是地方政府对外交往得以蓬勃发展的主要推动力。为了达到这一目标,地方政府可以通过建立各种形式的沟通、协商渠道,参与国家对外政策的制定过程,使地方利益在中央外交政策和对外交往活动中得到体现;反之,中央在国家整体利益的前提下,充分考虑地方利益,统筹规划,把中央的意愿融入地方的对外交往活动之中,从而保证地方局部利益和国家整体利益之间的和谐。① 从对外交往范围来看,当前城市外交主要集中于文化、经济领域。众多国家的地方政府都热衷于发展国际文化交流,通过文化交流增进不同国家和地区人民之间的相互理解与合作,也可不断提高本地区人民思想观念和思维方法的国际化。同时,文化交流也常常成为经济合作的前奏,并由文化交流建立起来的纽带来带动国际经济交流的发展。其实,与公众息息相关的多个领域都可以建立地方政府间的国际交流,如城市规划、环境管理、防火消防、医疗急救、学术研究、技术开发、新闻出版等方面,这些尚未开拓或处于交往初始阶段的领域都是值得去尝试探索和进一步开展交往活动的。②

北京的对外国际交往具有官方的色彩,很多国际行为也获得国家政权

---

① 杨勇.全球化时代的中国城市外交 [A]. 暨南大学博士学位论文 [C]. 2007:40.
② 杨勇.全球化时代的中国城市外交 [A]. 暨南大学博士学位论文 [C]. 2007:40.

的支持。作为主权国家政权的一部分,北京市政府是中央政府之下的行政编制,具体执行一部分国家权力。这就使北京市政府国际行为具有了官方的色彩。北京市可以通过调动公共资源来推进对外交流和外事活动。北京市政府的诸多国际行为不但有国家政权的支持,而且有法可依。①

2.3 核心性

北京作为首都,建设成为国家对外往来的中心是历史使命,也是世界经济重心向发展中国家转移的战略需要。在全球化的推动下,城市的基本功能也不可避免地融入全球化进程之中,只有积极融入全球化经济体系成为重要枢纽的城市才能更加具有竞争力,争取到更多的人才资源和持续发展的驱动力。组团发展的城市群成为一个显而易见的趋势,如美国芝加哥到匹兹堡的五大湖城市群、日本太平洋沿岸城市群、欧洲西北部城市群等。中国也不例外,北京既是京津冀城市群的核心,又是国家对外交往的核心所在。

2.4 纽带性

全球大多数身为国际交往中心的城市都将自己设定为国家和国际组织之间的节点或是枢纽,在全球化不可阻挡的趋势下,城市的角色在枢纽与节点之间变换自如。在全球化对城市发展、城市定位产生深刻影响的同时,城市也在借助这一趋势带来的机遇促进自身构建多元化进而提高竞争力。可万事均有黑暗面,尤其是进入 21 世纪以来,恐怖事件和金融危机的影响之深、范围之广令我们无奈的发现,城市虽然是更为文明的象征,但却已成为野蛮袭击文明的最佳场地,城市的国际角色日益受到各方面的重视。②"在20 世纪 80 年代,城市政府有能力在全世界和其他共同体建立联系,这也就是我们所谓的城市外交。"③随着冷战的结束,东西方两大阵营逐步瓦解,城

---

① 杨勇.全球化时代的中国城市外交 [A]. 暨南大学博士学位论文 [C]. 2007:40.
② 杨勇.全球化时代的中国城市外交 [A]. 暨南大学博士学位论文 [C]. 2007:40.
③ 赵可金. 城市外交为一带一路定格. 凤凰网博客.

市与城市间的外交互动不再有往日的顾忌,尤其在经济全球化的驱动之下,越来越多的国际大都市参与到世界事务的忙碌之中,这些城市之间的交往不再限于泛泛的、表面的礼节性交往,而是更加务实的建立起真正频繁而深入的联系,越来越多的城市发现对外交往对城市发展的益处,纷纷设立专门处理国际事务的机构,在不同领域和途径拓展城市外交,发挥城市外交对于地方利益的良性作用。北京城市对外交往既符合城市利益,同时又是国家与跨国公司、NGO 发展关系的连结点。同时,由于北京既有得天独厚的先天公共资源,又具有辖区内的丰厚的私有资源,因此北京在国际舞台上的作用恰恰常是中央政府所不能达到的。根据以上两点综述,北京具有"上行下达"的作用,北京的对外交往的"桥头堡"作用以及重要性远胜于国内其他城市。北京市政府既是城市利益的代表者,同时又是国家与跨国公司、NGO 发展关系的联络及中间节点,或者可以说市政府是 NGO 和跨国公司的基地。因此北京市政府又常常成为将集团利益和城市利益投射到中央政府或投入国际社会的重要渠道和工具。这就使中央政府有些时候需要借助北京市政府来达到对外政策的目标①。

2.5　地方性

随着经济的发展,地方政府的需求不断扩大,国际化逐渐更多地变成一种需求,经常参与国际活动和国际事务成为促进城市利益发展一种有效的途径和共识。北京建设国际交往中心的地方性主要是指,城市外交和主权国家的外交之间有质的差别,城市外交除了服从国家利益以及执行国家既定的对外政策之外,主要目的在于寻求利益、创建良好的国际形象、拓展发展空间、促进经济发展。全球化越来越深入到每个城市的具体事务和生活中,人口的流动,文化的传播前所未有的加快,为很多国际大都市带来了多样化族群、宗教、环境、恐怖主义、金融犯罪等问题。这些问题的产生使地方政府认识到外交成为一项越来越复杂的事务,不仅需要和中央政府在变幻

---

① 赵可金. 城市外交为一带一路定格. 凤凰网博客.

莫测的国际政治局势上始终保持一致,同时还要密切广泛地联系世界上其他城市、国际组织等,在保障城市安全的前提之下,谋求城市的发展和繁荣。与主权国家的外交事务相比,城市外交只能开展非主权性事务的交往。① 无论国际地位多么重要的国际性大都市,在涉及国家主权的事务上也必须和国家保持一致,尤其是一些敏感事务,更是需要当事管理者慎重决策,谨防逾越主权红线②。就北京对外交往而言,与其他地市不同,其地方性色彩之间保存错综复杂的联系。1988 年 1 月按照"特事特办"的原则,美国福特基金会在北京设立办事处,标志着官方认可的非政府国际组织首次进入中国,为非政府国际组织的在京发展提供了参考依据。③

2.6 科技性

北京是全国科技研发和创新的中心所在,也是全国最重要的科技成果转化基地。北京不仅有中国科学院和中国工程院等代表国内顶级水平的科研机构,而且还汇集了全国最优质的高校资源。因此北京的国际交往中心的建设在很多层面上也是以国际间科技交流为导向的学术活动。"一带一路"战略延续了古代的世界"丝绸之路"文明,打通了海上和陆地的亚欧非国家双边与多边合作构想,既展现了中国在政治、经济和贸易方面的全方位对外开放战略,也充分反映了中国推进世界各国文化互通与交融的愿望。习近平主席在 2014 年 11 月 4 日主持召开的中央财经领导小组第八次会议中强调"要坚持经济合作和人文交流共同推进,促进我国同沿线国家教育、旅游、学术、艺术等人文交流"④,充分说明了人文交流在"一带一路"战略中的重要作用。中国政府在颁布的《推动共建丝绸之路经济带和 21 世纪海上丝绸之路的愿景与行动》中指出,要以"民心相通"为"根基","广泛开展文化交流、学术往来、人才交流合作……"提出"……深化沿线国家间人才交流合

---

① 陈志敏. 次国家政府与对外事务 73—90.

② 陈志敏. 次国家政府与对外事务 73—90.

③ 陈志敏. 次国家政府与对外事务 73—90.

④ 习近平主持召开中央财经领导小组第八次会议[EB/OL]. 中央政府门户网站,www. gov. cn,2014 – 11 – 06.

作",以及"加强科技合作"等具体的举措。[①]

2.7　文化性

文化中心优势:北京是一座历史悠久、举世闻名的古城,它有800多年的建都历史和3000多年的城史[②]。北京拥有让世人羡慕的深厚的文明积淀和丰厚的历史文化遗产,是东方文明的代表城市。北京是中国的文化中心,积淀了厚重的文化底蕴,拥有全国最集中和第一流水平的教育机构、文艺和体育团体及新闻媒体,在亚洲乃至世界具有一定影响;北京是全国信息中心,具有较强的知识创造和传播能力。

2.8　国际友好往来密切

与世界其他国家的城市建立姐妹城市关系和国际友好城市关系,是常见的一种城市外交主要渠道。姐妹城市关系最初是从欧洲开始发起,旨在增加欧洲各国人民之间的互相了解,增进友谊,慢慢地这个友爱和平的概念被扩散到全球各地。最初,姐妹城市不一定是地理概念上相近,更看重文化和精神上是否相近,这一倡导合作和伙伴关系的理念是响应世界和平呼声的一部分。随着战争阴霾的逐渐消退,以及各国寻求经济发展和相互之间贸易往来需求的增加,城市之间的交往越来越多的倾向于以促进经济合作和各种层次、各个行业交流为目标,城市和城市之间建立友好关系对城市中的企业、教育、文化等各个行业的交流与合作都起到了不容忽视的推动作用。[③]

北京共有138个大使馆,两个名誉领事馆,16个国际组织驻华代表机构,189个外国新闻机构,6441家外国企业代表机构,15000余家外商投资企业。全年接待国宾、党宾112批,其中包括84位国家元首或首脑,与130多

---

① 《推动共建丝绸之路经济带和21世纪海上丝绸之路的愿景与行动》.

② 百度百科.

③ 贺耀芳. 北京城市外交实践研究[C]. 外交学院硕士学位论文, 2012 – 06 – 01.

个外国城市建立了友好交流合作关系。①

第三节 "一带一路"
背景下北京国际交往中心建设的不足

3.1 以往规划的不足

中国经济近几十年来的强劲增势使中国的外事交往活动的数量、规模、频率呈几何倍数增长,北京作为中国的国际交往中心担负越来越多外事任务,而城市的发展规划明显低于经济发展的需要。在规划上应适当分散、均衡布局,以利于促进全面发展。

目前,北京市一半以上的商业和交通都集中在占地面积仅有5%的东西城中心区域,而这一小块区域也同时容纳中央政府和北京市政,北京历代文化古迹也多集中于此,这小小一块老城区已经拥堵不堪,环境逐年恶化,北京建设国际交往中心,旧城区的环境改善和功能增强刻不容缓。除中心区域的人口疏解外,如何重新定义和强化首都功能中的国际交往中心功能和科技创新中心功能,强化生态功能;弱化中心城区的居住功能,去掉工业产能;加快北京南城的发展,遏制一直向北蔓延的趋势也是规划中的重中之重。作为北方的商业重镇,从北京市城市发展的长远战略目标来看,城市承担了过多的非首都职能,如在零售业,服务业,物流等相关行业上,承担了河北乃至中国北部地区物流中心、人员流动中心等相关的职责,城市负担过重。水资源、电力资源、空气质量等公共资源领域的压力逐步加大,甚至影响城市的国际形象,既不利于大型国际机构进驻,也不利于大型国际活动的申办。

---

① 资料来源为北京市外办。

3.2 布局不周,交通压力大

从国际交往中心的交通趋势上来看,大型跨国公司和机构倾向于集中分布,虽然互联网的使用已经可以实现企业间常规化联系,但涉及一些敏感重大问题的研讨,多方面对面的会议型沟通仍是不好取代的事情。北京已经开始着手这方面问题的改善,2016 年 10 月 6 日,从 2016 北京 CBD 商务节新闻发布会获悉,"十三五"期间,CBD 将有望率先试用 5G,并建设一个智慧城市综合管理平台。北京 CBD 管委会相关负责人介绍,"十三五"期间,CBD 有望试用第五代移动通信,建设智慧城市综合管理平台,公众可随时随地享受公共安全、城市运行、政府管理和服务、企业运营、公众工作和生活管理服务五大领域的智慧服务。北京 CBD 还将利用大数据、云计算、高速移动互联网等技术手段,建设综合指挥中心,并整合视频监控、多媒体信息发布、环境监测、消防信号集中管控、公共空间危险品探测等 13 个智能管理系统。预计到 2020 年,CBD 区域有望率先试用 5G 移动通信,峰值速率相当于 4G 的 100 倍。此外,在北京建设国际交往中心的过程中,CBD 将利用既有的外交机构、驻华机构和商社以及跨国公司等涉外资源,打造京津冀国际商务交往的核心区和引领区。[①]

3.3 大型国际会议数量不够,国际组织总部落户不多

作为国际交往中心,数量众多的外交机构是一个显著的标志。国际组织和国际商业机构的大量存在更是不可或缺,除此之外还要有数量质量都堪称上乘的国际交流活动,大型国际会议是国际交往中心交流频度的重要标志,是外交的重要渠道和高级形式。在世界范围内,法国首都巴黎每年举办的大型国际会议在 200～300 个,稳居世界首位;在亚洲国家中,新加坡每年举办的大型国际会议数量平均为 130 个,排在前 10 名。北京大型国际会议的举办与很多国际中心尚有差距:数量相对较少;会议规模较低;国际影

---

① http://www.ccidnet.com/2016/1010/10192384.shtml.

响力较弱。

全球大大小小的国际组织超过四万个,从这些数量众多的国际组织的落户地选择的情况来看,国际组织是否选择一个城市为落户地,不仅是国际组织总部与该城市联系是否紧密,也会考虑该城市布局是否合理、国际化程度如何,而且也要考量国际组织在该城市落户后是否能促进城市之间在此框架下的交流和沟通。国际组织总部的落户对一个城市国际形象的提升、经济的发展与国际上的影响力提升都会产生良好的促进作用,如联合国总部、安理会、联合国托管理事会、联合国儿童基金会等国际组织的所在地纽约;联合国教科文组织、国际经合组织、国家展览局、国际铁路联盟、国际能源机构等国际组织的所在地巴黎;国际海事组织、世界能源理事会、欧洲复兴与开发银行等国际常设机构所在地伦敦①。与这些城市相比,在吸引国际总部方面,北京仍然处于起步阶段,这反映出北京在这个方面的国际影响还不够大。北京需要创造条件引导更多国际组织在北京"安巢"。

3.4 宜居条件不足与外籍常住人口不高

综上所述,国际组织选择落户地是会首先选择宜居城市,全球已经成熟的国际交往中心城市多数都是宜居城市,其次一些形象高端的国际化大城市也满足宜居城市的标准。因此,宜居城市是北京建设国际交往中心的基础和先决条件。

北京劳动力资源丰富,但贫富差距较大,驻京的外籍人口较少;北京有较好的创新人才和人力基础,但科技创新能力差距较大;北京近年来一直非常良好,居民的平均生活质量也居于全国排名靠前的位置,但是空气污染是北京近年来一直无法解决的顽疾。全球化不仅加速资本和产业在国家之间的流动,而且也带来比以往更为广泛的人口国际流动,国际移民是反映城市国际性的重要指标之一,在一定程度上能反映出这个城市的国际化程度,也能反映出这个地区的经济生产在全球经济环甚境中的活跃程度。据数据显

---

① 赵可金,陈维. 城市外交:探寻全球都市的外交角色[J]. 外交评论,2013 – 12 – 03.

示,北京的外籍常住人口比例仅为1%,和国际普遍惯例还相差甚远。① 与这些国际都市相比,北京的外籍常住人口还远远不足。

3.5 软实力品牌形象建设的不足

国家品牌指数(CBI)是 Future Brand 开发的关于国家品牌的全球性调研,品牌指数也是基于全球对各国家文化、工业、经济活力和公共政策举措方面的认知来对国家进行排名。Future Brand 通过对全球18个国家的3600名国际旅行者进行深度调研,并利用其专有的分层决策模型(HDM)来分析核心受众对各国家品牌的看法,分析的受众包括当地居民、投资者、游客和外国政府。在2014年的国家品牌指数中,中国排名第66位。城市品牌方面,城市品牌指数(City Brand Index)是采用专业的城市品牌监测系统,其中包括城市的品牌识别、品牌实力、品牌活力和城市口碑等数据进而评估各城市品牌建设情况和城市品牌竞争现状的指数,北京的排名是第43位。

从一个侧面也反映出,在众多的外来旅行者眼中,北京的国际化水品尚存不足,我们的城市“软实力”还有待继续加强。

3.6 国际交往中心管理体系不足

北京建设国际交往中心,是一个全方位、立体化、多角度的逐步推进的工程,城市外交的开展,需要不同机构、不同领域、不同阶层之间相互配合、共同努力,绝非一朝一夕之功。从总体来看,首都城市的国际交往能力是国家政治经济文化发展水平的综合体现。随着现代化科学技术的发展和经济全球化的进程不断加强,首都城市的城市功能很大程度地体现在国际交往能力上,加快北京国际交往中心的建设有利于发挥北京在“一带一路”战略实施中的“桥头堡”作用,提升北京的国际形象和与国际事务的能力,提高北京的城市综合竞争力,强化以国家对外事务、国际旅游为特色的国际交往中心功能。北京的对外交往在过去的三十年取得了显著的进步和辉煌的成

---

① http://news.sina.com.cn/w/2009 - 11 - 23/223716654705s.shtml.

就,但与一些知名国际交往中心城市相比,还存在一些不足,我们应该结合自身特点,参照国际成功案例取长补短,尽快缩短差距,为国家的长期战略服务。

第五章 "一带一路"战略节点城市的国际交往实践
—以上海、广州、昆明、乌鲁木齐、义乌为例

2013年9月和10月,中国国家主席习近平在出访中亚和东南亚国家期间,先后提出了共建"丝绸之路经济带"和"21世纪海上丝绸之路"两项重大倡议,简称"一带一路"。"一带一路"倡议一经提出便得到了国际社会的高度和广泛关注,该倡议目前已获得包括来自俄罗斯、巴基斯坦、白俄罗斯、哈萨克斯坦、韩国、越南、新加坡等60多个国家的支持与政策对接。

2015年3月由国家发展改革委、外交部、商务部联合发布的《愿景与行动》文件中明确了共建"一带一路"的目标,即"促进经济要素有序自由流动、资源高效配置和市场深度融合,推动沿线各国实现经济政策协调,开展更大范围、更高水平、更深层次的区域合作,共同打造开放、包容、均衡、普惠的区域经济合作架构"①。"一带一路"的成功建设将"会促进沿线各国经济繁荣,深化区域经济合作,加强不同文明之间的交流互鉴,共同促进世界的和平发展"②。实现"一带一路"沿线国家和地区间的联动与开放合作是"一带一路"倡议成功的关键所在,而要想促成这一目标的实现需要发挥"一带一路"沿线支点城市的辐射带动作用。

随着全球化的不断深入,"城市成为了经济、文化要素扩散、聚合、联结

---

① 国家发展改革委、外交部、商务部:"推动共建丝绸之路经济带和21世纪海上丝绸之路的愿景与行动",新华网 http://news. xinhuanet. com/gangao/2015 – 06/08/c_127890670. htm,登录时间 2016年7月20日。

② 国家发展改革委、外交部、商务部:"推动共建丝绸之路经济带和21世纪海上丝绸之路的愿景与行动",新华网 http://news. xinhuanet. com/gangao/2015 – 06/08/c_127890670. htm,登录时间 2016年7月20日。

的节点所在"①,国际关系中城市的地位也发生了变化。城市虽然从属于主权国家,受到主权国家的控制与约束,但同时城市本身又有对外经济交往所产生的扩散力。在约束力和扩散力两种力量的交互作用下,城市在国际范围内活动的自主性和影响力逐步增强。围绕城市是否已经成为国际关系中的行为体之一、城市所开展的对外交往是否属于外交活动的范畴或如何理解城市外交、如何处理并协调主权国家和地方政府(或城市)两个层面的外交行为成为学界讨论的热点。② 虽然讨论尚无定论,但基本的共识主要有:在"高级政治"领域,民族国家的主权原则仍然是最基本的准则,而在涉及经济、文化、社会、环境等"低级政治"领域时,主权国家逐渐将部分权力下放给城市,承接了该部分权力的城市可自主地开展国际交往活动,但城市在对外交往中仍应处理好与主权国家的关系。通过国家中央政府的授意,可使城市获得开展对外交往的自主性,在某个领域或方面代表国家出席外交场合和参与国际互动,从而拓宽国家的外交渠道、充实国家的国际交往内容。国家授意城市参与国际互动一般有四种方式:一是国家授权城市承办国际活动;二是在国家认可前提下城市可与国外某个城市建立友好城市关系;三是国家引导或认可城市代表国家外出举办国际活动、展示特定国际形象;四是国家引导或认可城市参加国际经济、文化、体育等方面的合作。③ 除国家的官方授意、国家的开放程度外,城市参与国际互动还受到城市本身参与国际活动意愿与能力的影响。④

　　城市既是主权国家的节点,又是国际体系和全球体系中的重要支点。因而,城市的对外交往活动,或称其国际交往实践在促进区域合作中的重要性不言而喻。

---

　　① 龚铁鹰. 国际关系视野中的城市——地位、功能及政治走向[J]. 世界经济与政治,2004(8):37.

　　② 关于该部分的讨论具体可参见:高尚涛等. 国际关系中的城市行为体[M]. 北京:世界知识出版社,2010. 苏长和. 中国地方政府与次区域合作:动力、行为及机制[J]. 世界经济与政治,2010(5). 陈志敏. 次国家政府与对外事务[J]. 北京:长征出版社,2001. 赵可金. 嵌入式外交:对中国城市外交的一种理论解释[J]. 世界经济与政治,2014(11):135 – 154.

　　③ 高尚涛等著. 国际关系中的城市行为体[M]. 北京:世界知识出版社,2010:49 – 51.

　　④ 高尚涛等著. 国际关系中的城市行为体[M]. 北京:世界知识出版社,2010:55.

从"一带一路"战略的长远规划发展角度来看,沿线城市,尤其是重要支点城市的国际交往实践经验值得总结与归纳。中国人民大学重阳金融研究院以发展国际贸易的能力和潜力为指标,将"支点城市"定义为"一带一路"沿线经济规模和国际贸易规模较大,具有良好基础设施、人力资源及开放经贸投资环境,具备集聚、辐射等功能,在国际贸易中具有重要地位的城市。①基于这一定义,该书提出了"国际贸易支点城市"排名体系,根据这一排名,上海、北京、深圳、广州等为优势支点城市,义乌、苏州、张家港等为潜力支点城市,乌鲁木齐、喀什、哈尔滨、昆明等为战略城市。② 这一排名体系对如何定义与定位"一带一路"战略支点城市提供了借鉴。

该部分从"一带一路"总体线路规划、沿线城市的定位与基本情况等出发,选取上海市、广州市、昆明市、乌鲁木齐市和义乌市五个城市对其各自的国际交往实践进行案例分析。

以上五个城市都属于"一带一路"沿线的重要节点城市:作为沿海城市的上海与广州是"21世纪海上丝绸之路建设"的主力军和排头兵;昆明市作为云南省省会,其定位是面向南亚、东南亚的辐射中心;处于"丝绸之路经济带核心区"的乌鲁木齐市的定位是向西开放的重要窗口城市;义乌虽然仅为县级市,但其在义乌小商品城的基础之上已经发展成为全球最大的小商品采购中心,国际化程度较高,也被誉为"新丝绸之路经济带"的起点。

虽然同为"一带一路"沿线重要支点城市,但上海、广州、昆明、乌鲁木齐、义乌在"一带一路"中的战略定位并不相同,再加上各自所具有的特殊地缘、利益等因素的差异从而形成了各自的利益需求,它们的国际交往实践在发展历程、主要形式、发展程度上也有各自的特点与模式。通过这五个具有代表性的"一带一路"战略节点城市国际交往实践的案例分析,总结其国际交往实践的特点与经验,从而能够对如何发挥战略支点城市的辐射作用来

---

① 中国人民大学重阳金融研究院."一带一路"国际贸易支点城市研究[M].北京:中信出版社 2015.

② 中国人民大学重阳金融研究院."一带一路"国际贸易支点城市研究[M].北京:中信出版社 2015.

推动"一带一路"倡议的顺利实施有一个更为直观的认识和全面的理解。

第一节　上海市的国际交往实践

上海市作为我国四大直辖市和五大国家中心城市之一,常住人口 2425.68 万人,拥有全国最大的贸易港口和工业生产基地,也是中国目前国际化程度最高的城市之一,目前上海已经形成了全方位、多层次、宽领域的对外开放格局。

国务院 2001 年针对上海城市总体规划批复指出要"把上海市建设成为经济繁荣、社会文明、环境优美的国际大都市",推动上海未来发展成为"国际金融中心、国际贸易中心、国际航运中心和国际经济中心"四个中心。2013 年 9 月,国内首个自由贸易区,即中国(上海)自由贸易试验区成立。2016 年 3 月 16 日,中国"十三五"规划纲要在第十二届全国人民代表大会第四次会议上经表决通过,该规划纲要首次明确、完整地提出了上海"四个中心"的表述。预计到 2020 年,上海将要实现这一"四个国际中心"的建设目标。

从地理位置来看,上海具有开展国际交往实践的区位优势。上海地处长江入海口,位于我国海岸线中端位置,处于内陆和沿海的交汇位置,向外可通达全球市场,对内可辐射广大的长江经济带。凭借港口和码头优势,上海也是我国对外开放的重要门户。

回顾历史上上海市的国际交往实践,根据不同的历史阶段呈现出了截然不同的特点。自鸦片战争至新中国成立以来,上海由于其所处的地理位置优势和贸易良港的优越条件,成为列强关注瓜分的重点城市。列强在上海设立了英租界、美租界、法租界等各类租界。而在此期间,中国的中央政府处于软弱地位,无法对上海实行有效的统一管理。因而,夹缝中的上海呈现"华洋杂居"的格局,国际化特征明显。

新中国成立之后到改革开放期间,上海在中央政府的统一领导下承担了一系列国家重大外交任务和大量国际性交流活动:1954 年日内瓦会议和亚非会议前后,印度、缅甸、柬埔寨等第三世界国家元首相继来华访问,上海与它们之间在经济、贸易、文化和教育等方面的友好往来不断增进;1972 年,美国总统尼克松访问上海,中美双方在上海会谈并签订了《上海公报》;中日建交之后,田中角荣也曾访问上海;1972 年第三次建交之后,来上海访问的亚非拉国家的元首、政府首脑明显增多。这一时期的上海虽然在国际交往中仍体现出了自身的国际影响力,但其国际交往实践基本在中央政府的统一领导框架之内展开,并无多少主观能动性和自主性。

自改革开放以来,外贸体制改革和内外直接投资审批权的逐步下放,促使地方政府拥有了更多的自主权开拓国际合作活动空间,在对外关系领域中国出现了分权的趋势。① 国务院在 1985 年批准了《关于上海经济发展战略汇报提纲》,具体指示如下:"力争在本世纪末把上海建设成为开放型、多功能、产业结构合理、科学科技先进、具有高度文明的社会主义现代化城市"。以此为标志,上海从国家政策上重新获得了自主开展国际交往实践的机遇。此后,上海的对外交往空前广泛、活跃,其国际交往实践呈现以下新特征。

1.1　国际友好城市战略

国际友好城市工作是上海市开展对外交流与合作的重要载体。自 1973 年 11 月 30 日因配合我国总体外交需要而与日本横滨市缔结为第一对市级友好城市以来,截至 2016 年 6 月,上海市已与 82 个市(省、州、大区、道、府、县或区)建立了友好城市关系或友好交流关系。这 82 个城市来自于 56 个国家,涵盖了亚洲、非洲、欧洲、大洋洲、南北美洲六大洲。其中,市级友好城市 63 个,市级友好交流关系城市 5 个,区(县)级国际友好城市 14 个,详见表

---

① 苏长和. 中国地方政府与次区域合作:动力、行为及机制[J]. 世界经济与政治,2010(5):9~10.

5－1、表5－2、表5－3。①

表5－1　上海市市级友好城市一览

顺序	城市	国家	所属洲	结好时间
1	横滨市	日本	亚洲	1973年11月30日
2	大阪市	日本	亚洲	1974年4月18日
3	米兰市	意大利	欧洲	1979年6月25日
4	鹿特丹市	荷兰	欧洲	1979年11月23日
5	旧金山市	美国	北美洲	1980年1月28日
6	萨格勒布市	克罗地亚	欧洲	1980年6月18日
7	大阪府	日本	亚洲	1980年11月21日
8	咸兴市	朝鲜	亚洲	1982年6月18日
9	大马尼拉市	菲律宾	亚洲	1983年6月15日
10	卡拉奇市	巴基斯坦	亚洲	1984年2月15日
11	安特卫普市	比利时	欧洲	1984年5月27日
12	蒙特利尔市	加拿大	北美洲	1985年5月14日
13	比雷埃夫斯市	希腊	欧洲	1985年6月24日
14	滨海省	波兰	欧洲	1985年7月4日
15	芝加哥市	美国	北美洲	1985年9月5日
16	汉堡市	德国	欧洲	1986年5月29日
17	卡萨布兰卡市	摩洛哥	非洲	1986年9月8日
18	马赛市	法国	欧洲	1987年10月26日
19	圣保罗市	巴西	南美洲	1988年7月7日
20	圣彼得堡市	俄罗斯	欧洲	1988年12月15日
21	昆士兰州	澳大利亚	大洋洲	1989年5月24日
22	伊斯坦布尔市	土耳其	欧洲	1989年10月23日
23	亚历山大省	埃及	非洲	1992年5月15日
24	海法市	以色列	亚洲	1993年6月21日
25	釜山市	韩国	亚洲	1993年8月24日
26	胡志明市	越南	亚洲	1994年5月14日

① 资料来源:上海市外事办公室官方网站统计数据:"上海市国际友好城市及友好交流关系城市总体情况",http://www.shfao.gov.cn/wsb/node466/node548/node549/index.html.

续表

顺序	城市	国家	所属洲	结好时间
27	维拉港	瓦努阿图	大洋洲	1994 年 6 月 8 日
28	达尼丁市	新西兰	大洋洲	1994 年 10 月 21 日
29	塔什干市	乌兹别克斯坦	亚洲	1994 年 12 月 15 日
30	波尔图市	葡萄牙	欧洲	1995 年 4 月 15 日
31	亚丁省	也门	亚洲	1995 年 9 月 14 日
32	温得和克市	纳米比亚	非洲	1995 年 11 月 1 日
33	圣地亚哥省	古巴	南美洲	1996 年 8 月 28 日
34	埃斯波市	芬兰	欧洲	1998 年 9 月 4 日
35	罗萨里奥市	阿根廷	南美洲	1997 年 6 月 17 日
36	哈利斯科州	墨西哥	北美洲	1998 年 11 月 18 日
37	利物浦市	英国	欧洲	1999 年 10 月 18 日
38	马普托市	莫桑比克	非洲	1999 年 10 月 25 日
39	清迈府	泰国	亚洲	2000 年 4 月 2 日
40	迪拜市	阿联酋	亚洲	2000 年 5 月 30 日
41	夸祖鲁－纳塔尔省	南非	非洲	2001 年 5 月 16 日
42	瓜亚基尔市	厄瓜多尔	南美洲	2001 年 7 月 6 日
43	瓦尔帕莱索市	智利	南美洲	2001 年 7 月 10 日
44	巴塞罗那市	西班牙	欧洲	2001 年 10 月 31 日
45	奥斯陆市	挪威	欧洲	2001 年 11 月 10 日
46	康斯坦察县	罗马尼亚	欧洲	2002 年 4 月 15 日
47	科伦坡市	斯里兰卡	亚洲	2003 年 8 月 11 日
48	哥德堡市	瑞典	欧洲	2003 年 10 月 23 日
49	布拉迪斯拉发州	斯洛伐克	欧洲	2003 年 11 月 10 日
50	丹麦中部大区	丹麦	欧洲	2003 年 11 月 10 日
51	科克市	爱尔兰	欧洲	2005 年 5 月 19 日
52	东爪哇省	印尼	亚洲	2006 年 8 月 30 日
53	巴塞尔州	瑞士	欧洲	2007 年 11 月 19 日
54	罗纳－阿尔卑斯大区	法国	欧洲	2008 年 5 月 21 日
55	金边市	柬埔寨	亚洲	2008 年 10 月 8 日
56	大伦敦市	英国	欧洲	2009 年 3 月 31 日
57	萨尔茨堡市	奥地利	欧洲	2009 年 9 月 3 日

顺序	城市	国家	所属洲	结好时间
58	魁北克省	加拿大	北美洲	2011 年 9 月 2 日
59	布达佩斯市	匈牙利	欧 洲	2013 年 8 月 28 日
60	孟买	印度	亚 洲	2014 年 9 月 18 日
61	休斯敦市	美国	北美洲	2015 年 6 月 4 日
62	曼谷	泰国	亚 洲	2016 年 5 月 10 日
63	索菲亚市	保加利亚	欧 洲	2016 年 6 月 2 日

资料来源:上海外办官网:"市级友好城市",http://www.shfao.gov.cn/wsb/node466/node548/node550/index.html,登录时间:2016 年 8 月 20 日。

表 5 - 2　上海市市级友好交流关系城市一览

顺序	城市	国家	所属洲	结好时间
1	符拉迪沃斯托克市	俄罗斯	欧 洲	1993 年 4 月 27 日
2	全罗南道	韩国	亚 洲	1996 年 4 月 19 日
3	伦敦金融城	英国	欧 洲	1996 年 9 月 4 日
4	长崎县	日本	亚 洲	1996 年 10 月 14 日
5	全罗北道	韩国	亚 洲	2003 年 4 月 17 日

资料来源:上海外办官网:"市级友好交流关系城市",http://www.shfao.gov.cn/wsb/node466/node548/node552/index.html,登录时间:2016 年 8 月 20 日。

表 5 - 3　上海市区县级友好城市一览

顺序	友好城市	结好时间
1	日本八尾市—嘉定区	1986 年 9 月 13 日
2	日本枚方市—长宁区	1987 年 12 月 16 日
3	日本寝屋川市—黄浦区	1994 年 5 月 12 日
4	日本泉佐野市—徐汇区	1994 年 10 月 21 日
5	纳米比亚奥卡汉贾市—马桥镇	1998 年 12 月 16 日
6	德国汉堡中心区—虹口区	2007 年 6 月 21 日
7	以色列科瑞阿特—海姆区—虹口区	2009 年 11 月 26 日
8	新西兰豪拉基市—嘉定区	2010 年 9 月 8 日
9	芬兰库奥皮奥市—浦东新区	2012 年 6 月 28 日
10	韩国釜山广域市东莱区—虹口区	2012 年 10 月 12 日
11	韩国首尔特别市江西区—长宁区	2013 年 8 月 27 日

顺序	友好城市	结好时间
12	韩国釜山市影岛区—黄浦区	2014 年 9 月 29 日
13	黑山巴尔市—虹口区	2015 年 6 月 12 日
14	德国沃尔夫斯堡市—嘉定区	2015 年 10 月 8 日

资源来源:上海外办官网:"区县级友好城市",http://www.shfao.gov.cn/wsb/node466/node548/node551/index.html,登录时间:2016 年 8 月 20 日。

通过与国外城市缔结友好关系,上海构建起了以各友好城市为节点的社会网络并打通了与世界各地的联系。上海与友好城市间的交流合作涉及领域广泛,包括经济贸易、教育、科技技术、文化、环保、城市建设、医疗卫生等城市发展的方方面面,交流合作形式丰富多样,体现出了"重视经济、社会利益的实务型"①交往特点。

在与友好城市开展交流与合作的过程中,上海通过对国际友好城市资源加以利用而受惠颇多。

首先,通过与发达国家友好城市的交流合作学习并积累了城市发展与建设、人才教育等方面的知识与经验,如上海与横滨自 20 世纪 80 年代起在城市规划、环境保护、道路交通、水务等部门建立了定期专业交流关系,从日方学习了大量经验,再如在上海外办牵头与大阪市政府在 1995—2007 年共同举办了多次赴日经营管修班,为上海培养了大批经营管理人才,这些宝贵的经验对上海的发展起到了积极的作用。

其次,上海借助友好城市网络进一步实现了上海文化的"走出去"与友城文化的"引进来"。一些友好城市多次举办内容丰富的"上海周""中国文化周""浦东日"等活动;上海也先后派出多个文化艺术团体赴友好城市交流演出。相应地,友好城市的文化艺术团体也多次在上海访问演出。上海在友城一方的影响力扩大,友城也得以向上海展示自身的魅力。自上海与意大利米兰缔结友好姐妹城市以来,围绕文化艺术、服装产业、教育科技等领

---

① 龚铁鹰. 国际关系视野中的城市——地位、功能及政治走向[J]. 世界经济与政治,2004
(8):41.

域层开展一系列富有成效的交流活动,上海曾在米兰举办"上海日"活动,米兰也在上海举办了"米兰魅力文化周",在展示城市魅力、提升国际知名度方面双方实现了共赢。

最后,在上海的友好城市中,有部分来自发展中国家的城市,上海与其在对外援助等领域开展实质性合作:一方面为改善当地交通、生活条件做出了积极贡献,另一方面也获得了来自友城的高度评价,从而有助于提高上海的地区影响力。例如,自2004年起,上海建工集团便在柬埔寨金边等地开展了大批基础设施援建业务,且工程质量优良,造福于当地百姓生活。

上海在国际友城战略的实施过程中,不仅有来自中央政府的授意与支持,也离不开上海市外事办公室的全局指导与统筹协调。为支持与促进上海通各友好城市之间的交流与合作,上海国际友好城市交流事业发展基金会在1990年9月29日成立,简称友城基金会,其性质为社会团体。友城基金会充分利用民间力量为上海的友城工作助力,为上海与各友好城市之间提供了沟通联络渠道,并为友好城市的相关人员提供咨询服务,从而促进上海与各友好城市之间开展经济、科技、市政建设、文教卫生等各方面的交流。

1.2 积极参与城市间合作组织及国际组织

城市间合作组织是上海开展国际交往实践的重要平台和途径。目前,上海已经参与到了多个城市间的国际组织中,其中包括世界城市和地方政府联盟(UCLG)、世界大都市联盟(The Metropolis Association),亚太地区城市间合作组织(The Regional Network ofLocal Authorities for the Management of Human Settlements)、亚太城市峰会(APCS)、亚太城市观光振兴机构等全球性或区域性的城市间合作组织。不同的城市间合作组织有其各自的定位与宗旨,上海长期以来不断致力于和这些城市间合作并组织进行积极地交流与互动。

除城市间合作组织之外,上海还同国际货币基金组织、儿童基金会、联合国开发计划署、世界卫生组织、亚洲开发银行、粮食计划署、世界银行等国际组织和机构建立起了联系和合作关系。

1.3 国际性大型活动的举办

"举办大型活动是快速提升一国(或地方城市)国际影响和软实力的重要途径"①,在国家的引导和支持下,上海承办了一系列有质有量的国际大型活动。

重大国际会议的举办。自 20 世纪 80 年代以来,在上海举办的各种国际会议持续不断,其中不乏参会人数众多、层次高、具有重大国际影响力的国际会议,如 1999 年的《财富》全球论坛年会、上海合作组织峰会、亚太经济与合作组织会议(APEC 峰会)、亚信峰会、城市发展国际论坛、非洲开发银行集团理事会年会、世界管理大会、世界翻译大会、女性论坛亚洲大会、中国国际友好城市大会等。

国际会议、论坛在上海的举行一方面体现了上海的国际影响力和基础设施的完备程度得到了认可;另一方面国际会议在上海的举办也为提高上海的国际参与程度、为上海与广大国际组织开展合作、主动设置议程提供了契机。

"上海系列"艺术文化类活动。上海已经开发了一系列具有上海品牌效应的艺术文化类大型国际交流活动,如上海国际魔术节、上海电影节、上海国际电视节、上海国际服装文化节、上海艺术节等。通过此类大型国际活动的举办,一方面促进了艺术文化方面的交流与合作,提升了上海的国际知名度;另一方面也为上海带来了商机。

1.4 世博会与上海的国际交往实践

享有经济、科技、文化"奥运会"之称的世博会由于举办时间长、展出规模大、参与国家多、影响极为深远等特点,逐渐被赋予了外交功能,衍生出了"世博外交"这一概念,即"国际行为主体围绕或借助世博会而进行的有关政治、经济、安全、科技、文化等诸多外交活动的总和"②。但是,参与世博外交

① 龚铁鹰. 国际关系视野中的城市——地位、功能及政治走向[J]. 世界经济与政治,2004(8):41.
② 马建英. 上海世博会和世博外交[J]. 国际问题研究,2010(6):24.

的"行为体"除国家外,还包括城市、普通民众、民间团体或机构、国际组织等。

2010年的第41届上海世界博览会是首次在发展中国家举办的综合性世界博览会,既是中国也是上海国际交往的成功实践。上海世博会在综合性世博会历史上首次以城市为主题,提出"城市,让生活更美好"(Better City,Better Life)的口号,吸引了189个国家、57个国际组织参展,共计7308万名游客参观,其中外国游客400多万人次,创造了世博会历史上最大规模的参会纪录。

上海世博会对上海最直观的影响是直接带动了上海旅游会展、商业销售、交通运输、住宿餐饮等服务业快速发展,促进城市基础设施体系和市容市貌改善、城市文明程度和市民文明素质提高。

从"世博外交"的角度来看,上海世博会突出了世博会的世界性和包容性,强调世博会为各国展示形象的舞台,既让世界了解了中国,也让中国了解了世界。世界各国在上海世博会上的精彩展示在一定意义上也反映出了中国的包容性与开放性。上海世博会也成为了中国和上海向世界人民展示自己的舞台。来自各个国家地区的游客、参展人员通过亲历世博会,对中国、对上海的现状与发展有了直观的认识,即中国自信、开放、友好、文明的国家形象。

上海世博同时也成为首脑外交的平台。"世博会期间,上海共接待重要贵宾团组872批,外国国家元首和政府首脑101位,副总统、副总理、议长、王室成员、政府部长、政党领袖360批。"①在半年内,党和国家领导人共举行了70多场双边、多边会见,为我国主动做外国政府工作提供了机会。

总之,世博会为我国展示自身发展成就,拓展国际交流与合作,提升国家形象做出了有益的贡献,而通过世博会的成功举办,上海的国际影响力和知名度也得到了极大提高,国际化进程进一步加深。

1.5 上海市开展国际交往实践的经验

上海之所以能够取得上述国际交往实践的成就,主要有五个原因:分别

---

① 上海年鉴:2011:http://www.shanghai.gov.cn/nw2/nw2314/nw24651/nw29277/index.html.

是区位优势、历史传统与丰富的历史经验、来自国家的大力支持、围绕外事工作完善的制度建设以及雄厚的物质经济基础。

国家对上海的定位是建设成为国际金融中心、国际贸易中心、国际航运中心和国际经济中心。这一目标预计将于 2020 年实现,虽然上海的四个中心建设取得了一定的进展,上海也是我国最有可能发展成为"世界城市"或"全球城市"的城市之一,但仍应看到与纽约、伦敦、东京等世界城市的差距。

第二节　广州市的国际交往实践

作为广东省省会的广州位于珠江三角洲北部,濒临南海,毗邻香港、澳门和东南亚地区。广州市地理位置优越,交通便利。作为重要的港口城市,广州与世界 100 多个国家和地区的 400 多个港口有海运贸易往来。广州同时也是国际性空港之一,广州白云国际机场也是国内最繁忙、客流量最大的机场之一,运行航线包括欧洲航线、东南亚航线、非洲航线和中东航线等多条国际航线。除此之外,广州市境内的铁路、高铁、高速公路等交通设施建设也非常发达。

历史上,曾是古代"海上丝绸之路"发祥地的广州,有深厚的对外文化交流底蕴和丰富的对外交往经验。与上海情况类似,新中国成立后,由于我国的外交重点仅限于社会主义国家,外交被视为中央政府的特权,地方政府无法也不敢主动触及对外交往活动。在这一背景下,广州自主性的对外交往活动几乎停滞,对外交往活动全部在中央政府的直接管理之下进行。

随着改革开放政策的实施和中央政府在一定程度上的放权,广州的国际化进程和国际交往实践再次重启,对外交往历史悠久的广州再次成为了国际交往的积极参与者。自改革开放以来广州的国际交往实践主要体现在以下几个方面:

2.1 以"广交会"为代表的会展业蓬勃发展

广州是国内会展业发展最早、会展经济最为活跃的地区之一。"中国进出口商品交易会"又称"广交会"(Canton Fair),创办于 1957 年春季,此后每年春秋两季在广州举办。"广交会"是中国目前举办时间最长、规模最大、展出商品种类最全、到会客商最多、成交效果最好的极具代表性的综合性国际贸易商会,有"中国第一展之称"。① 但是,改革开放之前举办的"广交会"无一例外由中央政府直接管理,并不能体现出广州市开展对外交往的主动性和自主性。

随着改革开放政策的实施,中国的经济体制发生了巨大变化,经营体制上打破了外贸的垄断体制,各省市开始具有了外贸经营权;经营方式上发生了由国家全包到简政放权的转变。此时中国面临的国际环境也有了极大改善,以 1972 年中美联合公报的发表为开端,中国迎来了第三次建交高潮,中国外交打开了新局面。

在此背景之下,改革开放赋予了"广交会"活力;国际环境的改善则为"广交会"拓展贸易对象创造了条件。此后,"广交会"逐步形成了以中国香港、日本、欧盟、美国为主,覆盖东南亚、拉美地区、中东、非洲等国家和地方的格局。②

通过每年举办的"广交会",广州已经与 200 多个国家和地区建立了经贸联系。除"广交会"之外,每年在广州举办的展览会仍有上百个,其中不乏众多的国际性展览,既包括综合性展会,如广州博览会,也包括各类专业展会。会展业成为了广州拓展对外联系、招商引资的重要渠道,对扩大广州的国际知名度、开展对外交往发挥了重要作用。

---

① "世界城市和地方政府联盟",http://www.gzwaishi.gov.cn/uclg/uclg.html。
② 过聚荣,邹致远.广交会案例分析,2006—2007 年:中国会展经济发展报告[M].北京:社会科学文献出版社,2007:243 – 244.

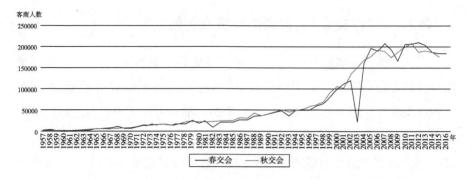

图 5 − 1　历届广交会成交额统计情况

资料来源:中国进出口商品交易会网站:"历届成交额统计",http://www.canton-fair.org.cn/html/cantonfair/cn/about/2012 − 09/126.shtml,登录时间:2016 年 8 月 20 日。

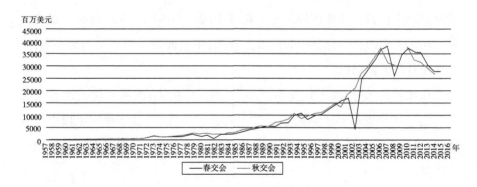

图 5 − 2　历届广交会客商人数统计情况

资料来源:中国进出口商品交易会网站:"历届采购到会统计",http://www.canton-fair.org.cn/html/cantonfair/cn/about/2012 − 09/125.shtml, 登录时间:2016 年 8 月 20 日。

2.2　国际友好城市战略

　　国际友好城市工作历来是广州市开展国际交往实践的重要渠道之一。自 1979 年 5 月 2 日广州与日本福冈缔结国际友好城市以来,广州市的国际友城工作已经开展了近 40 年,并取得了突破性进展。如表 5 − 4、表 5 − 5 所示,目前广州市已经与世界各国的 36 个城市结为国际友好城市,27 个城市结为国际友好合作交流城市,形成了规模适当、布局合理的网络体系,①但就国际友好城市的缔结数量而言,与北京、上海相比,广州仍存在一定差距。

表5-4 广州市国际友好城市一览表

顺序	城市	国家	所属洲	结好时间
1	福冈市	日本	亚洲	1979年5月2日
2	洛杉矶市	美国	北美洲	1981年12月8日
3	马尼拉市	菲律宾	亚洲	1982年11月5日
4	温哥华市	加拿大	北美洲	1985年3月27日
5	悉尼市	澳大利亚	大洋洲	1986年5月12日
6	巴里市	意大利	欧洲	1986年11月12日
7	里昂市	法国	欧洲	1988年1月19日
8	法兰克福市	德国	欧洲	1988年4月11日
9	奥克兰市	新西兰	大洋洲	1989年2月17日
10	光州广域市	韩国	亚洲	1996年10月25日
11	林雪平市	瑞典	欧洲	1997年11月24日
12	德班市	南非	非洲	2000年7月17日
13	布里斯托尔市	英国	欧洲	2001年5月23日
14	叶卡捷琳堡市	俄罗斯	欧洲	2002年7月10日
15	阿雷基帕市	秘鲁	南美洲	2004年10月27日
16	泗水市	印度尼西亚	亚洲	2005年12月21日
17	维尔纽斯市	立陶宛	欧洲	2006年10月12日
18	伯明翰市	英国	欧洲	2006年12月4日
19	汉班托塔区	斯里兰卡	亚洲	2007年2月27日
20	累西腓市	巴西	南美洲	2007年10月22日
21	坦佩雷市	芬兰	欧洲	2008年12月2日
22	曼谷市	泰国	亚洲	2009年11月13日
23	布宜诺斯艾利斯市	阿根廷	南美洲	2012年4月16日
24	迪拜	阿联酋	亚洲	2012年4月18日
25	科威特城	科威特	亚洲	2012年4月25日
26	喀山市	俄罗斯	欧洲	2012年7月6日

---

① 广州市外办:"友好城市",http://www.gzfao.gov.cn/Item/2485.aspx,登录时间:2016年8月20日。

续表

顺序	城市	国家	所属洲	结好时间
27	伊斯坦布尔市	土耳其	欧洲	2012 年 7 月 18 日
28	哈拉雷市	津巴布韦	非洲	2012 年 9 月 3 日
29	圣何塞市	哥斯达黎加	南美洲	2012 年 9 月 11 日
30	登别市	日本	亚洲	2012 年 11 月 15 日
31	巴伦西亚市	西班牙	欧洲	2012 年 12 月 29 日
32	拉巴特市	摩洛哥	非洲	2013 年 10 月 3 日
33	罗兹市	波兰	欧洲	2014 年 8 月 20 日
34	艾哈迈达巴德市	印度	亚洲	2014 年 9 月 17 日
35	基多市	厄瓜多尔	南美洲	2014 年 11 月 29 日
36	博克拉市	尼泊尔	亚洲	2014 年 11 月 29 日

资源来源:广州市外办:"友好城市一览表",http://www.gzfao.gov.cn/Item/2485.aspx,登录时间:2016 年 8 月 20 日。

表 5-5 广州市国际友好合作交流城市一览表

顺序	城市	国家	所属洲	结好时间
1	萨尔瓦多	巴西	南美洲	1996 年 4 月 9 日
2	胡志明	越南	亚洲	1996 年 4 月 14 日
3	大分	日本	亚洲	1997 年 10 月 9 日
4	哈巴罗夫斯克	俄罗斯	亚洲	1997 年 10 月 15 日
5	关岛	美国	北美洲	2002 年 3 月 28 日
6	墨尔本	澳大利亚	大洋洲	2003 年 4 月 9 日
7	亚历山大	埃及	非洲	2003 年 7 月 17 日
8	巴塞罗那	西班牙	欧洲	2003 年 10 月 29 日
9	比什凯克	吉尔吉斯斯坦	亚洲	2004 年 12 月 1 日
10	哈瓦那	古巴	南美洲	2005 年 6 月 15 日
11	杜塞尔多夫	德国	欧洲	2006 年 7 月 25 日
12	墨西哥城	墨西哥	北美洲	2010 年 11 月 19 日
13	休斯顿	美国	北美洲	2012 年 4 月 9 日
14	圣地亚哥	智利	南美洲	2012 年 4 月 13 日
15	米兰	意大利	欧洲	2012 年 7 月 25 日
16	布拉格	捷克	欧洲	2013 年 4 月 25 日

顺序	城市	国家	所属洲	结好时间
17	平阳	越南	亚洲	2013 年 8 月 22 日
18	科英布拉	葡萄牙	欧洲	2013 年 10 月 20 日
19	仁川	韩国	亚洲	2013 年 12 月 6 日
20	金边	柬埔寨	亚洲	2013 年 12 月 13 日
21	圣彼得堡	俄罗斯	欧洲	2014 年 1 月 12 日
22	第比利斯	格鲁吉亚	亚洲	2014 年 1 月 13 日
23	波士顿	美国	北美洲	2014 年 8 月 28 日
24	苏瓦	斐济	大洋洲	2015 年 6 月 1 日
25	金沙萨	刚果金	非洲	2015 年 7 月 23 日
26	蒙巴萨	肯尼亚共和国	非洲	2015 年 10 月 30 日
27	维多利亚	塞舌尔共和国	非洲	2015 年 11 月 12 日

资源来源:广州市外办:"友好交流合作城市一览表",http://www.gzfao.gov.cn/I-tem/5972.aspx,登录时间:2016 年 8 月 20 日。

2.3 积极参与城市间合作组织,与国际组织建立联系

在参与城市间合作组织方面,广州的成绩可圈可点。

随着经济全球化进程的加快,自 20 世纪 90 年代以来,由各国城市推动形成的国际组织,如世界城市和地方政府联盟(UCLG)、世界大都市协会(UCLG 的前身之一)、亚太城市首脑会议等逐渐成为城市间进行国际交流合作的重要载体,日益受到各城市政府的重视。各城市政府自愿组成国际城市多边组织,并以此为平台致力于拓展城市间的交往、交流与合作,以期探讨和解决城市发展与管理的共同问题。

重视并积极参与国际城市多边组织,并争取在其中发挥重要影响力是广州市国际交往实践的一大特点。近年来,广州积极参与世界大都市协会、UCLG、亚太城市首脑会议、联合国人居署等国际城市多边组织的活动。

广州基于国际城市多边组织开展的城市多边合作始于 1993 年 9 月,作为正式会员加入世界大都市协会。1996 年,广州被正式推选为世界大都市协会董事会成员城市。2000 年 10 月 1 日至 4 日,世界大都市协会董事年会

在广州召开,来自全球 35 个国家和地区的 355 个代表出席了该会议。通过参与并承办世界大都市协会的活动,广州一方面学习并积累了与国际城市多边组织交往的经验;另一方面也提升了自身的声誉、知名度。

2004 年 5 月,"世界城市和地方政府联盟(United Citiesand Local Governments,UCLG)成立"[①],该组织由世界城市协会联合会、地方政府国际联盟和世界大都市协会合并而成。广州以创始会员国的身份加入该组织,并成为其世界理事会成员。作为目前世界上最大的城市和地方政府国际组织,UCLG 的会员国包括来自 136 个国家的 1000 多个城市会员和 112 个全国性地方政府协会,享有"地方政府联合国"之称。UCLG 的宗旨是"通过构建全球地方政府之间的联系网络,增进理解、促进合作,帮助地方政府解决全球化和城市化带来的各种挑战"[②],并且与联合国、世界银行等国际组织和机构建立了合作伙伴关系。UCLG 的领导机构是主席团,主席团成员由 UCLG 世界大会选举产生;UCLG 目前下设 12 项各专业委员会与 6 个工作组,专业委员会和工作组相对独立地开展工作,针对城市发展过程中遇到的热点、难点问题各自确定工作重点和方案,并牵头联系相应会员城市参与实质性交流。

2007 年,UCLG 主席团将要改选,出于 UCLG 在开展城市多边合作中的重要影响力以及全国友协希望扩大中国城市在 UCLG 中地位的考虑,广州市外办经过权衡后决定参选并积极准备参选工作,具体包括寻求全国友协和外交部的指导和支持;统筹和整合市内、单位内外资源,成立了专门的 UCLG 工作小组;利用友城资源,营造有利的竞选环境。在此准备基础上,同年 10 月,UCLG 第二届世界大会在韩国济州岛举行,时任广州市市长的张广宁率团出席了此次大会并作为亚太地区候选人成功当选为 UCLG 联合主席。2010 年 11 月,在墨西哥城举办的 UCLG 第三届世界大会上,时任广州市市长的万庆良成功当选 UCLG 联合主席,实现了广州市市长在 UCLG 主席团的连任。2013 年 11 月,在摩洛哥拉巴特举行的 UCLG 第四届世界大会上,广

---

① "世界城市和地方政府联盟",http://www.gzwaishi.gov.cn/uclg/uclg.html。
② "世界城市和地方政府联盟",http://www.gzwaishi.gov.cn/uclg/uclg.html。

州市市长陈建华当选 UCLG 联合主席,成功实现了第三次连任。

广州市市长成功当选为 UCLG 联合主席有重要意义,标志着广州成为中国城市中首个进入具有全球影响力的国际组织核心领导层的城市。广州利用 UCLG 的世界性平台积极拓展对外交流,开创了中国城市参与国际活动的新模式,具体举措主要有:

第一,凭借 UCLG 的多边国际平台,广州市加强了与各国城市间的多边交往,拓宽了对外交往渠道,促进了对外交流与合作的深化。自广州市担任 UCLG 联合主席以来,广州市的国际影响力逐步扩大,友好城市及友好合作交流城市数量与以往相比有了显著的增加。

第二,通过 UCLG 的内部组织,广州市学习到了国际先进城市的经验,并将其应用至广州自身,从而促进经济社会和城市建设的快速有序发展。

第三,UCLG 具有较大的国际影响力,与联合国、世界银行等国际组织和机构建立了合作伙伴关系,同时也得到了众多国际知名企业的支持。通过 UCLG 这一平台,广州进一步加强了与国际组织和跨国企业之间的联系。

第四,在 UCLG 框架内,广州牵头设立了"广州国际城市创新奖",用以表彰城市或地方政府推动创新发展方面的成功实践。2012 年 11 月和 2014 年 11 月,第一届、第二届"广州国际城市创新奖"颁奖典礼成功举办,与"广州奖"相配合,广州同时也承办了中国国际友好城市大会、世界城市创新大会等一系列活动。广州倡导并主办的"广州奖"已经成为具有国际影响力的大奖,被誉为 UCLG 的"诺贝尔奖",将中国城市和谐发展的理念和经验推广至全世界。

2.4 亚运会与广州的国际交往实践

2004 年 7 月,广州获得第 16 届亚运会主办权;2010 年 11 月 12—27 日,第 16 届亚运会在广州成功举办。亚运会后,广州还举办了第一届亚洲残疾人运动会。作为亚洲范围内的体育最高盛会,亚运会经过连续 15 届的成功举办已经形成世界范围内的影响力。亚运会对广州国际交往实践的促进作用主要体现在以下方面。

在此次亚运会的筹备过程中,广州组织开展了"亚运广州行""亚运中国行"和"亚洲之路"等多渠道、多层次的宣传推广活动,基本实现了"立足广州、辐射全国、影响海外"的目标。[①] 广州同第 15 届亚运会举办城市卡塔尔多哈积极对接,并与其他中东城市、东亚、东南亚等地区和城市展开了积极的交流与合作,从而拓宽了广州的对外交往网络。

亚运会同样带动了广州旅游业的发展,来自国内外的大量游客来到广州观看亚运会赛事并在广州参观旅游,这在带来巨大旅游收益的同时,交通、食宿、购物、娱乐等与旅游相配套的服务业也得到进一步的发展。2010年,广州获"世界知名旅游城市""中国最佳商务旅游目的地城市"和"中国休闲城市"称号。

广州通过此次亚运会的成功举办,向全世界展示了广州作为一个开放包容的国际化城市的良好形象,给亚洲人民、世界人民加深对广州了解和认识提供了良好的机会,提升了广州的国际知名度和吸引力,最终有助于广州国际化的加深和国际交往规模的进一步扩大。

2.5　广州市开展国际交往实践的经验

广州开展国际交往实践的优势主要来源于区位优势(邻近港澳、背靠珠三角)、对外交流开放的历史传统与丰富经验、国家战略的支持、敢为人先的创新精神。

第三节　昆明市的国际交往实践

昆明市是中国西南边陲的中心城市,具有"东连黔桂通沿海,北经川渝

---

① 广州年鉴 2011:http://www. guangzhou. gov. cn/node_450/node_724/2012 - 04/1333680427384162. shtml.

进中原,南下越老达泰柬,西接缅甸连印巴"①的独特区位优势,地处"10 + 1"中国—东盟自由贸易区经济圈、"9 + 2"泛珠三角区域经济合作圈和大湄公河次区域经济合作圈的交汇点。昆明所在的云南省自然条件复杂、自然资源丰富(包括水资源、动植物资源、有色金属等矿产资源、能源资源等)、自然风光独特、旅游资源丰富、民族风情多姿多彩。就地缘位置而言,云南省地处中国西南边陲,西部与缅甸接壤,南部与老挝、越南毗邻,且是全国边境线最长的省份,边境线长达4060公里,"通过澜沧江—湄公河与泰国和柬埔寨相连,并邻近马来西亚、新加坡、印度、孟加拉等国,是中国通往东南亚、南亚的窗口和门户"。②

近年来,云南省现代化交通网络日趋完善,公路、铁路、航空和水运建设取得了长足进步,通往东南亚、南亚国家的三条便捷国际大通道初步形成。同时,昆明市处于云南省日益完备的交通网络的中心位置,已经成为我国西南地区的重要交通枢纽。

3.1 "桥头堡"战略与昆明市的城市定位

地处西南边疆的云南省很早就具有了很强的战略意识和外交主动性。自20世纪90年代以来,"向西南开放"就成为了云南省的发展战略,云南省注重加强与周边发展中国家的交流与合作。

2009年7月,时任中国国家主席的胡锦涛在云南视察时提出"要充分发挥云南作为我国通往东南亚、南亚重要陆上通道的优势,深化同东南亚、南亚和大湄公河次区域的交流合作,不断提升沿边开放质量和水平,使云南成为我国向西南开放的桥头堡"的指示。③ 为响应这一指示,云南省委省政府做出了"二强一堡"的发展战略决策,而昆明市作为云南省的省会和唯一特

---

① 胡娟. 昆明区域性国际城市特征初显[OL]. 人民日报海外版. 2012年9月3日第02版,http://paper. people. com. cn/rmrbhwb/html/2012 – 09/03/content_1107338. htm.

② 云南商务之窗. 云南要充分发挥南亚陆上通道的优势[OL]. http://yunnan. mofcom. gov. cn/aarticle/sjdixiansw/201105/20110507544895. html.

③ 云南商务之窗. 云南要充分发挥南亚陆上通道的优势[OL]. http://yunnan. mofcom. gov. cn/aarticle/sjdixiansw/201105/20110507544895. html.

大型城市,责无旁贷地肩负起了担任"桥头堡"战略实施的"排头兵"的责任与义务。"桥头堡"的概念强调了昆明作为中国向东南亚、南亚乃至印度洋地区开放的战略支点城市地位。"十二五"期间,昆明市提出了要建设成为区域性国际城市的目标。在《昆明市国民经济和社会发展第十二个五年规划纲要》中,明确计划通过5到10年的努力,"将昆明建设成为面向西南开放的国际化门户和重要桥头堡城市,为建设成为中国面向西南开放的区域性国际城市奠定坚实基础"①。

"2015年1月,习近平在云南考察时发表重要讲话,要求云南主动服务和融入国家发展战略,努力在民族团结和生态文明建设方面成为示范区和排头兵,并建设成为面向南亚、东南亚的辐射中心。"②这一讲话再次强调了云南省的发展与国家发展战略之间紧密结合、不可分割的关系,重申了云南省在我国西南中的重要地位与作用,昆明作为云南省的核心城市,其作为中国面向西南开放的国际化门户和"桥头堡"城市的战略地位再一次得到了肯定。

在这一战略定位的指导下,昆明市配合国家发展战略和云南省发展战略,从以下几个方面开展了自身的国际交往实践。

3.2 积极参与区域合作

昆明市积极参与东南亚、南亚地区的区域合作并逐渐在其中发挥"领头"作用,具体来看,区域合作方面,昆明市深度融入了中国—东盟自贸区、孟中印缅(BCIM)次区域、大湄公河次区域等区域发展进程中;经济走廊建设方面,"昆明—河内、昆明—皎漂、昆明—曼谷、昆明—密支那等经济走廊建设稳步推进"③;交通方面,昆明—皎漂、昆明—北部湾、昆明—曼谷等大通道正在构建之中,以此为依托,昆明市积极拓展与东南亚、南亚及印度洋沿

---

① 参见《昆明市国民经济和社会发展第十二个五年规划纲要》。
② 中国昆明:"牢牢把握主题建设美好幸福新昆明",http://www.km.gov.cn/c/2012－02－12/624880.shtml。
③ 陈迪宇.云南"大湄公河次区域经济合作机制"[J].国际观察,2008(6):16－21。

岸国家、地区和城市的交流合作。①

其中,借助大湄公河次区域合作机制、中国—东盟自贸区、孟中印缅地区经济合作论坛等,昆明的对外开放进一步扩大、参与区域合作的能力得到了提升。

大湄公河次区域合作机制

自 20 世纪 90 年代以来,中国与缅甸、老挝、泰国、柬埔寨、越南等澜沧江—湄公河流域国家逐步开展区域合作,在平等、互信、互利的基础上,建立了大湄公河次区域(Great Mekong Sub - region, GMS)合作机制,GMS 合作机制以项目为主导,根据成员的实际需要提供技术和资金支持。

根据中央的统一部署,云南省积极配合国家政策,倡导和推动湄公河次区域合作机制,明确推动合作的有限领域和重点项目。在大湄公河次区域合作中,云南省不仅是区域合作的参与者,同时也在某种意义上扮演了议程的倡导者和推动者的角色,其参与区域合作的主体地位得到了国际组织、中央政府和地方政府的三重认可。② 昆明市亦在其中发挥了重要作用,根据《中国参与大湄公河区域经济合作国家报告》,2005 年 7 月昆明成功举办湄公河次区域第二次领导人会议并发布《昆明宣言》,签署了一系列有利于跨境运输,"加强信息高速公路建设和促进电力贸易的合作文件,并批准了贸易投资便利化和生物多样性保护走廊建设等重点合作倡议,旨在加强和实施大湄公河经济走廊发展战略"③。

中国—东盟自由贸易区建设

2010 年 1 月 1 日,中国—东盟自贸区全面建成并启动,这标志着中国与东盟之间"零关税"时期的到来,彼此之间相互开放市场,极大地促进了双方货物、服务贸易与投资合作的发展。同年 9 月 17 日至 19 日,由中国—东盟商务理事会中方秘书处和昆明市政府共同主办了滇池泛亚合作系列活

---

① 中国昆明:"牢牢把握主题建设美好幸福新昆明",http://www.km.gov.cn/c/2012 - 02 - 12/624880.shtml.

② 陈迪宇. 云南与"大湄公河次区域经济合作机制"[J]. 国际观察,2008(6):16 - 21.

③ 昆明宣言[D]. 2005.

动——第一届中国—东盟行业合作昆明会议。该会议围绕"中国—东盟自贸区:行业对接 合作共赢"这一主题,与会代表就如何实现行业对接和合作进行了探讨。

经此会议之后,中国东盟行业合作会议决定落户昆明并定期召开,昆明成为中国—东盟行业对接的试点城市。截至目前,该行业合作会议已成功召开五届,并为中国和东盟有关行业间加强交流与合作搭建了有效的平台,是中国东盟产业与行业对接中的重要活动,而昆明市无疑在其中发挥了积极的主动作用。

3.3　国际友好城市交流合作

1981 年 1 月 5 日,昆明市与日本神奈川县藤泽市建立了友好城市关系,开启了昆明市缔结国际友好城市的先河,经过 30 多年的努力,昆明在国际友城工作方面取得了较大的成绩。截至 2016 年 3 月 27 日,昆明市正式缔结国际友好关系城市的数量为 21 个,昆明市的"大友城"格局初步形成。通过表5 - 6 可以看出,在昆明的 21 个国际友好关系城市中,来自东南亚、南亚的城市数量达到 9 个,所占比例约为 42.86% ,这也体现了昆明市开展对外交流与合作的重点区域是东南亚和南亚地区。

表 5 - 6　昆明市友好城市一览

顺序	城市	国家	所属洲	结好时间
1	藤泽市	日本	亚洲	1981 年 1 月 15 日
2	苏黎世市	瑞士	欧洲	1982 年 2 月 17 日
3	沙温市	摩洛哥	非洲	1985 年 5 月 14 日
4	丹佛市	美国	北美洲	1986 年 5 月 15 日
5	瓦加瓦加市	澳大利亚	大洋洲	1988 年 8 月 14 日
6	科恰班巴市	玻利维亚	南美洲	1997 年 9 月 25 日
7	清迈市	泰国	亚洲	1999 年 6 月 7 日
8	曼德勒市	缅甸	亚洲	2001 年 5 月 10 日
9	新普利茅斯市	新西兰	大洋洲	2003 年 8 月 11 日
10	吉大港市	孟加拉国	亚洲	2005 年 8 月 18 日

续表

顺序	城市	国家	所属洲	结好时间
11	于韦斯屈莱市	芬兰	欧洲	2008 年 9 月 18 日
12	仰光市	缅甸	亚洲	2008 年 12 月 1 日
13	金边市	柬埔寨	亚洲	2011 年 6 月 8 日
14	波隆纳鲁沃市	斯里兰卡	亚洲	2011 年 7 月 27 日
15	万象市	老挝	亚洲	2011 年 10 月 17 日
16	安塔利亚市	土耳其	欧洲	2013 年 5 月 10 日
17	博克拉市	尼泊尔	亚洲	2013 年 7 月 8 日
18	加尔各答市	印度	亚洲	2013 年 10 月 23 日
19	斯克耐克特迪市	美国	北美洲	2014 年 3 月 25 日
20	岘港市	越南	亚洲	2015 年 2 月 6 日
21	格拉斯市	法国	欧洲	2016 年 3 月 27 日

资源来源:中国国际友好城市联合会官网,http://www.cifca.org.cn/Web/Index.aspx,登录时间:2016 年 8 月 20 日。

此外,昆明市与瑞士苏黎世自 1982 年缔结为友好城市以来,彼此之间在友好合作与交往方面取得了丰硕的成果。昆明和苏黎世之间人员互访频繁,开展了在公交、供水、滇池保护、城市规划、文化、医疗卫生、财政金融、能源方面等领域的合作及警务司法的交流;昆明在苏黎世修建了"中国园",与苏黎世互建中医医疗中心;双方人民在发展经济的过程中携手合作,在改善民生的事业中相互合作,彼此间结下了深厚的友谊。鉴于此,昆明市荣获"国际友好城市特别贡献奖",苏黎世市被授予了"对华友好城市交流合作奖"荣誉称号,昆明与苏黎世两市还被中国外交部和中国人民对外友好协会评为全国唯一一对"模范友城",昆明和苏黎世的两市关系还被提升到"中瑞国家关系的组成部分"的高度。

截至 2012 年 9 月,昆明已连续三次荣获中国人民对外友好协会授予的"国际友好城市交流合作奖"①,其国际友好交流城市工作得到了高度的肯定与赞扬。

---

① "国际友好城市交流合作奖"自 2008 年开始设立,每两年颁发一次,由外交部和全国友协的各部门领导进行独立评审,旨在奖励地方政府在友好城市工作中的突出贡献,鼓励民间友好交流外总体外交需求服务。

3.4　借助 UCLG 平台扩大对外交往

参与国际多边城市组织也是昆明市国际交往实践中的重要形式之一。2012 年,昆明市获审议通过加入 UCLG 组织,并成功当选为亚太区理事会成员,从而获得了 UCLG 这一面向全球、重点在亚太地区的国际性地方政府多边交往平台。昆明市加入 UCLG 组织,对开阔昆明市的国际视野,提高其对外交往能力,建立面向西南开放区域性国际城市起到了积极的促进作用。

2013 年 3 月 1 日,由全国友协主办,昆明市政府外侨办承办的 UCLG 中国大陆会员工作会议在昆明召开。此次会议的成功举办,进一步提升了昆明市在 UCLG 中的地位、声望及其作为区域性国际城市的形象。借助 UCLG 这一良好平台,昆明市以更有利的姿态参与到世界各个城市,特别是亚太地区城市间的交流与合作中,进一步扩大民间对外交往和对外开放,从而可为昆明市建设成为区域性国际城市和世界知名旅游城市营造更为有利的外部环境。

3.5　多边交流合作平台的搭建

作为区域性枢纽的昆明市充分利用区位优势,致力于多边交流合作平台的搭建,具体包括南博会(中国—南亚博览会)、昆交会、茶博会、农博会、石博会、花博会、金博会、文化旅游博览会、旅交会、澜沧江—湄公河次区域国家商品博览会等系列博览会,以及 GMS 经济走廊活动周、泛亚滇池文化论坛等系列活动,其中以南博会、昆交会为代表的博览会已经具备了较高知名度和影响力,是"一带一路"建设中我国予以重点发展的重大国际展会。同时,昆明市也承办了一批大型的国际会议论坛,成为了国际会议论坛的密集区,从而受到了国际的广泛关注。

3.6　昆明市开展国际交往实践的经验

在昆明市的国际交往实践中体现出了中央政府与地方(城市)政府、国家战略与地方(城市)战略之间围绕对外交往活动的良性互动。这种良性互动主要体现在：

一方面，不管是昆明市，抑或云南省，都有极强的参与国际交往的意愿，在国际交往实践中体现出了积极性和主动性；同时，昆明市和云南省的对外交往活动皆是在国家的授权之下展开的，中央政府给予他们一定的自主权。另一方面，云南省和昆明市都积极主动对接国家战略，将自身的国际交往实践与国家的总体发展战略相对接，在此基础上明确并确立自身的战略发展目标。

从总体来看，昆明市所参与的区域合作机制非常丰富，包括国际层面、国家层面和地方层面。多种机制的交错给协调中央和地方、部门与部门、地方与外部主体之间的关系带来一定困难，协调好也许会互利共赢，达到"1＋1＞2"的效果，但若协调不好，也许会产生消极保护主义的后果。①

昆明市的国际交往实践成果值得肯定，但需要注意的是，经济和物质基础构成了城市开展对外交往活动的前提条件。昆明市所在的云南省经济社会发展相对滞后，财力、物力有限，使其能够投入到国际交往中的预算和资源是有限的。虽然昆明是云南省最发达的城市，但基础设计建设、人口规模、对外投资等方面与其他城市仍存在一定差距，如北京、上海、广州、杭州等，这在一定程度上限制了昆明市的国际交往对周边的辐射与带动能力。

第四节 乌鲁木齐市的国际交往实践

乌鲁木齐是"丝绸之路经济带"的"桥头堡"、天山北坡经济带的龙头，"乌昌石城市群"的核心区。② 乌鲁木齐作为新疆自治区首府，地处亚欧大陆中心，我国向西、向中亚开放的重要门户，处在连接太平洋、大西洋西岸和印

① 苏长河. 中国地方政府与次区域合作：动力、行为及机制[J]. 世界经济与政治, 2010(5)：16～17.

② 乌鲁木齐商务局(粮食局)：乌鲁木齐市商业网点规划(2014—2020年), http://www. xjsw. gov. cn.

度洋北岸以及东北亚、东南亚、中亚和西亚世界四大经济区域的核心区位。在《愿景与行动》文件中明确提出新疆维吾尔自治区处于"丝绸之路经济带"的核心区域,同样乌鲁木齐亦在这一核心区域之中。

由于新疆所处的独特地理区位,即新疆为中国面积最大、边界线最长、交界国最多的一个省区,从国家战略层面来看,新疆已经被确定为中国参与中亚地区区域合作的主体,而作为新疆首府的乌鲁木齐市凭借其在新疆范围内的优势地位,正在并将继续在新疆参与中亚区域合作过程中发挥排头兵的作用。国家及新疆维吾尔自治区对乌鲁木齐市的定位是"西部中心城市、面向中西亚的现代化商贸中心",这一定位直接对乌鲁木齐的城市发展目标与城市空间规划产生了重大影响。

乌鲁木齐市之所以能够在我国西部城市脱颖而出而成为"丝绸之路经济带"的"桥头堡"之一,其原因是乌鲁木齐的交通优势、发展潜力以及国家政策倾斜带来的发展机遇。

从交通优势来看,"铁路建设是新疆经济发展的基础,也是全方位发挥新疆能源大通道、向西开放桥头堡作用的必要条件,渝新欧、汉新欧、郑新欧、西新欧、义新欧等多趟西行国际货运专列均经过新疆铁路口岸而出境。乌鲁木齐是第二座亚欧大陆桥中国西部桥头堡,也是新疆境内铁路的总枢纽,同时也是中国与中亚地区的重要客运、货运集散地,拥有多趟直达国际、国内的列车。而随着新亚欧大陆桥的全线贯通,可以预见到,乌鲁木齐作为联结中国和中亚地区、乃至欧洲地区的陆上交通枢纽,在中国西部乃至中亚经济发展中的地位和作用将会日益增强。从这一意义而言,乌鲁木齐的定位是中国面向西部开放以及对外经济文化交流的重要窗口"[1]。

从发展潜力来看,乌鲁木齐积极对接西部大开发战略与"一带一路"战略,经济建设取得了长足的发展;在对外贸易方面,乌鲁木齐有国家一类口岸 1 个,二类口岸 6 个,且已经初步形成了以中亚五国和俄罗斯为中心的边

---

[1] 务部欧洲司和国际贸易经济合作研究院联合课题组:《上海合作组织区域经济合作研究,俄罗斯中亚东欧研究 2004 年第 1 期,第 10 页。

贸市场格局,仍在不断发展之中并呈现出了多元化的发展趋势。乌鲁木齐现有的经济实力及其发展潜力为其作为中国向中亚开放的门户,开展对外交往提供了物质基础。

图 5 - 3 2008—2015 年乌鲁木齐对外贸易情况

资料来源:乌鲁木齐市历年国民经济和社会发展统计公报。

从发展机遇和政策支持角度来看,20 世纪 90 年代后期开始,中国的开放政策的重点发生了一些变化,政策开始更多地倾向于中西部地区,即开放战略和政策发生了从以面向海洋的沿海省份为重点向沿海、沿边、内地省份兼顾的转变,这一转变为新疆开展对外合作提供了契机。2010 年,自中央新疆经济工作会议之后,全国范围内十九个省市的对口援疆工作启动,为新疆的经济发展注入了新的活力。同时,天山北坡经济带以及"丝绸之路经济带"战略的相继提出与开展也给新疆及其首府乌鲁木齐市带来了对外开放、参与区域分工合作的大好机遇。

基于乌鲁木齐市的上述特质以及国家的总体战略,乌鲁木齐市的国际交往实践呈现出如下特点。

4.1 积极参与中亚区域合作

由于新疆在地缘上与中亚国家邻近,在语言、文化、信仰上存在一定的相似性和相通性,并且有与其交流合作的历史传统与经验,具有与其开展区域合作的人文优势,因而在中国参与中亚区域合作之时新疆往往处于主体地位。上海合作组织、中亚区域经济合作机制、中俄哈蒙阿尔泰区域经济合作机制则为新疆和乌鲁木齐参与中亚区域合作提供了机遇和制度保障。

第一是上海合作组织。成立于 2001 年的上海合作组织,包括中国、哈萨克斯坦、吉尔吉斯斯坦、俄罗斯、塔吉克斯坦和乌兹别克斯坦等成员国。作为冷战结束后中国发起成立的第一个政府间国际组织,上合组织的初衷是谋求边境地区安全与稳定,相互裁减军事力量,但目前其成员国之间的合作已不仅局限在军事安全,而是涵盖了政治、经济、教育、投资、金融等诸多领域。

随着国际格局的变化及国际政治经济形势的发展演变,上合组织合作机制也在与时俱进并日臻完善,"组织成员国间较强的要素潜力互补性分工成为了区域经济组织生存和发展的基础,也成为了其产生区域经济合作吸引力的核心所在"①。在此背景下,上海合作组织采取了一系列措施为各成员国间展开区域合作创造条件:2003 年,成员国政府首脑(总理)理事会上通过的《上海合作组织成员国多边经贸合作纲要》"从宏观上为本组织内的经贸合作做出了整体规划,为实现成员国间商品、资本、技术和服务的自由流通,力促区域经济一体化创造了政策基础。"②2004 年 9 月通过的《〈上海合作组织成员国多边经贸合作纲要〉落实措施计划》则更加务实且特色鲜明,推动了成员国间在能源、交通、环保、紧急救灾、文化和教育部门之间合作的深化。③ 2015 年,在上海合作组织第 14 次峰会中,与会的各成员国总理们重申支持中国关于建设"丝绸之路经济带"的倡议并发表了关于区域经济合作的声明,在进一步深化海关合作、农业合作、环保领域合作、人文领域合作、灾害预防和救援合作等方面达成了共识。④

一方面,上海合作组织的成立有利于中亚地区的安全与稳定,为新疆和乌鲁木齐的对外开放和对外交往提供了可靠的安全保障和政治基础。另一

---

① 商务部欧洲司和国际贸易经济合作研究院联合课题组. 上海合作组织区域经济合作研究 [J]. 俄罗斯中亚东欧研究,2004(1):10.

② 许涛. 中亚区域合作与上海合作组织[J]. 现代国际关系,2005(11):25.

③ 许涛. 中亚区域合作与上海合作组织[J]. 现代国际关系,2005(11):26 - 27.

④ "上合组织峰会第十四次会议联合公报(全文)",http://news. sina. com. cn/c/sz/2015 - 12 - 15/doc - ifxmpnuk1564932. shtml.

方面,上海合作组织内的一系列合作机制为成员国之间的区域合作、为新疆进一步加强和中亚区域的交流合作提供了制度支持,也为乌鲁木齐国际交往实践的开展带来了良好的契机。

第二是中亚区域经济合作机制。中亚区域经济合作(CAREC)由亚洲开发银行于1996年发起,并于2002年建立正式合作框架,交通、能源、贸易便利化和贸易政策为其重点合作领域。经国务院批准,乌鲁木齐于2006年10月主办"中亚区域经济合作第五次部长会议",中国及中亚各国政府代表和亚洲开发银行、世界银行、国际货币基金组织等六个国际组织的代表参加了此次会议,会议成果是各部长代表各自政府发表《乌鲁木齐宣言》,通过了促进和推动各项区域合作的倡议。① 通过中亚区域经济合作机制,新疆与中亚各国的交流合作进一步加强,乌鲁木齐也在这一过程中提高了对外开放程度并积累了国际化的经验。

第三是中哈蒙德阿尔泰区域合作机制。阿尔泰区域处于中国、哈萨克斯坦、蒙古、俄罗斯四国边境结合部,是经济发展相对滞后的区域,但又有各国政局相对稳定、区域内各方经济互补性强的特点,这就为区域内各方开展合作创造了非常有利的条件。

2000年7月,在新疆阿勒泰市举行的"阿尔泰区域科技合作与经济发展国际研讨会"上,四国代表签署了《阿尔泰区域合作倡议》;2003年4月,中哈蒙德阿尔泰区域合作国际协调委员会正式成立,从而正式确立了"四国六方"②的合作机制,而新疆则是这一机制的重要参与者。此后,"中俄哈蒙阿尔泰区域合作国际协调委员会会议"曾多次在乌鲁木齐举办。

该合作机制从建立到现在已有16年,经历了从专家间的务虚交流到官方的直接接触、会谈内容的泛泛而谈到切实涉及具体合作领域的发展变

---

① 天山网:"中亚区域经济合作第五次部长会议召开",http://www. ts. cn/special/node_18440. htm.

② 阿尔泰区域是中国、哈萨克斯坦、蒙古、俄罗斯四国的边境结合部,地域范围包括中国新疆维吾尔自治区的阿勒泰地区、俄罗斯联邦的阿尔泰共和国和阿尔泰边疆区、哈萨克斯坦共和国的东哈萨克斯坦州以及蒙古的巴彦乌列该省和科布多省,简称"四方六国"。

化。① "目前,阿尔泰区域内各方在科技、教育、生态、旅游、交通等领域开展了较为有效的合作"②。新疆为阿尔泰区域合作的倡导方和主导方之一,在该区域合作中发挥了重要作用。乌鲁木齐市虽然并不在阿尔泰区域中,但阿尔泰地区的区域合作对乌鲁木齐的对外开放和稳定同样具有重要的战略意义。③ 在阿尔泰地区区域合作机制下,"新疆阿勒泰地区获得了一定发展,这也扩大了乌鲁木齐作为国际商贸城在东中亚地区和俄罗斯中部地区的影响,对乌鲁木齐市的对外开放与对外交往起到了积极作用"。④

4.2 依托国家政策打造区域中心

新疆及乌鲁木齐市国际化水平的提升与对外开放程度的提高离不开国家政策的支持。"2000年西部大开发战略开始实施,自此以来,国家对西部地区的扶持与投入力度不断加大"⑤,新疆更是西部大开发战略的"重中之重"。2000年,包括了新疆现代工业、农业、交通信息、教育科技等最为发达区域的天山北坡经济带的概念首先在《西部大开发——新疆开发规划》被提出;次年1月,天山北坡经济带成为了新疆自治区的"十二五"规划中的经济优化热点;同年6月,天山北坡经济带被国务院印发的《全国主体功能规划》列为重点开发区域之一;同年7月,新疆将《天山北坡经济带发展规划》上报至国家发展改革委;2012年12月,国务院正式批复同意了这一规划,正式将天山北坡经济带列为西部地区重点培育的新增长极之一。自此,天山北坡经济带不仅成为新疆自治区优先发展的重点地区,而且被纳入国家重点开发的行列中,乌鲁木齐是其中的核心和龙头所在。"丝绸之路经济带"建设的启动同样也为加快新疆及乌鲁木齐市的经济社会发展带来了重大历史

---

① 陈强.中国新疆在阿尔泰区域合作中大有可为[J].中亚信息,2010(10):27.

② 天山网:"中亚区域经济合作第五次部长会议召开",http://www.ts.cn/special/node_18440.htm.

③ 《中、俄、哈、蒙阿尔泰区域合作的研究》课题组.中、俄、哈、蒙阿尔泰区域合作的研究简要报告[J].中共乌鲁木齐市委党校学报,2005(3):7.

④ 《中、俄、哈、蒙阿尔泰区域合作的研究》课题组.中、俄、哈、蒙阿尔泰区域合作的研究简要报告[J].中共乌鲁木齐市委党校学报,2005(3):7.

⑤ 新疆日报.2001.

机遇。

西部大开发、天山北坡经济带发展规划以及"丝绸之路经济带"建设等政策通过全国性的政治动员,依托区域资源再分配机制,通过国家资源的大规模输入,从而提升了新疆和乌鲁木齐在向西对外开放中的竞争实力,在制度上有助于"由内向外"地推动其参与中亚地区经济与能源合作。①

面对以上重大历史发展机遇,乌鲁木齐市提出了建设国际化城市的目标,依托天山北坡经济带的各项优惠政策,制定了以"五大中心"建设为重点,优化城市发展布局,从而促进经济增长方式转变、增强区域服务辐射能力的发展战略。

"五大中心"的建设自启动以来,已经取得了初步的成绩。

一是打造交通枢纽中心,乌鲁木齐市推进并完善了铁路、公路、机场等重大基础设施建设。铁路方面,开通了乌鲁木齐至主要中亚城市的直达客运班列和新疆至欧洲的直达货运班列;机场建设方面,乌鲁木齐国际机场为全国五大门户机场之一,可与国内外60多个大中城市通航;公路方便,有三条国道(312线、314线和216线)穿过市区并与全疆、全国、周边国家相连。交通条件的改善与完善是乌鲁木齐市对外开放的前提条件。

二是打造面向中西亚和南亚,辐射亚欧的具有较强资源配置能力的现代国际商贸物流中心。商贸物流中心的建设与交通基础设施的完备息息相关。乌鲁木齐市启动城南经贸合作区规划建设,加快了大型物流基地②、综合保税区和亚欧经济合作试验区的建设,拓展保税物流功能,促进国际物流便利化,大力发展国际贸易、物流和会展业。

三是打造立足新疆、面向中西亚、辐射亚欧的区域性国际金融中心,这将为商贸物流中心的建设提供保障。

四是打造文化科教中心,占领面向中西亚的文化高地。乌鲁木齐出台

---

① 徐戈. 中亚区域合作与乌鲁木齐市国家化功能提升研究[J]. 新疆师范大学 2014 届硕士学位论文.

② 目前建设有的物流中心包括乌拉泊国际物流基地、米东公路物流园、空港物流园区、国际铁路物流园、甘泉堡物流园区等。

了系列政策,包括加快推进文化产业建设和科技研发,发展特色文化产业,加快中亚大学建设项目,拓展与国内外城市科教文化的交流合作,建设中国—中亚科技合作园区,建设各类文化交流和技术交易平台。

五是打造医疗服务中心。由于中亚国家医疗条件较为落后,乌鲁木齐市凭借丰富的医疗卫生资源和成熟又富有特色的医疗技术,"吸引了大量中亚国家公民前来就医,旅游医疗呈现活跃态势"①。

可以说,"五大中心"的建设彼此之间环环相扣,为乌鲁木齐充分发挥"丝绸之路经济带"核心区的作用创造了条件。

4.3 以"乌洽会"和亚欧博览会为代表的国际性活动

1992年首届"乌洽会"的全称为"边境地方经济贸易洽谈会",洽谈对象以原苏联和东欧国家为主;1994年,"乌洽会"改名为"乌鲁木齐对外贸易洽谈会",洽谈对象和洽谈内容进一步拓宽。2008年的第十七届"乌鲁木齐对外贸易洽谈会"是"乌洽会"发展历史上的重要里程碑之一,"乌洽会"开始由地方性经贸洽谈会升格成为了国际级区域性国际展会,其定位是加强新疆与中亚地区的经贸交流。此次"乌洽会"共签订外经贸合同总额35.33亿美元,其中包括对外经济技术合作项目6.34亿美元。此次"乌洽会"较好的实现了从地方性展会到国家级展会的转变,并且成功地展示了新疆、乌鲁木齐的形象和自改革开放三十年以来取得的进步成果,也体现了乌鲁木齐承办国家级大型会展的能力。"乌洽会"也为乌鲁木齐带来了大量的资金、技术、人才和先进的发展理念,对外开放和招商引资带来的巨大收益使当地人民更加认同"走出去、引进来"的对外开放战略。

为了进一步推动新疆"向西开放",加快我国沿边开放和向西开放的步伐,第19届"乌洽会"以对外经贸总成交额36.13亿美元的成绩为"乌洽会"的历史画上了句号。自2011年起,"乌洽会"将升格为"中国—亚欧博览

---

① 徐戈. 中亚区域合作与乌鲁木齐市国家化功能提升研究[J]. 新疆师范大学2014届硕士学位论文.

会",于每年的9月定期在乌鲁木齐举行,其定位也有所改变:辐射范围与合作内容都有所扩大,具体指推动新疆与国内各省市、中西南亚和欧洲各国的经贸、科技、文化、教育、交通等各领域的交流与合作。为了确保"中国—亚欧博览会"的顺利召开,2011年11月新疆维吾尔自治区人民政府批准成立了新疆国际博览事务局为其专门的服务团队,主要承担"中国—亚欧博览会"的策划、筹备、实施、统筹协调等一系列的展会相关工作。① 亚欧博览会由新疆维吾尔自治区政府、新疆生产建设兵团、商务部等20多个相关部委办局、金融机构等主办,国内协办单位包括19个对口援疆的省市等,同时又邀请了一批国际协办单位②,从而最大限度地扩大亚欧博览会的国际影响力和知名度。

2016年9月20日至25日,第五届中国—亚欧博览会将在乌鲁木齐举办。作为《愿景与行动》文件明确了新疆为"丝绸之路经济带核心区"定位之后的首次亚欧博览会,其外交平台作用将有新的拓展,其"共商共建共享丝路:机遇与未来"的主题体现了新疆、乌鲁木齐主动与"一带一路"战略对接的态度。据统计,有2192家企业将参展,与第四届相比增加了40%左右,其中包括国际及港澳台企业418家;境外42个国家(地区)也将参加展会。③

亚欧博览会已经成为乌鲁木齐和新疆最具代表性的品牌会展,成为了"让世界了解新疆、让新疆走向世界"的窗口,带动了乌鲁木齐和新疆的全面发展和对外开放。

除"乌洽会"和亚欧博览会之外,亚欧丝绸之路服装节、丝绸之路冰雪风情节、丝绸之路经济带国际研讨会、中亚区域经济合作部长会议等活动和会

---

① "新疆国际博览事务局成立",http://news. ts. cn/content/2010 – 11/04/content _5342977. htm 。

② 以第三届亚欧博览为例,国际协办单位包括:上海合作组织秘书处、联合国贸易和发展会议、联合国开发计划署、联合国工业发展组织、阿富汗商工会、巴基斯坦贸易发展署、韩国产业通商资源部、大韩贸易投资振兴公社、吉尔吉斯斯坦工商会、荷兰国家贸易促进中心、俄罗斯莫斯科工商会、日本国际贸易促进会、土耳其经济部等。资料来源:"第三届中国—亚欧博览会主办、协办、承办单位":http://expo. ts. cn/2013 –09/02/content_8645271. htm。

③ "第五届中国—亚欧博览会举行新闻发布会",http://www. caeexpo. org/jianbao/74448. jhtml。

议也都曾在乌鲁木齐举行。2013 年 11 月下旬,乌鲁木齐成功举办了以"五通促发展,共建经济带"为主题的"丝绸之路经济带城市合作发展论坛",吸引了包括阿拉木图、比什凯克、上海、连云港、兰州等在内的来自国内外的 24 个城市代表参加,并达成了"乌鲁木齐共识",签订了《丝绸之路经济带城市合作发展乌鲁木齐共识》及《关于丝绸之路经济带城市间建立联络机构的意向书》等五个意向合作协议,与会代表就如何全面提升新疆对外开放水平以及打造开放的城市合作交流新模式展开了深入讨论。

通过举办有新疆和乌鲁木齐特色的、有国际或区域影响力、有战略意义的大型活动,乌鲁木齐一方面提高了自身的影响力与知名度,进一步确立了其为我国面向中西亚区域中心城市的地位;另一方面,也给乌鲁木齐带来了外资与商机,促进了旅游业的发展,改善了基础设施的条件,优化了城市的空间发展布局。

4.4 国际友城间的交流与合作

截至 2015 年 10 月,乌鲁木齐共与 10 个城市缔结了友好城市关系。十个友好城市中,有七个为亚洲国家城市,其中,除韩国的乌山市外的六个城市皆为中亚、西亚城市,这在一定程度上体现出乌鲁木齐的国际交往实践重视中亚、西亚区域的特点。

同时,截至 2015 年 3 月,乌鲁木齐已与 18 个城市签订了友城关系意向书。其中,格鲁吉亚的巴统市与吉尔吉斯斯坦的奥什市已分别于 2015 年 7 月 25 日和 10 月 14 日正式和乌鲁木齐缔结为友好城市。

格鲁吉亚曾是古代丝绸之路的重要通道,而在丝绸之路经济带上格鲁吉亚是亚洲进入欧洲最为便捷的通道,有着优越的地理位置和良好的投资环境。巴统市则是格鲁吉亚最大的海运港口城市之一,海运发达,且已成为自由贸易区,贸易政策宽松。乌鲁木齐与巴统市之间友好城市关系的缔结,将促进双方合作与发展的进一步深化。[①] 同时也体现了"乌鲁木齐市主动对

---

① 乌鲁木齐市外事侨务办公室:"乌鲁木齐市与格鲁吉亚巴统市正式签订缔结友好城市协议书",http://wqb.urumqi.gov.cn/show.asp? id=245。

接丝绸之路经济带建设的积极性以及丝绸之路经济带对沿线城市开展交流合作的拉动作用"①。

"2015 年第三届丝绸之路经济带城市合作发展论坛暨第二届丝绸之路国际食品展览交易会"在乌鲁木齐举办期间,乌鲁木齐市与吉尔吉斯斯坦的奥什市正式缔结了友好城市关系。② 一方面,丝绸之路经济带的建设为双方之间友好城市关系的缔结提供了平台和机遇;另一方面,双方之间友好城市关系的缔结反过来也将有助于丝绸之路经济带的建设发展见表 5 - 7、表 5 - 8。

表 5 - 7　乌鲁木齐市友好城市一览

顺序	城市	国家	所属洲	结好时间
1	白沙瓦市	巴基斯坦	亚洲	1985 年 7 月 12 日
2	比什凯克市	吉尔吉斯斯坦	亚洲	1993 年 3 月 4 日
3	阿拉木图市	哈萨克斯坦	亚洲	1993 年 11 月 17 日
4	纳兰德拉市	澳大利亚	大洋洲	1996 年 5 月 23 日
5	杜尚别市	塔吉克斯坦	亚洲	1999 年 9 月 10 日
6	奥勒姆市	美国	北美洲	2000 年 9 月 27 日
7	乌山市	韩国	亚洲	2004 年 4 月 23 日
8	马什哈德市	伊朗	亚洲	2012 年 11 月 15 日
9	奥什市	吉尔吉斯斯坦	亚洲	2015 年 7 月 25 日
10	巴统市	格鲁吉亚	欧洲	2015 年 10 月 14 日

资料来源:中国国际友好城市联合会官网,http://www.cifca.org.cn/Web/Index.aspx,登录时间:2016 年 8 月 20 日。

表 5 - 8　乌鲁木齐市已签订友城关系意向书的国外城市一览

顺序	城市	国家	所属洲	签字时间
1	巴尔瑙尔市	俄罗斯	欧洲	1999 年 4 月 10 日
2	里穆斯基市	加拿大	北美洲	2001 年 11 月 5 日
3	里雅宾斯克市	俄罗斯	欧洲	2002 年 7 月 26 日

---

①　乌鲁木齐市外事侨务办公室:"乌鲁木齐市与奥什市缔结国际友好城市",http://wqb.urumqi.gov.cn/show.asp? id = 155。

②　乌鲁木齐市外事侨务办公室:"乌鲁木齐市与奥什市缔结国际友好城市",http://wqb.urumqi.gov.cn/show.asp? id = 155。

顺序	城市	国家	所属洲	签字时间
4	大曼彻斯特斯托克港市	英国	欧洲	2003 年 11 月 3 日
5	阿斯塔纳市	哈萨克斯坦	亚洲	2008 年 11 月 21 日
6	雪兰莪州巴生市	马来西亚	亚洲	2012 年 8 月 12 日
7	加济安泰普市	土耳其	欧洲	2012 年 11 月 9 日
8	奥什市	吉尔吉斯斯坦	亚洲	2013 年 9 月 3 日
9	巴统市	格鲁吉亚	欧洲	2013 年 11 月 29 日
10	萨达特市	摩洛哥	非洲	2014 年 6 月 18 日
11	亚喀巴经济特区	约旦	欧洲	2014 年 6 月 18 日
12	喀布尔市	阿富汗	亚洲	2014 年 9 月 5 日
13	雅典市	希腊	欧洲	2014 年 9 月 5 日
14	图廷市	塞尔维亚	欧洲	2014 年 9 月 5 日
15	巴淡市	印度尼西亚	亚洲	2014 年 9 月 5 日
16	安塔利亚市	土耳其	欧洲	2014 年 9 月 5 日
17	马累市	马尔代夫	亚洲	2014 年 9 月 5 日
18	鄂木斯克市	俄罗斯	欧洲	2015 年 3 月 26 日

资料来源:乌鲁木齐市外事侨务办公室:"乌鲁木齐市国际友好城市签署情况",http://wqb.urumqi.gov.cn/show.asp? id=134 ,登录时间:2016 年 9 月 3 日。

4.5 乌鲁木齐开展国际交往实践的经验

乌鲁木齐的国际交往实践体现出了两大特点:一是牢牢把握国家政策与战略给其带来的机遇,如西部大开发战略、"丝绸之路经济带"等;二是定位清晰明确,以建成"中国—中亚—西亚经济走廊"上的战略支点城市为目标,成为我国扩大向西开放、对外经济文化交流的重要窗口。

但宗教极端势力、民族分离势力、暴力恐怖势力的"三股势力"仍给包括乌鲁木齐在内的整个新疆地区带来了不稳定因素,如何应对来自"三股势力"的威胁从而为乌鲁木齐、新疆的对外开放和全面发展提供一个稳定和谐的大环境,仍是一个需要国家、地方、各族人民之力共同解决的问题。

第五节 义乌市的国际交往实践

曾经的义乌是浙江省中部的一个贫穷落后、基础薄弱的农业穷县、人口小县,经历了改革开放的浪潮之后,如今的义乌已经发展成为一座以贸易、流通为城市经济主业的商贸型城市,被誉为中国经济的奇迹,更被誉为中国"丝绸之路"的新起点。① 义乌目前实有人口约有200多万人,其中本市人口为74万人,外来人口达到了143.3万人,其中,常驻外商约1.3万人,少数民族人口约有6万多人。② 义乌还是中国最大的内陆海关以及全国首个可直接办理外国人签证和居留许可的县级市。

从义乌的国际交往发展历程来看,其在初期并不具备开展国际交往实践的有利条件:第一,义乌没有上海、北京等大城市的政策条件,缺乏国家层面的支持;第二,义乌地处浙江省中部,没有广州、上海等沿海城市的优越地理条件,缺乏国际交往的历史传统与经验;第三,原为农业穷县的义乌经济落后,基础设施建设落后,缺乏开展国际交往的物质经济基础;第四,义乌没有丰富的历史文化遗产和旅游资源,缺乏开展国际交往的文化资本。但是,即使面临诸多不利条件,义乌仍然走在了中国城市开展国际交往的前列。

义乌市的国际交往实践与义乌小商品城的国际化进程相辅相成,小商品城的发展是义乌国际交往的核心所在。

5.1 义乌小商品城的国际化历程

自改革开放以来,义乌的发展经历了从"鸡毛换糖"的路边集市,逐步发展到浙江省内的商品集散中心、全国小商品基地,最终成为全球最大的小商品采购中心,且建立起了"中国—义乌小商品指数"。换言之,义乌小商品城经历了

---

① 中国义乌:"人口构成",http://www.yw.gov.cn/zjyw/csgk/rkgc/。
② 中国义乌:"人口构成",http://www.yw.gov.cn/zjyw/csgk/rkgc/。

由 20 世纪 80 年代的区域性市场,到 90 年代"买全国、卖全国"的全国性市场,再到目前初步形成的"买全球货、卖全球货"的世界性市场,其辐射半径亦从区域拓展至全国、全世界,这一拓展过程展示了一段清晰的国际化进程。[①]

20 世纪 90 年代末,国内贸易发展的空间渐渐饱和,义乌小商品城开始由全国小商品基地向全球性小商品批发市场过渡,并完成了"内贸为主"向"内外贸并举"的转型升级。在义乌经营者的努力与地方政府的推动之下,这一转型升级得以实现。一方面,就义乌的经营者们而言,由于全国各地效仿义乌模式兴办的各类专业市场越来越多,而义乌当地不断攀升的生产要素价格正在削弱其产品竞争力,国内消费市场达到了一定程度的饱和,利润空间一再压缩,他们面临内外双重压力。在此压力之下,义乌的经营者们将目光投向海外市场,逐渐摸索出外贸的经营之路,约有 60% 以上的企业和经销商从事对外贸易。[②]

另一方面,义乌的地方政府在这一转型中也发挥了积极的推动作用。义乌市工商部门早在 20 世纪 90 年代初就提出了"义乌商品走向世界"的口号。1997 年 8 月出任义乌市委书记的赵金勇明确提出了"构建全球性市场体系"的发展思路,决定投资建设"义乌国际商贸城"。自此,义乌小商品城从被动吸引国外客商转向主动向海外招商,大步迈入了"买全球、卖全球"的国际化时代。

2002 年 9 月,"义乌国际商贸城一期投入使用;2004 年 10 月,二期一阶段投入使用;2005 年 9 月,二期二阶段投入使用;2008 年 10 月,国际商贸城三期一阶段市场建成并投入使用;2011 年 4 月,三期二阶段投入使用,并专门开辟了 5 万平方米的国际商贸城国际馆,主营进口商品"。[③] 义乌国际商贸城目前已成为义乌建设国际性商贸城市的标志性建筑,它象征了义乌市场的国际化发展进入了一个新的阶段,即引领传统集散型市场向现代化国

---

① 国务院综合司"义乌报告课题组". 义乌报告[M]. 北京:中国经济出版社,2014:5.

② 刘建丽、王欣. 义乌中国小商品城转型升级研究[M]. 北京:经济管理出版社,2013.

③ 中国义乌:"国际商贸城",http://www. yw. gov. cn/smyg/sc/scdh/200812/t20081225_131385. shtml。

际市场飞跃。

5.2 伴随小商品城国际化历程的义乌国际交往实践

以义乌小商品博览会为代表的会展业蓬勃发展。

自 1995 年义乌举办首届中国小商品城名优新博览会以来,义乌会展业的发展已经有了 20 年的发展历史,目前已连续举办 21 届。义乌小商品博览会,即"义博会"已经发展成为继广交会、华交会之后的全国第三大综合性展会,且为目前国内最具规模、最具影响的日用消费品展会。

随着"义博会"影响力的逐渐扩大及由此衍生的会展经济的蓬勃发展,会展业已经成为义乌经济中的一个独特国际化经营业态,形成了以"义博会"为首的包括义乌世界侨商大会、森林产品博览会、旅游博览会在内的四大展会。四大展会及几十个与义乌小商品优势行业相关的专业性展会吸引了来自众多国家和地区(美国、加拿大、日本、德国、瑞士、捷克、澳大利亚、新加坡、南非以及我国的香港、台湾等)的众多企业参展,有助于义乌建设国际性商贸城市目标的实现,极大地提高了义乌市的国际化水平。

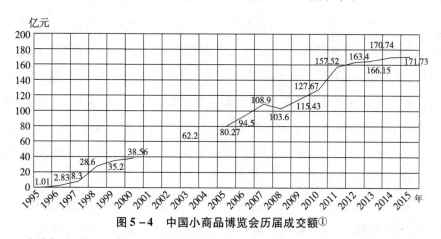

图 5-4 中国小商品博览会历届成交额①

资料来源:中国义乌国际小商品博览会官网:http://www.yiwufair.com/about/ljhg/,登录时间:2016 年 9 月 4 日。

---

① 1995 年第一届名为"中国小商品城名优新博览会";另 2001 年、2002 年、2004 年义乌小商品博览会成交额的数据缺失。

义乌会展业的繁荣发展给义乌带来了大量的人流,这也推动了义乌依托小商品城的特色休闲购物旅游的发展。"2014 年,义乌共接待游客 1313.2 万人次,其中,境外游客 65.7 万人次;2015 年,义乌市共接待游客 1536.2 万人次,其中,境外游客 77.8 万人次。"①

教育业——创建学习型城市

随着义乌城市的发展,对各类人才的需求也不断增加,相应的教育培训业也蓬勃发展了起来。与义乌小商品城的发展需求相适应,义乌的教育业的发展呈现出以下特点:

第一,义乌市许多高等职业教育的专业设置和人才培养方案通常以义乌小商品市场的实际需要为出发点来规划专业发展方向,以解决小商品市场建设和发展中的实际问题为导向,利用义乌小商品城的各种社会资源优势来培育人才。从专业设置上来看,工商管理类、外语类、艺术设计、计算机工程、旅游和国际贸易等专业是义乌市高等教育和职业教育中的重点和热门专业。

第二,义乌在逐步迈入国际化城市的过程中,必然面临与外界交流的外语需求,精通外语的翻译人才成为义乌市教育业发展的一大趋势。前文曾提到,目前常驻义乌的外商约有 1.3 万人,而在"义博会"等博览会期间,将会有更多的来自世界各地的外商前来义乌采购,外语已经成为义乌商人从事外贸生意的必备工具之一。义乌这一国际市场催生了大量的翻译需求,但就目前外语培训行业的现状而言,仍存在翻译从业人员学历整体偏低,缺乏专业翻译人才等问题。②

第三,与义乌建设"国际性商贸名城"的发展战略目标相适应,提高市民综合素质和城市文明水平成为城市发展的应有之义,"自 2000 年开始,义乌

---

① 数据来源:2014 年和 2015 年义乌市国民经济和社会发展统计公报:http://news.zgyww.cn/system/2016/04/05/010056307.shtml.

② 邵张旻子,陈科芳.市场翻译需求和翻译质量调查——以中国义乌国际小商品市场为例[J].浙江师范大学学报(社会科学版),2009(6):89-93.

市政府及有关部门先后出台了 7 个文件,构筑了义乌建设'学习型城市'的政策框架。① 在该框架下,义乌采取了一系列'低起点、多系列、多样式'的能够调动群众学习积极性的培训方式,人力资源水平有所提高,从而极大的改善了当地的投资环境,促进了义乌建设'国际性商贸名称'目标的实现。"

义乌市教育业的发展与其国际化进程相辅相成,国际化水平的提高带来了新的人才需求;人才素质的提高反过来又促进了义乌市国际化进程的发展。

网络技术、电子商务平台与现代物流业相融合

作为网络革命产物的电子商务以其便捷、高效、低成本的优势一经出现便迅速发展壮大,目前已扩展到经济社会生活的各个方面。在电子商务兴起的初期,即 20 世纪 90 年代中期,电子商务就被引入义乌实体市场中来。义乌的电子商务与实体市场之间的互动经历了相互隔离(20 世纪 90 年代—2007)、相互结合(2007—2012)并最终相互融合(2012—)的磨合发展阶段。

商务部和义乌共同打造并向全球发布的"义乌·中国小商品指数"在一定程度上有影响小商品价格的作用,为企业提供了避免生产盲目性的信息引导,同时作为公共产品的提供方,为提升中国小商品在全球小商品消费价格中形成话语权提供了支撑。②

电子商务与义乌实体市场的联动发展,即实体市场和无形市场的结合使市场范围扩大、交易效率提高成为可能,再加上义乌本身强大的商品展示功能和成熟的仓储物流体系,有助于义乌市场新时期、新阶段、新形势下的转型升级的实现③,为义乌走向国际化提供了便捷的通道。

友城关系的缔结与深化

义乌市目前正积极努力与国外的一些城市缔结友好城市关系,国际友好城市关系网络仍在构建过程中。义乌市友城关系的构建始于 2005 年 10

---

① 侯靖方,方展画,林莉. 学习让城市更亮丽——义乌市创建学习型城市的调查报告[J]. 教育发展研究,2003(8):1 - 5.

② 高尚涛等著. 国际关系中的城市行为体[M]. 北京:世界知识出版社,2010:224.

③ 陆立军等著. 义乌市点[M]. 北京:人民出版社,2014:250~280.

月 23 日,义乌市与韩国首尔中区正式结为友好城市,双方根据平等互利的原则,以义乌市场为纽带,进一步加强两地之间的经济发展、文化交往等方面的联系与交流,充分发挥各自优势,互通有无,相互合作,推动经济社会共同发展,实现双赢。①

义乌市十分重视友城关系的缔结与深化,通过邀请来访、参加博览会、出访等活动形式,在与原有交流城市保持常态互动的同时,继续注重挖掘新的友城资源。截至 2014 年,义乌市已与 30 多个国家(地区)的 60 多个城市建立起交流往来关系,双方互动频繁,在展会合作、经贸考察、文化交流等多个领域取得了实质性成果。②

5.3 义乌市开展国际交往实践的经验

在长期的历史发展中,义乌以中国小商品城为核心结构向外辐射拓展,将义乌市整合成了一个以小商品贸易为核心的、国际化程度极高的城市。③义乌市的国际交往实践以其小商品城的国际化为核心,其复杂的辐射结构涵盖了具有国际影响力的会展业的蓬勃发展、与国际化相适应的教育业、电子商务支持下实体市场与无形市场的结合、友城关系网络的构建等多个侧面。

义乌市的国际交往实践体现了义乌人民的智慧与努力和义乌当地政府对城市发展的合理定位以及义乌市整体参与国际交往的强烈意愿与能力。

同时,义乌成功的国际交往实践也离不开国家层面的支持。从 2008 年 11 月至今,义乌市受到了国家、中央领导和上级部门领导的高度重视与支持。吴邦国、温家宝、贾庆林等国家领导人都曾相继到义乌视察工作,体现了国家对义乌市发展的关注。2011 年 3 月,国务院批准浙江省义乌市为国际贸易综合改革试点,即"义乌试点",这也是自改革开放以来国务院第一次

---

① 中国义乌:"友城关系",http://www.yw.gov.cn/zjyw/dwkf/yhcs/200710/t20071018_7525.shtml.

② 中国义乌门户网站:"对外交流",http://www.yw.gov.cn/zjyw/dwkf/dwjl/.

③ 高尚涛等著.国际关系中的城市行为体[M].北京:世界知识出版社,2010:225.

批准一个县级市开展以国际贸易为主体的国家级综合改革试点。国务院参事室专程来义乌开展商贸改革试验区的调查活动,体现了国家从战略层面上对义乌市今后发展的深层次考虑。① 在视察和调研的过程中,中央领导对义乌建设成为国际性商贸城的规划给予了高度的肯定和支持,并提出了相关意见,来自国家层面的支持和肯定实际上明确了义乌市的国际身份,并为义乌市的对外交往和国际交往实践提供了坚实的保障。

自"一带一路"倡议提出以来,"义乌市采取措施积极主动与'一带一路'战略相对接,包括启动丝路新区、陆港新区规划建设,开通义乌至马德里中欧班列、义乌至香港航线,新增西安、兰州等4条国内航线等等举措"②,致力于打造成为"一带一路"战略支点城市。因此,义乌也被称作"丝绸之路经济带"的起点,全长13000多公里始于义乌,终于西班牙马德里的"义新欧"中欧班列在2015年1月20日首发了第一个专列,来自义乌的小商品途径新疆到阿拉山口转关,将到达哈萨克斯坦的阿拉木图,随后再分流至中亚其他国家和俄罗斯。这条专线的开通将为义乌市提供物流支持,可进一步发挥义乌"国际商贸城"的优势。在"一带一路"战略之下,义乌将被发掘出更多潜力。

第六节 "一带一路"沿线战略支点城市的国际交往经验

通过对上海、广州、昆明、乌鲁木齐、义乌五个"一带一路"沿线战略支点城市的国际交往实践的梳理,可以发现:

第一,城市开展对外交往、参与国际合作的途径、方式包括有:

1. 直接的经济联系、文化交往

2. 承担外事工作

---

① 国务院综合司"义乌报告课题组". 义乌报告[M]. 北京:中国经济出版社,2014.
② 陆立军等著. 义乌市点[M]. 北京:人民出版社,2014:250－280.

3.缔结友好城市关系

4.参与城市间合作组织

5.与国际组织建立联系(举办会议、吸引国际组织来当地设立总部等等)

6.举办大型活动(博览会等展会、体育赛事、文化艺术活动)

7.以信息网络、电子商务为平台参与国际交往

……

每个城市的国际交往实践一般是上述途径或方式的多种组合。

第二,本文中五个城市的国际交往实践都具有各自的鲜明特色,也有较为清晰的战略定位,这种定位的明确化往往伴随着中央政府和城市之间的互动。由于不同城市之间有着地域、历史、利益等因素的差异,因而会有不同的利益需求,而中央政府有时难免不能面面俱到。因此,中国城市在服务中央外交这一大前提之下,应通过发展自己的国际战略(义乌),充分利用自身的优势与资源(广州利用侨商网络),来实现本地特殊的国际利益。

第三,城市的国际交往实践应在主权国家的总体外交框架之下进行,并应主动与国家战略对接,从而赢得发展先机。改革开放为中国的城市创造了主动开展对外交往的机会,这是因为改革开放之后,随着中央权力的下放,中国各级地方政府在发展对外交往方面自主权有所扩大,获得了对外交往的行为能力,同时中国和西方发达国家之间的政治经济关系的逐步改善,地方政府开展对外交往的行为动机得到进一步强化。在发展对外交往的可能性和意愿动机的共同基础之上,各地方政府根据本地区的特点制定旨在推动本地区经济社会发展的国际化战略。此后,西部大开发、"一带一路"战略为一批中国城市创造了发展的机遇,城市能否积极主动与国际战略相对接将直接影响其国际交往实践的成功与否。

第六章　世界城市国际交往中心建设经验

　　国际交往中心是指在国际交往中具有一定影响,能够在地区乃至全球发挥重要作用的城市。纽约、巴黎、伦敦和东京是世界城市,是世界政治、经济、文化的中心,也是国际交往的中心之一,其在国际交往中心建设中有很多值得北京学习和借鉴的经验。

第一节　世界城市国际交往中心建设的特征与内容

1.1　吸引和集聚众多国际组织入驻之地

(一)国际组织聚集之地

　　有没有重要的国际组织入驻,是衡量一个城市乃至整个国家的国际影响力和竞争力的重要指标之一。重要国际组织承载的国际活动、国际会议、国际展览、国际交流已被世界各国公认是"城市的面包",尤其是带有经贸、科技、文化背景的国际活动,由于能够聚集大量国际高端资源,已成为城市经济发展新的增长点。

　　随着全球化和相互依赖程度的日益加深,国际交往中心城市就成为国际机构聚集之地。这些国际机构既包括国家层面的外交机构,又包括一系列官方与非官方的国际组织和国际商业机构等。国际组织入驻某一个城市,是这座城市国际影响力和对外吸引力的体现。吸引众多国际组织的入驻,是国际化大都市建设的一个共同特征。通过吸纳众多国际组织来提升该国的外交水平和国际影响力,这是塑造强大国家形象重要的一个方面。吸引大量活跃的国际组织和非政府组织在一座城市立足,是推进该座城市国际化建设的重要战略目标,它体现了一座城市的国际化水平及对外的开放程度,是其综合竞争力的一项重要指标,也是其作为国际交往中心城市的重要特征。正是由于上述原因,现代国际化大都市及地区中心城市希望国际组织的入驻。

首先,一座城市所具有的国际影响力是与其拥有的国际组织机构数量密切相关的。国际组织总部集聚数量首先位居前五的城市分别为:布鲁塞尔、巴黎、伦敦、华盛顿、日内瓦,其次为纽约、维也纳、罗马、哥本哈根、斯德哥尔摩等紧随其后。这些城市都是国际社会和各自国家的中心城市。在世界所有城市中,布鲁塞尔拥有的国际组织总部数量最多。据2006年的数据统计,驻扎在布鲁塞尔的国际组织或机构有3063个,其中政府间组织305个,欧洲联盟和北大西洋公约组织的总部都在这里,加上每年名目繁多的国际会议在此召开,布鲁塞尔享有"欧洲首都"的美誉。

纽约是联合国总部所在地。联合国主要机构,即联合国大会(UNGA)、安全理事会(SC)、经济社会理事会(ECOSOC)、托管理事会(TC)、国际法院(ICJ)和秘书处,除国际法院在荷兰的海牙,其他5个都在纽约办公。有半数的联合国常设辅助机构设在纽约。选择将总部设在纽约的非政府间国际组织就更多,加上联合国开发计划署及一些国际性的基金会,如联合国人口基金会(UNFPA)、联合国儿童基金会(UNICEF)等也都在纽约,这使纽约成为世界上联合国主要机构和组织入驻数量最多的城市。由于纽约是联合国总部所在地,使一大批非政府间国际组织也选择将总部设在纽约。纽约作为国际组织总部聚集地,在扩大其全球影响力的同时,也极大地推动了城市发展,如扩大外资直接投资、促进城市经济发展、提供就业、提升城市形象、推动高端资源的整合和流动、促进文化多样性和人文环境的提升等。

其次,著名跨国集团总部、办事处、代表处和经营性机构,即所谓的国际商业机构,是一座城市经济实力的体现,如"伦敦拥有外国机构700余家,外国银行480余家;纽约的外国银行有300余家;东京的外国金融机构接近

300家,这三个城市被公认是世界金融中心"[①]。

最后,东京、巴黎、伦敦等这类首都型的国际交往中心城市,其所处的外交地位是显而易见的。世界各国在此设立的使领馆及一些特殊关系国的办事处,常设外交机构的数量都在100～180家。而且为贯彻执行国家外交政策、促进城市间友好交流 ,在外交机构之外,这些城市还与他国众多城市结为友好城市,如地处欧洲的中部的比利时首都布鲁塞尔与之结为友好城市就多达44个,与伦敦结为姐妹城市和友好城市的有16个,东京为11个。

(二)纽约如何吸聚国际组织

各国的外交家和政治家们从世界各地集聚在纽约,因为这里是联合国总部的所在地。他们会就世界一系列政治、经济和安全的问题做出各种决策。为此,朱莉安尼(纽约前市长)曾自豪地说"正是因为联合国总部的存在,纽约才当之无愧地被誉为'世界之都'。"

为了吸聚国际组织,纽约给予落户在此的国际组织优惠的财政政策。国际组织一个重要的特性就是承担很大一部分国际或国内的公益性服务。为了适应国际组织的这一特征,纽约市政府不断完善城市公共服务体系建设,通过购买公共服务给予支持。在纽约政府购买的社会建设公共服务清单中,有许多就是入驻纽约的国际组织和非政府组织所开展的公益服务项目,这些项目都由纽约市政府公共服务统筹并加以考虑。美国在其《公益事业捐助法》中有明确规定,由于社会公益组织接受社会捐助,那些捐赠的单位就可以享受相应优惠的税收。从美国霍普斯金大学的相关调查中可知,慈善捐助占纽约国际组织平均收入的15%,另外37%来源于服务收费,48%为政府资助。

为了吸聚国际组织,纽约政府的另一项支持是来自城市法律层面。为了更有利地为国际组织提供法律保障,国际组织入驻的城市会不断完善法律体系。因为国际组织本身没有自主性权力,其法律结构和法律功能均是被动反映国家间的主权关系,而作为"世界之都"的纽约,为在联合国工作的

---

① 张茅. 北京建设国际交往中心研究[M]. 中国旅游出版社,2001(6):2.

各国外交官提供国际法保护,使其享有司法豁免权,这是在法律上为国际组织开展工作提供的诸多便利之一。

纽约政府还检查和监督国际组织的经济来源及运作目标。每个国家组织或基金会要将其收入、支出和税收情况,详细报告给纽约政府,以便对该组织的资金流向进行检查,并监督其运作管理过程。税务局会对其进行严格的核实,这也是纽约地方法规明确规定的。

1.2 世界城市国际交往中心:国际会议之城与国际会展之都

一座城市对外交流频度如何,可以以其举办大型国际会议数量来衡量,举办大型国际会议不仅是现代国际交流的重要渠道和高级形式,也是作为国际交往中心城市的一个重要标志。

据国际大会与会议协会(ICCA)统计,每年在欧洲召开国际会议占全球半数以上,亚洲约占20%。从国际会议的数量和世界排名可以看出,那些重要的国际会议城市未必是世界上经济实力最强的,所在国也未必是世界上最有影响力的国家,城市现代化程度也未必最高,但却是最重要的国际交往中心城市。

作为国际化大都市和世界级交往中心城市,每年至少要举办150次由80个国家和地区参加的国际会议。

(一)国际会议之城

1. 巴黎:世界会议之城

巴黎作为一座"世界会议城",其怡人的自然景观、沉厚的文化底蕴、丰富的历史名胜古迹、多姿多彩的文化活动以及现代化的服务设施,非常适合国际会议在此召开。巴黎每年举办的大型国际会议多达300次,稳居世界首位。国际组织的总部设在巴黎的有联合国教科文组织(UNESCO)、经济合作与发展组织(OECD)、国际商会(ICC)、巴黎俱乐部(Paris Club)等。各类国际会议的召开带来骄人的经济效益,特别是促进了运输业、广告业以及旅游业的发展。

2. 新加坡:亚洲的国际会议之都

新加坡被誉为亚洲一流的国际会议之都。根据 ICCA 的世界排名统计,截至 2013 年,新加坡已经连续 12 年成为亚洲最佳会议城市。另外,新加坡还是世界 TOP10 会议城市(Top 中唯一的亚洲城市,与巴黎、马德里、维也纳、巴塞罗那和柏林等齐名)。根据 UIA,2012 年新加坡第三次成为最佳国际会议举办国,连续 7 年成为最佳国际会议城市。

表 6 – 1 2004 – 2013 年新加坡国际会议量全球城市排名[①]

年份	2004	2005	2006	2007	2008	2009	2010	2011	2012	2013
会议量	94	103	120	128	130	119	168	161	158	175
排名	5	5	3	4	5	7	5	5	7	6

此外,从统计表 6 – 1 中可知,在新加坡举办的国际会议数量城市排名基本上在第 5 左右(10 年中有 5 年排在第 5)。最高排名是第 3,另外有 2 年排名是第 7。

(二)国际会展之都

从 20 世纪末开始,作为国际会议特殊形式的国际展览会迅速崛起,并越来越受到人们的重视。举办大型国际展览会成为加强国际交往的重要内容。

1. 国际会展之都:东京

东京作为国际化大都市,其会展业非常成熟,这里每年举办的展会名目众多,从传统的"五金"到时尚的化妆品再到高科技的动漫,内容五花八门。知名品牌的展会在吸引世界各国人士参展的同时,也成功地将全世界的目光和媒体的关注度聚焦到东京。东京国际服装展览会、东京国际礼品展览会、东京电玩展等都是知名的国际性展会。

(1)东京著名的品牌展会

日本东京国际服装展 作为世界顶尖级别服装展览会之一的日本东京国际服装展览会(IFF),是日东京作为世界时尚之都、全球服装设计之都的

---

① https://www.stb.gov.sg/industries/mice/Pages/Association – Conventions. aspx,2014 – 10 – 10.

标志。

同样作为日本最高级别的服装展览会的 IFF,也被誉为亚洲服装市场的"风向标"。其主办方"纤研新闻"报社,是日本纺织服装行业中最具权威的专业报社。该展会每年举办两届,是目前亚洲地区最大的专业服装服饰展览会,是亚洲服装市场最为重要的市场信息发布中心和交易场所。

2015 年 1 月举行的东京国际服装展览会,已是该展会的第 31 届了,1400 多家参展商分别来自 24 个国家,亚洲的国家包括中国、日本和韩国,其余 21 个都是欧洲国家,有德国、英国、希腊、意大利、法国、立陶宛、卢森堡、荷兰、比利时、波兰、葡萄牙、、白俄罗斯、捷克、西班牙、芬兰、瑞典、瑞士、土耳其、奥地利、乌克兰等,这是以商业为主导的亚洲最大型的时装展,超过 4 万名专业客商前来参观和洽谈贸易。展会效果非常显著,参展企业均有大量订单。参展商中从事定牌贸易和加工生产的日益增多,为此,展会在同一时期同一展馆举办"国际服装定牌贸易展",在展会期间特别邀请了专业的服装进口商、批发商、大型超市、服装连锁店及服装品牌持有商等到会参观及洽谈贸易。

东京国际服装展览会的主要特点就是展出了所有与时尚服饰有关的产品。近年来,尤其是采用日本本土面料制作而成的女装、性感和时尚混搭的男装产品的参展商数量大增,成为该展会最大的亮点。此外,不断增加的个人参展单位更提高了展会的知名度和受欢迎度。当然,更多的参展公司通常是通过同期举行独特的专场活动,使观众了解和记住他们的品牌特点。

东京国际礼品消费品博览会　创办于 1976 年的东京国际礼品消费品博览会,由日本贸易振兴会、日本日用品进口商协会、日本百货商场协会和日本制成品进口促进会联合主办,每年分春秋两季举行。

东京国际礼品消费品博览会是日本最大的礼品、日用品和装饰物的贸易展览会,日本是一个礼仪之邦,人们十分重视交换和喜欢赠送礼品,不论是母亲节、圣诞节、情人节,还是过生日,亲朋好友之间都会赠送礼品,这也是日本礼品市场非常广阔的原因。该展会的主办方在鼓励外国企业参展的同时,对各国参展商品也是力求档次和质量。

第 80 届东京国际礼品消费品博览会于 2015 年 9 月在东京举行,汇集了日本国内外参展商达 3100 家,其中国外展商 400 余家,展出面积达 116000 平方米,到场参观的观众 20 多万人。

东京国际礼品消费品博览会是外贸企业进入日本的最佳途径,一直受到参展商的高度重视。展会期间,还结合展会内容举办了一系列的主题讲座和研讨会。

据展览会提供的资料显示,认为东京国际礼品消费品博览会能收集大量有价值的市场信息,十分值得一看的观众高达 83%,并且参观者的专业性很强,绝大多数的观众是对公司的采购和决策有重大影响的人。由于该展览会的良好效果,东京国际礼品展的展期由 3 天延长到 4 天。

东京电玩展　是日本大型的视频游戏展会,举办地在日本千叶市幕张展览馆。主办方和协办方为日本计算机娱乐供货商协会(CESA)和日经 BP 社。

创办于 1996 年的东京电玩展是亚洲最大的游戏展览会,参展内容以各类游戏机、电脑游戏、娱乐软件及游戏周边产品为主。最初的东京电玩展每年在春秋各举办一次,从 2002 年开始改为每年举办一次。展会通常三天,第二天第三天对参观者开放,第一天则定为专业人士参观日,只有游戏业内人士和媒体才能入内。

东京电玩展不仅是亚洲最大的游戏展览会,而且规模也是位列全球第二大游戏展会,仅次于美国 E3 游戏展。历届东京电玩展都有不同的主题,如“站在最前列展望未来”被确定为 2005 年东京电玩展的主题,2006 年确立的主题是“新兴奋、新感动、新时代”,“游戏是活力”是 2009 年的主题,2011 年主题是“让你心动的,就是游戏”等。

(2)对东京展会的主要特点分析

日本作为世界展览业强国,所举办的展会涉及行业十分广泛。由于日本制造业高度发达,科技水平又居全球领先地位,而展会档次高、频次密集,展馆的服务设施也很齐全,因而对世界各国企业和商家具有很强的吸引力,纷纷踊跃前来参观和展览。

日本东京会展业具有以下几个特点：

第一，以专业化展会为主，从业人员专业化水平高。

据统计，日本每年举办的展会，80%以上为专业化展会，在日本极具代表性的十大展会中，有九个是专业展会，由此可见日本展览业的专业化程度。此外，拥有一批高素质、高能力的专业展览人才也是日本展览业专业化水平高的具体体现。为保障日本展会的专业化水准，除高度重视展业专业人才的培养外，日本展示会协会还负责对展览从业人员的准入资格和法人资信进行评估，这是提高日本展会专业化水平的重要保障。

第二，在政府行政指导下，充分发挥行业协会作用。

给行业协会放权，将部分职能下放，是日本政府机构改革与职能调整的重要一面，官民协调的宏观管理模式正是这一改革调整的成果。大型展览企业和行业协会在日本展览业中起着主导作用，而政府只起到行政指导的作用。为了更好的掌握会展动态，对展会效果有客观的评价，日本展会主办方会对每一个展会进行分析评价，而分析评价是通过一套完整先进的展会分析评价系统进行的。运用此系统不光在事前、事中和事后对展会的材料和数据进行总体评估，最终也会将相关信息和最新动态以报告和建议的方式反馈给参展商和观众，这样一种管理运营模式，不仅针对性强，而且也提升了展会的实效。

第三，国际化程度高。

日本主要展会具有很高的国际化水准，它是推动国际贸易和经济发展及科学技术合作的重要平台。由于其国际化程度高，吸引更多的海外参展商参加，所交流的信息、技术和产品更多，也使彼此的成交机率更大。例如，日本国际食品饮料展（FOODEX），参展的国家和地区超过70个；东京国际时装展有来自中国、韩国、法国、意大利、希腊、印度等各国的参展商近2500家；日本这些展会之所以能够招徕如此众多的参展商，得益于其拥有完善的海外招展招商网络，而日本展示会协会也会与海外行业协会、商会保持密切联系，日本展会国际知名度和美誉度的扩大正是得益于其完备的服务体系和服务方法。

第四,通过深化机制化结构建设,完善行业管理体系。

日本通过不断的机制化结构建设来完善行业管理体系,以促进日本展览业的有序发展,提升行业活力,规范行业秩序。为提高展会透明度和信誉度,日本实施展会第三方统计认证制度。这一制度是通过成立“展览业活性化政策研讨委员会”来实施的。在行业管理方面,是通过日本贸易振兴机构(JETRO)和日本观光振兴会具体运作进行。为在日本国内举办展会及本国企业和机构赴外国办展提供支持的是 JETRO 内设的展览部。日本这一管理体制保证了企业间、行业间、经济界与政府间形成通畅的对话渠道和有效的协调机制。

2. 法兰克福、汉诺威等会展名城共同打造世界会展强国①

(1)名副其实的世界第一会展强国

德国会展业在国际会展业中占有举足轻重的地位。在德国,每年举行大约 150 次各种类别、不同规模的国际性商贸展览会,吸引近 18 万参展商和世界各地超过 1000 万名观众参加。世界上约三分之二的国际性、专业性贸易展览会在德国举办。汉诺威工业博览会是全球最具影响力的博览会,而历史悠久的德国法兰克福消费品展(分春、秋两季举办)则被公认为是世界规模最大、贸易效果最好的消费品博览会。1986 年创办的汉诺威通信技术博览会已经发展成为世界上规模最大的国际博览会。

2013 年,世界上营业额最大的 10 家会展公司中,德国就占 5 家;德国境内著名的展览中心包揽了全球最大的 6 个展览中心中的 4 个。在德国现有的 100 多家会展公司中,有 40 多家具备承办国际性会展的实力。德国的 10 大会展中心城市牢牢占据国际会展中心城市的舞台。2013 年,德国 23 个展览中心展馆总面积达 280 万平米,其中有 10 个会展中心室内展厅面积超过10 万平米,其中以汉诺威展览中心最大,其展馆面积就高达 44.9 万平米。

2013 年,德国共举办了 139 个国际性展会,参展商 16.6444 万个,组展

① 温晓红. 德国会展业发展经验及对北京的启示[J]. 外国问题研究论丛(第 3 辑),2015(9):187 - 198.

商共租用展览面积 669.6994 万平方米,吸引了 1006.5153 万名观众到会参观。

会展业是德国具有国家竞争力的服务业,也是德国经济的支柱性产业。在德国,每年参展商和观众花费在参加展览会的支出大约 120 亿欧元。2012年和 2013 年,德国展会承办商年产值分别为 34 亿欧元和 32 亿欧元。宏观经济产生的效益大约相当于 235 亿欧元。各种会展业提供了 25 万个左右的就业岗位。目前德国常年参展的企业有 59000 家,以每家参展企业平均雇佣 2 个以上的会展工作人员计算,这意味着展览会创造了超过 10 万个全职工作岗位。

德国拥有 10 个重要的会展城市,每年举办一大批知名的国际展会,有力地促进了举办地及其周边地区的经济发展,特别是对酒店和餐馆行业、运输公司、展会组织者和参展商,以及提供展览会服务的公司,如展台搭建、物流、展会人员培训等,使相关服务业得以快速发展。据德国会展业行业协会(AUMA)数据显示,会展对区域经济带动效益可达 5~7 倍于展会主办方的营业额,仅展台搭建公司总营业额就达 20 亿欧元。会展旅游更是为德国带来了巨额利润。德国十大会展中心城市几乎都是历史悠久、人文景观和自然风光俱佳的城市。每次大型展会都吸引大量国内外参展商、专业客户、观众和数百家媒体记者涌入。2013 年,德国展会吸引参观者超过 1000 万人,带动了当地旅游、酒店、娱乐、购物等行业的发展,这也是德国许多城市热衷于举办展览会的关键所在。

大型展览会不仅能带来大量的直接或间接经济效益,还能够极大地提升办展城市的知名度,更重要的是博览会已经成为展示德国的重要窗口,扩大了德国的影响,提高了德国的软实力。

(2)一流的大型会展中心和完善的配套设施

德国是世界上著名的会展之国,会展业极为发达,其会展业的发展水平和会展场馆的建设规模等在欧洲乃至世界都是首屈一指的。就展能实力而言,德国总体上呈现数量多、面积大、实力强的特征。

德国现有 23 个大型展览中心,合计展览面积达 280 万平方米。其中,超过 10 万平米室内展览面积的展览中心就有 10 个;超过 5 万平米的有 5

个。全球六大展览中心有4个位于德国,即汉诺威、法兰克福、科隆和杜塞尔多夫展览中心。除上述四座著名的会展城市外,慕尼黑、柏林、汉堡、纽伦堡、莱比锡和斯图加特等也是德国最主要和具有国际知名度的会展城市。德国展览场馆规模大、设施先进、设计科学,可以满足各类大型活动和国际商贸展览活动的高要求。展览中心包括室内部分(若干室内展馆和会议中心)及室外场地(可用作展览场地或停车场)。室内展览馆的面积会根据不同规模展会的需要,进行大小不一的灵活分隔。此外,德国展览中心还十分注意与周围设施的配合,其周围的铁路、巴士、地铁、货运站、航空、住宿、城市旅游、娱乐、文化等条件都十分方便,如在德国的大型展览中心为参展者及观众方便停车,建有大型的停车场,车位数量也依据展馆面积大小不等,少者几千,多则数万。

(3)大批国际知名品牌会展①

德国作为博览会的发源地,历史悠久,迄今形成了一大批在业内具有巨大影响力、知名度的博览会品牌。主要的博览会有:汉诺威通信技术博览会、汉诺威工业博览会、法兰克福国际汽车博览会、法兰克福礼品办公用品国际博览会、法兰克福春季消费品博览会、法兰克福国际图书博览会、法兰克福秋季消费品博览会、纽伦堡国际玩具博览会、科隆国际五金工具博览会、科隆家用电器博览会、科隆体育和露营及庭园用品博览会,科隆食品博览会、慕尼黑运输技术国际博览会、柏林旅游国际博览会(ITB)、柏林无线电国际博览会和柏林国际绿色周农业博览会等。这些品牌展会几乎涵盖了所有的工业和服务领域,成为各国企业获取商业情报、开拓国际市场、寻找潜在客户、了解竞争对手和行业发展趋势的最重要和最有效的平台。

(4)世界知名会展中心城市②

德国展览会主要集中在汉诺威、法兰克福、杜塞尔多夫、莱比锡、科隆、

---

① 温晓红. 德国会展业发展经验及对北京的启示[J]. 外国问题研究论丛(第3辑),2015(9):191.

② 温晓红. 德国会展业发展经验及对北京的启示[J]. 外国问题研究论丛(第3辑),2015(9):191.

慕尼黑、斯图加特、柏林，纽伦堡等 10 个城市。德国品牌会展依托举办城市产业，差异发展，各展会城市都形成了独具特色的品牌展览会。例如，汉诺威是德国汽车、机械、电子等产业的中心，工业制造业高度发达。汉诺威的展览主题主要是资本货物，其中汉诺威工业博览会是全球最具影响力的博览会。汉诺威展览公司成立于 1947 年，拥有世界最大的展览中心，净展出面积 44.89 万平方米，是全球最大的展览机构之一，2013 年营业额 3.12 亿欧元，位居第八。

（5）实力强大的会展企业

德国会展业的国际地位与其拥有最多"航母级"的领军大型跨国展览公司有极大关系。2013 年，世界上营业额最多的 10 家会展公司中，德国就占 5 家，即汉诺威展览公司、法兰克福展览公司、科隆展览公司、杜塞尔多夫展览公司和慕尼黑展览公司，具体排名见表 1。同时，德国的这五大展览集团还拥有全球最大的 6 个展览中心中的 4 个，即汉诺威展览中心（第一）、法兰克福展览中心（第二）、科隆展览中心（第五）和杜塞尔多夫展览中心（第六）。在德国，有多达 40 多家会展公司具备承办国际性会展的实力，而德国的会展公司总共有 100 多家。

（6）德国会展业的成功经验

在激烈的国际会展业竞争中，独具特色的管理框架、完善一流的场馆设施、高品质全方位的服务、展会高度专业化、强大的国际化营销能力、展览业经营品牌化和对展览业专门人才培养的重视是德国会展业傲视群雄的不二法则。

第一，会展业的发展得益于政府的全力支持。

德国政府十分重视和支持会展业发展，这种支持主要通过一是提供各项扶持政策，二是资金支持，两方面协助、配合会展公司开展展会推广工作。

此外，不惜巨资建造现代化展馆也是德国政府支持会展业发展的重要体现。在德国，虽然会展馆全部由各州和地方政府投资兴建，相对于展馆的日常运作政府并不直接参与，但政府会通过在会展公司中控股的方式参与其中，实行企业化管理这种独特经营模式。例如，法兰克福展览公司是一家国营机构,法兰克福市政府拥有60%股份,黑森州政府拥有40%股份。

在会展业国际化发展中,德国政府扮演十分重要的角色。在德国,政府协助和配合展览公司推广本地会展活动。德国企业普遍认为展览会是企业最重要和最有效的营销手段,特别是对中小型企业。为促进德国企业广泛参与国外贸易展览会,以拓展国际市场,促进贸易出口,联邦经济和技术部制定了海外展会规划。2013年,联邦经济和技术部的海外展会项目规划涉及262多个展销会。每年联邦政府不光组织德国企业赴外参展(180~200个),联邦经济和技术部还就出国参展项目提供直接的财政支持。

对于汉诺威、慕尼黑、法兰克福、杜塞尔多夫这些德国著名的展览城市,地方政府的支持力度就更加明显,因其是将展览业作为支柱产业来加以扶持的,通过出台一系列鼓励措施和优惠政策来吸引参展商和观众。

第二,规范严密的行业协会和组织。

德国已经形成了良好的行业协会规范市场机制。总部位于柏林,成立于1907年的德国会展业行业协会(AUMA)是德国会展业唯一全国性的权威管理机构,对德国会展业规范化发展发挥了重要的管理、监督和协调作用。AUMA代表德国公众和参展商、采购商、组展商以及会展服务提供商的共同利益,其主要任务是维护德国展览业的共同利益。对内,负责与议会、政府各部门和其他行业组织进行沟通,协调所有在德国举办的展览及德国在国外组织的展览活动;对外,宣传德国展览市场,吸引外国企业来德参展及办展。AUMA支持会员开展国外展览业务;致力于改善展览市场的透明度,平衡参展商、参观者和展会组织者的利益;对展会进行调查和评估;出版和发布展览指南,提供与展览有关的咨询服务和培训等。,通过权威的行业协会来处理会展行业的管理、协调和自律问题。

德国另一家重要的展览管理机构——FK M(博览会和展览会数据资源审核公司),它归AUMA管辖,由独立的核查人员组成,他们会对所有展会参展人数、参展面积等数据进行审查,并发布年度报告。此外,与展会相关的组织机构还有IDFA(德国展览城市利益共同体)、FAMA(博览会和展览会专业联合会)及FAMAB(展览会承建专业协会)等,这些组织机构的联合使德国展览会机构的管理更加完善。

第三,高品质、全方位的会展服务。①

在德国,展览服务具备很高的专业水平,同时与展览配套的服务业也十分成熟。随着会展业竞争越来越激烈,各主办方对展览服务十分重视,提供更高品质的展会服务成为一个发展趋势。在德国,AUMA 负责对展览业的审批、调整、监督和管理,更有一流的展览中心,展览服务也具有很高的专业水平。德国主办方以服务客户的形象出现,所提供的服务也是全方位的,这些服务既包括展品运输、展台的搭建和租赁等与展览相关的专业服务,又包括与展会相关的配套服务,如食住行及旅游等,也都非常的周到专业。就以汉诺威博览会为例,多年来,作为博览会主办方的汉诺威展览公司一直坚持以全方位服务于参展商为宗旨,尽心尽力为参展商解决所有后顾之忧。

德国会展公司认为决定一个展会是否具有生命力得益于参展商的获益情况。因此,除了关心自身收益外,亦非常关注参展商的获益情况。为了展商的形象,也为了展商的经济效益,主办方的关注点不光着眼于来展、出展、展览策划、展览设计,以及国际会议的组织等方面,还将业务拓展到展馆管理经营、展位搭建及会展旅游等方面,如为了满足品牌展览的要求,为参展商完成更具个性化的展馆搭建及展台设计等。

德国领先的办展理念、会展城市强大的服务功能以及细致周到的服务,已经渗透到会展各环节。例如,科隆在展会期间,所有重要的长途列车都会停靠在位于科隆—道依茨的博览会车站。此外,所有参展观众可凭入场券免费乘坐以科隆为中心的周边公交车。专业观众可凭证在展会期间(法兰克福展览公司主办的展会),乘坐德国公交 RMV(美因茨交通公司)运营的公交线路。此外,就是将展览公司的 LOGO 标注在到达法兰克福展览中心线路的站牌上,人们可以借此到达展馆。正是主办方通过提供高品质全方位的服务,为德国展览会树立良好品牌形象的同时,也为展会培养了大量忠实

---

① 温晓红. 德国会展业发展经验及对北京的启示[J]. 外国问题研究论丛(第 3 辑),2015 (9):94-95.

顾客。

第四,精心打造展览会品牌。

德国是知名会展品牌数量最多的国家。历史悠久的先发优势、在会展主题上精挑细选、品牌培育上的与时俱进,使德国展会品牌不断顺应市场的瞬息变化和展会行业日新月异的发展,积累了大量忠实的展会客户和观众,赢得了巨大国际影响力。大批知名会展品牌使德国会展业居于世界领先的地位。

展会定位明确,会展主题精挑细选。在德国,为保证展览会长期、高品质地发展,避免出现低层次展会,每个展览计划都是事先由展会组织者、参展商以及行业协会共同协商后制定出来的。在德国,为确保展会质量,实现预期办展目标,无论举办方还是参展方会从各方面,如参展企业的选择、参展产品的选择、展会的布局、参展人员素质、展台接待、展后跟踪等进行全方位的综合评估。

德国依托城市优势产业培育会展品牌,形成独具特色的展会品牌。在德国,有十几个城市以会展业为其支柱产业。法兰克福国际时尚消费品展览会每年春秋两季举办,是国际上影响、规模最大的高品质消费品博览会。

德国展览业如此发达,与其悠久的展览会历史密不可分。创办于1897年的法兰克福车展,每两年举办一次,是世界最早、规模最大的国际车展,被誉为世界汽车工业"奥运会"。

在品牌培育上与时俱进使德国展会品牌不断顺应市场的瞬息变化和展会行业日新月异的发展。目前,国际影响力最大的汉诺威办公自动化展览(CeBIT)源自1947年创办的汉诺威工业展的办公自动化展区。CeBIT是德语"办公及信息技术中心"的缩写,1986年,CeBIT从汉诺威工业展览会中脱离出来,成为独立的IT展会品牌。目前,CeBIT展会已经发展成为包括数字商务(CeBIT pro)、数字政务(CeBIT gov)、数字实验室(CeBIT lab)和数字生活(CeBIT life)四大展区是全球规模最大的信息、通信和软件领域的权威展会。

第五,国际化的发展策略。

在竞争日趋激烈的今天,提高会展的国际参与度已成为各展览公司的工作重点。展览公司的强大营销能力是德国展会吸引展商及参观者,成功举办展会的最根本的原因。

国际化是德国展览会的主要竞争优势。虽然德国会展业最初得益于其强大的制造能力,但是,从本质上来看,构建营销网络的能力才是会展公司的核心竞争力。现今,"走出去"和"引进来"相结合的国际化发展战略受到德国会展业的广泛重视。德国会展业所采取的国际化战略主要包括两点:一是吸引更多的国际参展商到德国参展。德国会展业专业细分化趋势明显,许多展览已由综合性向专业性转变,由此可使展会针对性和专业性更强,以提升会展对细分行业和专门领域的影响力,增强对参展商和专业观众的吸引力。每年德国各类展会,聚集着来自世界各地数百万的专业人士。在这个展示平台上,不光展示各自的产品和技术,也找寻相应的贸易伙伴。当然,对重视海外市场的全球各类企业来说,参加德国各类专业展览会,也是企业日常经营的重要一环。当然在展会推广上,德国政府也发挥重要作用。由于会展业对汉诺威、法兰克福、科隆、杜塞尔多夫等城市发展十分重要,政府为此专门出台一系列鼓励措施和优惠政策来吸引各国参展商来德国参展。二是走出国门,到国外办展,特别是到经济增长较快的新兴国家和地区去举办展览,以此进行品牌的移植和新品牌的创建活动。德国政府对德国会展机构开展全球会展合作给予了大力支持,为帮助企业开拓国际市场,在"官方出国参展计划"框架下,德国联邦经济部、各州经济部及经济促进机构分别推出了一系列促进出国参展财政拨款和措施,鼓励企业拓展国外市场。据 AUMA 统计,近几年,该会会员出国办展以年均 10% 的速度增长。德国每年给予的财政资助均达数千万欧元。目前,对德国大中型展览公司来说,到海外举办或者参与举办展会已是其重要的业务工作。

第六,完整的人才培养体系。

德国之所以会展业发达,高品质的专业人才队伍是其重要保障,而这又得益于德国成功的人才培养机制。德国会展专业人才的培养是实行定向制的,其学生来源多数是各展览公司选派,经过一定时期的培训,毕业后还会再回到原来的公司服务。在专业人才培养方面主要有两种方式:

　　一是与各高等院校结合,进行专业化和系统化教育,主要包括展会策划、展会运营、展会营销、展会品牌管理、展会服务等多方面系统的学习,学生通过学习,使其成为德国展览业高素质的专业人才。科隆大学和瑞文斯堡合作教育大学就是该领域比较有代表性的大学。

　　二是由 AUMA 等行业组织实施专业人才培训。针对行业发展的特点,德国 AUMA 制定出一套系统完整的会展专业人才培训计划,这项计划不仅包括业务培训、工作实践、参与协会活动,而且还有一系列考核、授予资格证书等方面内容,以此全面提高德国展览从业人员的专业素质,使德国在会展行业竞争中始终占有绝对的优势。

　　3. 世界著名会展之城:巴黎

　　巴黎作为欧洲乃至世界著名的会展城市,其北郊维勒潘特展览中心和凡尔赛门展览中心拥有 42 万平米,位居欧洲会展城市第三,仅次于汉诺威(49 万平米)和米兰(46 万平米)。巴黎素有世界会展之都称号。在 20 世纪,巴黎曾先后于 1900 年和 1936 年举办过两次万国博览会。二战以后,巴黎的会展经济如雨后春笋,蓬勃发展。2006 年,位居巴黎的前 10 大展会分别是:世界汽车展、巴黎博览会、农业博览会、Batimat－法国国际建材和设备展、世界两轮车展、Sial－国际食品博览会、巴黎国际航空航天展、Nautique－巴黎国际船舶展、家庭用品展、高新技术博览会,接待观众 472.5 万人。目前,巴黎的展览场馆主由巴黎联合租赁公司、巴黎工商会两大集团控制,巴黎联合租赁公司旗下的展馆有:尚贝利展览馆、凡尔赛门展览中心、大凯旋门的克尼特展览中心、卢浮宫地下的卡罗赛尔展览馆和巴黎体育馆等;而巴黎会展中心、巴黎北郊维勒潘特展览中心和巴黎郊区布尔热机场展览馆隶属巴黎工商会。为提升行业竞争力,迎接马德里、巴塞罗纳和米兰等会展城市的挑战,巴黎联合租赁公司和巴黎工商会采取联合行动,共同推出统一的展会品牌。两家企业联合起来使巴黎展览市场的年营业额达到 5.6 亿欧元,展览面积将扩大到 57.5 万平米,居欧洲第一。

4. 世界会展名城多聚焦世界名城①

根据国际会展业的发展经验,即便是会展业发达的国家,一般也就 1～2 座城市能发展成为世界级的会展名城,因德国是世界会展业最发达的国家,会展名城相对其他国家稍多。其他,如法国、英国、意大利、美国、瑞士、日本等会展业发达国家,真正能具有世界会展名城地位的也就 1～2 个。

（1）世界会展名城几乎都是国际大都市

国际上公认的著名会展城市,如纽约、伦敦、东京、巴黎、法兰克福、慕尼黑、米兰、芝加哥、洛杉矶,包括新加坡和香港,也是国际上公认的世界城市和国际大都会城市（见表 6－2）。

表 6－2　国家经济规模与国际城市、会展城市的关系②

国家	2008 人均GDP(美元)	名次	国际公认的世界城市和国际大都市	国际公认的会展名城
瑞士	67384	4	苏黎世、日内瓦	日内瓦
丹麦	62625	5	哥本哈根	哥本哈根
阿拉伯联合酋长国	54606	8	迪拜	迪拜
荷兰	52019	10	阿姆斯特丹	阿姆斯特丹
奥地利	50098	12	维也纳	维也纳
澳大利亚	47400	13	悉尼堪培拉	悉尼
比利时	47107	14	布鲁塞尔	布鲁塞尔
美国	46859	15	纽约、迈阿密、洛杉矶、旧金山、西雅图、休斯顿、芝加哥、波士顿、亚特兰大等	纽约、洛杉矶、西雅图、芝加哥等
法国	46015	16	巴黎、里昂等	巴黎、里昂
德国	44660	19	法兰克福、慕尼黑、杜塞尔多夫、柏林、汉堡、汉诺威、科隆等	法兰克福、慕尼黑杜塞尔多夫、柏林、汉堡、汉诺威、科隆等

　　① 李智玲. 世界城市中建设中北京会展业的发展研究[J]. 外国问题研究论丛(第 3 辑),2015(9):154－165.

　　② 李智玲. 世界城市中建设中北京会展业的发展研究[J]. 外国问题研究论丛(第 3 辑),2015(9):158～159. http://www. tianya. cn/publicforum/content/develop/1/270909. shtml.

国家	2008 人均GDP（美元）	名次	国际公认的世界城市和国际大都市	国际公认的会展名城
英国	43785	20	伦敦等	伦敦等
意大利	38996	21	米兰、罗马等	米兰、罗马
新加坡	38972	22	新加坡	新加坡
日本	38559	23	**东京**、大阪、神户等	**东京**等
西班牙	35331	25	马德里、巴塞罗那	巴塞罗那
中国香港	30755	28	香港	香港
韩国	19504	37	首尔	首尔

　　国际性的展览是各行业、各领域、各国家地区展示、交流、交易国际领先产业和技术的盛会,国际性会议则是各个国家地区,各个领域的精英、政要聚集交流、探讨问题的盛会,因此国际会展名城的城市品位发展与会展活动的层次相匹配。

　　世界展览中心城市或世界会议中心城市绝大多数都是国家的首都或洲际、地区首府,是国家、地区的政治中心和经济中心。

　　英国首都伦敦,既是世界城市,同时又是著名的国际金融中心;同样作为美国最重要的经济中心的纽约,既是联合国总部所在地,其华尔街金融市场又堪称世界金融市场的风向标;法国首都巴黎一方面它是一座世界著名的会展名城,另一方面也是法国的经济中心,是众多国际大企业总部的所在地,是一座国际化大都会城市,被称为世界经济的"发动机"之一;德国有多座会展城市,一座是柏林作为德国首都,同时也是德国的经济中心;另一座德国的经济中心城市慕尼黑,是德国巴伐利亚州首府,也是世界级大公司的总部。微软、思科等许多跨国公司的欧洲总部就设在慕尼黑;法兰克福是德国西部最大的城市,也是德国和欧洲的金融中心;米兰是意大利伦巴第大区首府,是意大利最大的经济城市;新加坡、首尔以及我国的香港特别行政区都是国际金融中心或地区经济中心。

　　上述"国家和地区都拥有发达的国民经济、国际贸易和优势产业,人均GDP 都在 2 万 - 6 万美元。如法国、德国、英国、美国、瑞士、荷兰、意大利等欧洲国家和北美国家的人均 GDP 都在 4 万美元以上,其中比利时、丹麦达到了 6.7 万美元和 6.3 万美元,日本为 3.8 万美元,新加坡为 3.9 万美元,香港为 3.1 万美元,韩国为 1.95 万美元"①。

(2)世界名城、国际大都市丰富的资源成为会展名城的重要依托

城市的知名度、美誉度、历史文化积淀、旅游名胜资源、城市魅力等因素对世界会展名城的形成是极为重要的,因为它提供了会展的重要环境要素,对参展商、观众等展会参与者产生很大的吸引力,构成会展独特的磁力场和会展环境氛围(见表 6-3)。

表 6-3　若干世界会展名城政治、经济、文化地位 ②

单位:PPP,万美元

城　市	政　治	经　济		文　化
			人均 GDP	
纽约	联合国总部	国际金融中心	5.28	国际文化和艺术中心
巴黎	法国首都	法国和欧洲金融中心	4.27	欧洲文艺复兴的摇篮
伦敦	英国首都	国际金融中心	4.62	国际文化和艺术中心
东京	日本首都	国际金融中心	2.93	亚洲文化交流中心
汉诺威	萨克森林洲首府	北德经济中心	3.45	北德文化中心
慕尼黑	巴伐利亚州首府	德国经济中心城市	3.52	德国传统文化中心
法兰克福	德国西部大城市	德国及欧洲金融中心	3.36	历史上皇帝加冕地
柏林	德国首都	德国经济中心城市	2.13	欧洲文化中心
米兰	伦巴第大区首府	意大利"经济首都"	3.56	欧洲文艺复兴的摇篮
维也纳	奥地利首都	欧洲公司总部聚集地	3.76	欧洲历史名城
哥本哈根	丹麦首都	丹麦经济中心	3.35	北欧文化中心
日内瓦	国际组织聚集地	国际化程度最高之城	3.34	欧洲文化艺术之城
布鲁塞尔	比利时首都	欧洲金融中心	3.50	中古世纪文化中心

---

① 李智玲. 北京会展业在建设世界城市中的发展定位研究[J]. 世界城市北京发展新目标——2010 首都论坛论文集,2010-10.

② 李智玲. 世界城市中建设中北京会展业的发展研究[M]//外国问题研究论丛(第 3 辑),2015(9):160-161. 人均 GDP 来自:中国城市竞争力报告(2008)[M]. 社会科学文献出版社,2008. 3:396.(注:人均 GDP 为 2002 年数字)

续表

城　市	政　治	经　济		文　化
			人均GDP	
迪拜	阿联酋首都	世界转口贸易中心	3.6	国际文化和艺术中心
新加坡	城市国家	国际金融中心	3.0	东西方文化交融处
首尔	韩国首都	韩国经济中心	2.5	韩国文化艺术中心
香港	中国特别行政区	国际金融中心	2.8	东西文化的交汇处

　　成为著名会展城市的另一个重要因素就是城市的包容性。许多国际组织之所以设在日内瓦,是因为从组织的安全和未来考虑,因为这是世界公认的中立国—瑞士,一遇战争其中立地位可使其组织免于战火。此外,瑞士政府每年不定期的为联合国,科教文卫等组织提供一些财政补贴,这也是大多数国际组织趋之若鹜的原因。当然,各类国际组织每年在日内瓦召开的各种会议也给日内瓦带来了可观的经济效益和社会效益(见表6-4)。

表6-4　世界主要会议展览中心情况

城市	设施名称	展场面积(平方米)	展位座位数
东京	东京国际展览中心	99660	1000
	东京国际会议中心	5100	5000
	东京国际贸易中心	56000	336
	东京会议中心	12500	—
香港特区	香港会议展览中心	18000	600
新加坡	国际会议展览中心	23987	2500
	世界贸易会展中心	19950	410
	新加坡展览中心	12000	—
纽约	纽约	—	5400
	JKJ会议中心	83600	3800
巴黎	巴黎会议中心	—	4000
	凡尔赛展览馆	219677	—
伦敦	亚历山德拉宫	13550	4000
	奥林匹克中心	29000	200
	Alexandra Palace Park	13550	4000
汉诺威	汉诺威展览中心	386000	—

1.3 国际交往中心城市之人员的国际交往

(一)接待入境人口规模

跨国人员流动性是国际交往中心的本质特征。按国际惯例,国际交流活动一般都有旅游内容,因此国际旅游业的发展状况间接地反映出城市国际交往水平。在巴黎、伦敦等城市,每年的海外游客数都超过城市居民的半数以上,达 500 万~1000 万人。

(二)外籍人口与国际化

代表一座城市开放程度的一个重要指标就是城市外籍居民数量及占城市总人口的比重。纽约和莫斯科外籍居民超过 200 万人,外籍居民所占城市居民比重在 20% 以上,最高的达到了 29%。亚洲国家城市中的外籍居民与欧美相比偏少,2011 年 1 月 1 日,东京外籍居民为 422226 万人,其中以中国人数量最多,达到 164672 万人。

1.4 发达和完善的国际交流设施

纵观世界著名国际交往中心城市,交流服务设施的建设规模比一般城市要大的多,而且有集中发展的趋势,这些设施的集中布局,一方面便于规划建设,另一方面使国际交流活动易于组织和更有效率,因此在世界著名的国际交往中心城市往往都会集中规划,建设相对集中的国际交流中心区。

(一)大型会议展览设施建设

拥有众多大型国际交往设施,如大型会议中心、展览中心,设施是国际交往中心城市的一个显著特点,而大型国际交往设施的规模和水平也反映出城市举办国际活动的能力。自 20 世纪 80 年代以来,被后来称为会展业的"航空母舰"的大型会议展览设施,在许多城市作为建设的重点加以实施,而这些城市也为此成为国际交往中心城市和著名的会展城市.。

1. 东京优越的大型会议会展设施

东京国际会议中心 东京国际会议中心位于东京都千代田区,1996 年 5

月完工,历时 4 年,1997 年 1 月正式使用。该会议中心占地面积 2.7 万平方米,建筑面积 14.5 万平方米,投资高达 1650 亿日元 。场馆建筑采用美国 Rafael Vinoly 设计所的设计方案。该设计荣获 1989 年 11 月国际设计竞赛优秀设计奖。本次设计大赛共有来自 50 个国家和地区的 395 项设计方案参赛,是为东京国际会议中心建筑专门举办的国际设计大赛。

东京国际会议中心有极富象征意义的外观,整座建筑呈弯曲的船型,由玻璃和钢材制成。整个建筑包括可容纳 5012 名观众的剧场式大会堂、拥有 1502 个座位的剧场式中会堂、5000 平方米的展示厅、1400 平方米和 340 平方米的会议厅及 600 平方米的招待厅等。另外,还包括 34 个面积不等的会议室以及信息中心、地下停车场等。

除会议之外,东京国际会议中心还是音乐、戏剧、美术、企业宣传等活动的重要场地。诸多古典音乐会和国内外音乐家的专场音乐会也经常在此举办。比如,每年举办的古典音乐会"狂热日音乐节",会吸引大批市民及国内外艺术家参与。

东京国际会议中心地处有乐町的中心位置,银座的边缘,JR 线和地铁从旁边穿过,从 JR 线有乐町站步行 1 分钟即可到达,交通十分便利。

东京国际展览中心　东京国际展览中心是日本规模最大、功能最为完备、设施最为先进的展览中心,其现代化水平在世界展览馆中是屈指可数的。整个展馆位于东京都江东区东京港镇海区临海副都中心中央,占地面积 24 万平方米。展馆由东京都政府建于 1996 年 4 月,建成后的第一年,就接待了 1150 万观众。

展馆所处地区呈"L"形,东南面海,有明南路呈 S 型从中穿插而过,将其分成东西两部分。整个建筑由四个相互连接的倒立式金字塔组成,展览中心总建筑面积 238730 万平方米,展览空间分室内和室外两部分,室内展览面积 86600 万平方米,总造价 1890 亿日元。展厅分西展馆和东展馆两部分,东展馆包括 6 个 90MX90M 的大跨度展厅,每 3 个一组。东走廊的侧面有 3 个展馆,用自动隔墙分开,且可分可合。展馆中每 6 米有一个由钢板盖住的沟,水、电及数据线可以很方便地到达展馆的任何角落。展馆也设置了大型运货通道,重型卡车可以方便地开到展馆中装卸展品。这里的展览常年不断,通常施工只给1天时间,而拆馆时间只有1晚的时间,高效率使东京国际展览中心成为世界上使用率最高的展馆之一。

东京国际展览中心西展馆90MX90M大厅是一个休闲场地,大约占5800平方米,可以用来做展场开幕式活动。一层由8个45MX45M的单元组合成U字形的展厅。四层由5个45MX45M的单元组合成的"L"字形的展厅,并与6000平方米的展顶室外展场连接,可通向13000平方米的室外地面展场。

作为东京大展馆象征的是高立的会议楼,其建筑造型独特,给人一种挺拔向上的感觉。形状又像古代人的大帽子,很有东方气息。建筑内有规模不一的会议室。最大的国际会议厅可容纳1000人。配置有一个250英寸高清晰度的录像放映机,其它音响灯光设施、会议系统、高新视听系统和8语同声翻译器。

东京国际展览中心采用最新的视听和数据信息传送系统来连接展览厅和会议中心。计算机系统可处理并提供展览信息、会场信息、地方交通及天气、新闻等信息。在入口广场安装有大型屏幕,播放大量与展览有关的图像资料。在展览中心的主要通道安有六个大型电子信息牌,引导观众快速到达目的地。此外在展览中心内还通过67个小型电子信息牌,也是为了引导观众、疏导交通。设在一楼的演播室则控制整个视听信息。此外,馆内还设有接待室、会客室、餐厅、休息室、购物中心等。位于展览馆二层的餐饮一条街,可使参展观众不出展览馆就能方便地品尝来自世界各地的美味佳肴。"①

东京国际展览中心展馆内的绿化也非常讲究,庭院的设计到位,给参展者以轻松自然之感,为市民提供了一个新的开放空间,走在其间可以感受到艺术的气息。由7位艺术大师设计的展馆外空间,雕塑、喷泉和壁画等体现了人与建筑相互融和的理念,开创了未来都市设计的新概念。

作为国际知名展馆,拥有便捷的交通十分重要。东京国际展览中心周

----

① 张暄. 国际大都市东京会展业浅析[J].//外国问题研究论丛(第4辑)。北京国际交往中心建设研究,2015(9).

围配备了先进的交通系统,不光有轻轨、地铁、大型停车场,还有海上运输线,乘坐高速汽船不仅能快速到达目的地,而且还可欣赏东京港美景。

会展业是一座城市国际化的重要体现。东京作为著名的国际化大都市,凭借其大规模的展馆、齐全的设施、众多的品牌展会及专业化、国际化的运作等优势,通过频繁举办大型国际展览活动,在促进商品、技术、资本、信息、人才的国际交流的同时,也大大提升了东京城市的知名度和国际影响力。

会展业作为提升城市国际化功能的直接推动力,其发展要求是城市的软硬环境都必须设施配套。国际化大都市为举办国际会议和展览而兴建的场馆、交通设施、物流中心等,是城市基础设施建设的重要组成部分,也为城市现代化、国际化水平的提高起到了积极的促进作用 。

国际大都市所拥有的大型会展设施,其规模和水平反映了这座城市举办国际会展活动的能力。日本东京拥有 10 万平方米展场面积的特大型国际展览中心,还有若干 1 万平方米的大型现代化会展中心和众多中小型展览馆,形成了比较合理的会议展览馆设施结构。

2. 法兰克福展览中心

法兰克福展览中心位于法兰克福市内略偏西部地区。交通便利,市内地铁通达,附近有高速公路,并设有大型停车场。它是世界第三大展览场馆,由 10 个展览厅组成,占地面积 47 万平方米,室内展场 32.1 万平方米,室外展厅 9 万平方米。

展厅 1 建于 1989 年,展厅由德裔美籍建筑师 Helmut Jahn 设计。在入口衔接处后面,是一个为游客提供各项准备设备的场地。第一层用于停车和运送设施。从这里,货梯直接运送原料抵达展览层。第二层的室内面积,没有用圆柱分割,而是用十四条钢梁支撑着展厅的屋顶,其重量超过 1000 吨展厅面积为 1.8 万平方米。

展厅 2 场馆建设完成之时可谓是现代建筑史上的一个奇迹,因其是当时世界上最大的自我支撑圆柱建筑,由著名的慕尼黑建筑师 Friedrich von Thiersch 设计,1909 年投入使用。因其是当时世界上最大的自我支撑圆柱建筑,而被誉为现代建筑史上的一个奇迹。该场馆既能举行国际性会展,也能举办运动会和音乐节,是举办特别活动出类拔萃的场所,拥有 100 多年的举办庆祝活动的历史。场地面积约为 6000 平方米,此外在内部还设有多间办公室和 3 个会议室,最多可容纳 13500 名游客。

展厅 3 欧洲最有吸引力的展厅之一,由英国明星设计师兼工业设计师 Nicholas Grimshaw 设计。四周皆由玻璃围住,玻璃展厅的 2 层,没有任何支撑圆柱,也就意味着展厅对陈列的面积和高度是没有任何限制的。展厅有两层,面积约为 3.8 万平方米。送货车可直接抵达展厅的任何位置,可承载大型升降机。游客可乘坐电动扶梯或者客梯,前往目的展览场地。3 号展厅的隔层,通过移动人行道与展厅两层衔接,并与其他展厅相连。同时,游客可前往室内的咖啡馆和酒店,享用饮料和其他相应服务。

展厅 4 该展厅高耸的玻璃幕墙,好像在跟进入展厅的游客问候。进入展厅,您就会发现好像进入了一个高档的充满舒适灯光的休息室。由于展厅面积约为 4.3 万平方米而且分成 3 层,因此它看上去就像一个巨人。其室内和室外的建筑都是高标准的,而且还提供了许多的会议室。除此以外,还有 4 层的独立停车场,直接连接到其主楼。

展厅 5 该展厅建于 20 世纪 70 年代初,因其直接衔接法兰克福会议中心,所以参展商和会议客人总是优先使用它。展厅面积约为 2.1 万平方米。

展厅 6 由 Marin Schoenmakers 设计,1963 年的春季交易会首次启用。展厅为四层,面积约为 35,521 平方米。

展厅 8 室内面积为 30,223 平方米,分为 5 个部分,可以同时直接衔接 9 号展厅。一旦举行重大盛会,8 号展厅和 9 号展厅可联合起来使用。

展厅 9 驾车行使在高速路上,前往法兰克福展览中心的时候,人们首先看到的就是 9 号展厅浅红色的正面。除了有 2 层的展览场地外,它还配备了 2 层停车场。其实,第 3 层既可以作为停车场地也可以作为展览场地,展览面积高达 5.62 万平方米。展厅也提供许多会议室和餐饮服务,供观众使用。

展厅 10 该展厅的幕墙,贴满了著名设计师 Oswald Mungers 的邮票。其展厅原来已有 5 层,后来设计师又给它添加了 5 层。其多姿多彩的幕墙,看上去高大且充满魅力。

2009 年竣工的 11 号展厅实际上是法兰克福展览中心的多功能综合服务大楼，面积为 2.3 万平方米。

每年在法兰克福展览中心举办约 15 次大型知名的国际博览会，如每年春秋两季举行的国际消费品博览会（世界同类展览中规模最大的）、两年一度的国际"卫生、取暖、空调"专业博览会、国际服装纺织品专业博览会、汽车展览会及图书展览会和烹饪技术展览会等。

（二）国际交流中心区建设

世界著名国际交往中心城市多集中在规划建设相对集中的国际交流中心区。著名的有纽约的曼哈顿、东京的新宿和巴黎的拉芳斯等，它们也是世界上占有重要地位的相对独立的商务中心区（CBD）。

1. 纽约曼哈顿

曼哈顿是美国纽约市 5 个行政区中最小的一个，却是人口最稠密的一个区。曼哈顿是纽约市中央商务区所在地，这里汇集了世界 500 强中绝大部分公司的总部和联合国总部，被形容为整个美国的经济和文化中心。这里也是世界上摩天大楼最集中的地区，超过 5500 栋高楼，其中 35 栋超过了 200 米，帝国大厦、洛克菲勒中心、克莱斯勒大厦、大都会人寿保险大厦等建筑已成为纽约标志性的建筑，地产市场价格也是全世界最昂贵之一。世界金融中心——华尔街分布在曼哈顿下城，而纽约的大企业、商业中心分布于曼哈顿中城。每到夜晚，曼哈顿中城数千栋摩天大楼彻夜通亮。体现了纽约在世界上绝对强大的经济实力，因此曼哈顿中城也被喻为"世界上最好的地方"。①

2. 巴黎拉德芳斯 CBD

拉德芳斯区位于巴黎市的西北部，巴黎城市主轴线的西端。这里环境优美，各项设施完善，是欧洲最大的商业中心。拉德芳斯商务区总面积 215 万平方米，已建成写字楼 247 万平方米，这里公园区面积就达 32 万平方米，在法国大的企业中有一半入驻在这里。

---

① "纽约百度 - 百科"《网络（http://baike. baidu. c)》及"曼哈顿 - 360 百科"。

拉德芳斯交通设施完善,是欧洲最大的公交换乘中心。RER高速地铁、地铁1号线、14号高速公路、2号地铁等在此交汇。拉德芳斯区交通系统行人与车辆彻底分开,互不干扰,这里还拥有67公顷的步行系统,集中管理的停车场设有2.6万个停车位。优美的环境和完善的设施每年吸引约200万名游客慕名而至。

拉德芳斯的规划和建设十分注重街道的设计,它们由树木、绿地、水池及雕塑、广场等组成,这些对街道空间的设计超过了对城市建筑个体设计的重视程度。

3. 东京新都心新宿

作为东京最早的副都心,新宿经历了近40年的规划建设,已成为东京副都心中发展最快、最繁华,也是最大的综合型中心。新宿副都心的大发展首先受惠于铁路系统的完善和东京西部地区大量住宅的开发建设。这里,从早到晚都是人潮如涌。每天在这里换乘和出入的乘客达340万人次。正是这巨大的客流,奠定了新宿副都心的基础,支持着新宿的繁荣。其次它还是以商务中心建设带动经济发展的典范,今日的新宿商务办公区由15栋商务办公楼、高级饭店、证券银行大厦组成,大厦内还设有诸如美术馆等文化设施及健康俱乐部、瞭望餐厅、各类零售商业设施等,总建筑面积约200万平方米,日间人口达30万人。它的建设改变了东京以往的单一中心的结构,减轻了都中心的一部分压力,带动了都中心人口向西迁移,并使其成为东京向西南方向发展的重要基础,同时它也使东京的城市面貌有了较大的改观。

新宿今日的繁盛已超越了都心的银座和丸之内,最后连东京都政府都搬了过来,所以把新宿称为东京的新都心一点也不为过。如果你要到东京去,一定要到新宿看一看,因为它已是现代东京发展的一个缩影,一个标志性的地区。

(三)国际交往与城市交通

1. 国际航空枢纽

城市航空港年旅客吞吐量是城市国际交通的最主要指标。

纽约　纽约市拥有肯尼迪国际机场、拉瓜迪亚机场和纽华克自由国际机场三座机场的都市,前两座机场位于皇后区,纽华克自由国际机场位于新泽西州境内。肯尼迪机场每年平均的客运量约 4100 万人次,纽华克机场客运量为 3300 万人次,拉瓜迪亚机场约 2600 万人次,这三座机场加起来每年平均的客运量则将超过 1 亿人次。

肯尼迪国际机场是大纽约地区主要的国际机场,距纽约市中心曼哈顿约 24 公里,是美国东北部重要的进出大门,是对美国经济至关重要作用的空运枢纽,每年为大纽约地区带来的经济效益超过 300 亿美元。

位于新泽西州的纽华克自由国际机场,是大纽约地区第二大机场、美国第五大繁忙的机场,距离曼哈顿西南方 26 公里。因美国大陆航空在美国东岸的转运点的原因,这个机场的误机率在美国算是相当高的。

同样位于皇后区的拉瓜迪亚机场,面向法拉盛湾,是纽约三大机场中距曼哈顿最近(曼哈顿以东 13 公里)的机场。纽约市的国内班机起降多在拉瓜迪亚机场,其中又以国内商务旅行者最多。拉瓜迪亚机场的国际航线部分只占纽约三大机场 6%。

伦敦　伦敦的航空运输十分发达,有希思罗和盖特威克两大机场。希思罗机场位于伦敦西郊,是欧洲客运量最大的机场,有时一天起降飞机近千架次,空运高峰期间,平均每分钟就有一架飞机起降。

希思罗机场既是伦敦重要的国际航空港,又是世界上最繁忙的国际机场之一。不论是英国国内的旅客,还是全欧洲以及跨越五大洲的乘客及航班都在此往来穿梭。

2. 密如蛛网的城市交通

世界级国际交往中心不仅是世界空运中心与枢纽,而且也是所在国的交通枢纽。

东京城市交通　东京是日本全国铁路、公路、航空和海上交通的中心。市内交通干线密如蛛网,四通八达,其特点为“立体化”。比比皆是的多层高架公路飞天而过,这些用钢筋水泥架设起来的立体交叉道路密如蛛网,有的地方重叠四五层,互相沟通、互不干扰。道路下面的空间用来建造商店、库房和停车场。东京市内现已形成环行高速路,并放射出 9 条高速路通往各地。市内交通的主力是城市铁道和地铁。

东京城市铁道(轻轨)分 JL(原国铁)和私营两种,线路不下几十条,总长 200 公里以上,其中以 JL 的山手线最为有名。这是一条高效率的市内环行电气化铁道,它穿过东京站、新宿、池袋、涩谷、上野等几乎所有繁华的地区,并把大多数城市铁道和地铁串连起来,因其每个道路交叉点都是从空中铁桥上驶过,绝无堵塞,准点率极高。大力发展低成本、高效率、大容量、无污染的城市铁道是东京发展城市交通的一大特点。

东京还是日本地铁线路最多的城市。始建于 1925 年的东京地铁,建设步骤是以通过市中心区的贯通线为主,以放射和环行线为辅,向市郊延伸。现已建成的 12 条地铁线,总长 230 公里。东京地铁一年的客运量高达 27 亿人次(1994 年统计数)。东京地铁纵横交错,把市区的主要部分紧密衔接起来,各线汇合点往往立体交叉,快速、准时且舒适。

除铁路运输外,东京港还是仅次于横滨、神户和名古屋的日本第四大港口,年吞吐量超过 8000 万吨。

纽约市城市交通 作为国际大都会城市的纽约,与周边地区形成的都市圈交通流量大,纽约都市圈有大量的通勤上班族,每天对纽约地区有着非常大的运输需求,也因此这里建有全美国最发达的大众运输系统。

纽约地铁是城市最快捷的大众交通系统,历史悠久且线路错综复杂。据官方统计,地铁站数约为 468 站,虽名为地铁,但约 40% 的路轨形式为地面或高架。纽约地铁商业营运轨道长度约为 656 英里(约 1056 公里),因地铁而建成的地下街及地下通道等,则长达 842 英里(约 1355 公里)。

纽约市境内河流港湾错综复杂,它的一大特色就是数量众多的桥梁和隧道。纽约港由于邻近全球最繁忙的大西洋航线,加之港口条件优越,是北美洲最繁忙的港口,每年吞吐量都在 1 亿吨以上,每年平均有 4000 多艘船舶进出,是全球重要航运交通枢纽及欧美交通中心。

纽约市的五大区之中有四区位于岛上,桥梁及隧道将其连接,桥梁和隧道对曼哈顿尤为重要,是因其被哈德逊河、东河、哈林河纽约湾所包围的地理位置决定的,而这些桥梁及隧道也促成了纽约市版图的对外扩张。20 世纪由原有的曼哈顿向外扩张,形成今天的五大行政区,像哈德逊河底下的林肯隧道是世界上最繁忙的行车隧道,每日有 12 万辆车往来于曼哈顿和新泽西之间。时至今日,每逢上下班高峰期,这些桥梁隧道就变成了交通的"瓶颈",常殃及周边的道路。

除了市内交通发达之外,作为美国乃至世界经济中心的纽约市与全国各地的往来亦十分频繁,纽约居民与全国各地的交往主要是通过发达、复杂的铁路公路网实现的。

1.5　光芒四射的城市魅力

国际交往中心通常有独特的城市形象,这些标志性形象能给人留下深刻印象。城市的外在表现形式,能对国际交往中心的确立和发展产生积极影响。

(一)传统与现代并存的东京

东京是一个现代化的国际都市,是一个足以与伦敦或纽约媲美的城市,被称之为"牵动世界经济发展的不可忽视的城市"。初到东京,首先使你感到惊讶的是它的庞大,这是一座拥有上千万人口,集日本政治、经济和文化于一身的世界极的特大城市。其次深入其中,你会被这座城市惊人的活力所吸引,为由无数的矛盾交融所形成的不可思议的生活而感叹。

每日清晨,当住在近郊的数以百万的工薪族,风雨无阻、年复一日地乘坐地铁进城上班的时候,望着那从地下涌出的滚滚人潮,你会毫不怀疑这座城市会像机器一样永不停息运转。走进东京的生活,你会深切感受到它又是一个多么不可思议的多种矛盾的统一体。东西方文化在此冲撞,古老与新潮在此交融,雄伟的高楼大厦和繁华的现代商业街与幽雅的宫殿园林和古朴的寺庙神社交相辉映,鲜明的对比,充分体现了这既是一座最现代化的大都市,又是保留了古老传统的历史古都。它的活力与神奇会时时吸引你,让你流连忘返、回味无穷。

(二)生态文化之都:巴黎

巴黎是欧洲大陆最大的城市,也是世界上最繁华的都市之一。它与美国纽约、日本东京、英国伦敦并称为四大世界级城市。"巴黎是一座无与伦比的城市"。从古至今,怀揣各种梦想和野心的人们,从世界各地汇集到巴黎,与这座梦幻、浪漫、时尚之都同呼吸,共甘苦。

巴黎是欧洲历史上第一个将"树木"这一城市的宝贵自然财产进行有效保护的城市,为此专门为城市中的每一棵树木建立档案和辨认卡片,尽一切可能在城市社区中增加绿地、花园和树林,体现了巴黎市政府对生态环境建设的高度重视,这是提高城市社区生活环境质量的有效手段。

巴黎是闻名于世的艺术之都、鲜花之都。徜徉在这座城市中,鲜花无处不在,到处都有迷人的芳香。至于那五彩缤纷的花店和花团锦簇的公园,更是常常让人驻足观赏,流连忘返。

巴黎是文化环境的典范和生态文明的样板,是古城保护的楷模。在巴黎城市的各个社区中,到处可以看到博物馆、影剧院、花园、喷泉和雕塑,文化氛围非常好。

拥有众多历史古迹与建筑美景的巴黎,是一座得天独厚的城市,同样也是一座拥有浪漫、充满感性与不乏物质享受的城市。

1.6 完善的接待服务系统

(一)专门的服务机构

国际交往中心城市一般都有完善的专门接待的服务系统,通常由政府服务机构和社会服务机构组成。政府服务机构指专门从事涉外管理的部门。许多城市设立专门机构负责管理和推进国际交流工作,有许多城市政府设立了外国人信息服务中心,能用若干国家语言提供天气、医疗急救、旅游购物、住宿、出行、法律等问讯和咨询服务。一些城市建有相当完善的社会服务机构,可以为外国人提供工作、生活和交流等方面的中介和直接服务。

政府服务机构指专门从事涉外管理的部门。东京就设立有专门机构负责管理和推进国际交流工作,如东京都生活文化局国际部,主要负责协调和指导都政府各部门的国际交流事务,同时它也是连接市民和都政府国际交流事务的窗口,负责联系协调都政府各部门和区市町村的国际交流工作,对申请移居外国的市民提供咨询服务并办理讲座、发放护照等具体事务，接待外国来访者，与各国城市建立协作关系以及涉外劳务管理工作。

东京还建有相当完善的社会服务机构，可以为外国人提供工作、生活和交流等方面的中介和直接服务，如东京建立的专门面向外国人的医院、健身中心、学校、居住小区等。"在市民会馆、区民会馆举办的各种讲座中就有专门针对外国人的社区日语教室活动，凡是居住在社区的外国人都可报名参加，学习是免费的，教师也都是本社区的居民，当然她们也是自愿的义务服务。①"

此外，涉外饭店的规模和档次也是反映城市接待能力和水平的重要指标，在亚洲城市中，东京的涉外饭店无论从规模上，还是水平上也都是世界一流的，并形成了包括汽车旅馆、旅游饭店、中心酒店、度假别墅等在内的一套结构合理的饭店接待系统。

（二）城市信息服务系统

现代化通信系统是国际交往城市的最基本的条件，由卫星、光缆组成的国际通信系统已经十分普及。目前，许多城市正在大力兴建"信息高速公路"，将对国际交往产生巨大影响。

1. 无所不在的东京

自 2001 年起，日本先后制定了 e – Japan、u – Japan、i – Japan② 等战略，从国家层面推动信息化实施。相应地，东京于 2000 年 4 月提出"东京信息化计划"报告③，内容包括生活与经济信息化、行政与公共事务信息化、教育与文化信息化、保健医疗与福利信息化。2007 年，东京市政府及国土交通省发起和倡导了移动观光与射频识别（RFID：Radio Frequency IDentification）导游

---

① 张暄. 日本社区：多姿多彩的文化生活[J]. 乡镇论坛,2008:10 – 15.
② 方旸,方苏春,王金翎. 日本国家信息化发展战略研究[J]. 情报科学, 2012, 30(11)：1641 – 1644.
③ 陈秀清. 东京的信息化计划[J]. 邮电经济, 2001(2)：45 – 48.

的"东京无所不在计划"。根据新发布的《东京愿景2020》①,东京将在未来创建智慧城市。

日本注重信息化立法和IT策略的制定,积极采取推进信息化发展的战略和政策措施,先后制定了"信息通信政策大纲"、"IT国家基本战略"、"IT新改革战略"等政策,信息化战略从e-Japan到u-Japan再到i-Japan,有着明确的发展轨迹,并强调技术创新。"东京无所不在计划"作为东京智慧城市的承载项目,其特点是面向用户,网络无所不在、无时不有,无论在何时何地使用,也无论使用模式是固定的还是移动的,是有线的还是无线的,都能为用户提供完善、丰富的宽带上网功能,提供永远在线的宽带服务。

2. 数字纽约

纽约市是世界领先的数字大都市之一。纽约市于2011年提出了"数字城市路线图"②,制定了把纽约建设成为世界领先数字城市的计划,并在2012年进行了更新。数字城市路线图为纽约市政府加强与市民的联系,扩大对新技术的了解和应用,进一步提升政府信息透明度和发展高科技产业提供了框架指导。该计划包括五个方面:(1)网络接入;(2)教育;(3)政务公开;(4)公众参与;(5)信息产业。

网络普遍接入是互联网城市的基础,也是纽约数字化路线图的重要组成部分。为了消除数字鸿沟以服务所有纽约公众,纽约市将高速网络的覆盖范围扩展到五个行政区,在公共场所创建了更多的Wi-Fi热点,升级了学校、图书馆、社区中心的基础设施,增加了高速宽带应用,并为居民和企业提供了更多的供求选择。

教育是纽约市创新潜力的关键。通过对科学、技术、工程、数学等领域的教育投资,纽约公众将从中受益,并能够在技术生态系统中学习和创新,满足不断增长的信息产业需求。

---

① Tokyo Metropolitan Government (TMG). Tokyo Vision 2020: Driving Change in Japan / Showing Our Best to the World[EB/OL]. (2011-12-01)[2014-02-01]. http://www.metro.tokyo.jp/ENG-LISH/PROFILE/policy01.htm.

② Mayor's Office of Media and Entertainment. Road Map for the Digital City: Achieving New York City's Digital Future [R]. The City of New York, 2011.

开放的政府使城市能够通过信息技术更好地服务于公众。纽约市致力于不断的创新和透明化，数字纽约通过开放数据资源，以技术创新平台的方式提供服务。在纽约资讯科技及电信部（DoITT：Department of Information Technology & Telecommunications）的带领下，纽约开放政府建设取得了巨大成果，包括里程碑式的政府信息公开立法以及开发数百个实时数据库等。

社会媒体的爆炸式增长改变了人们沟通、查找信息以及与朋友家人联系的方式。为了方便、快捷地服务社会公众，纽约市注重发展数字媒体。目前，纽约市拥有政府官网（nyc. gov）、311 在线（纽约市所有政府信息和非紧急服务的一站式交流平台）、超过 200 个社会化媒体渠道、博客、时事通信（newsletters），以及每年服务超过 25 万名居民、企业和游客的移动应用程序。在纽约数字政府每月服务的 400 万人中，有 120 万人（约 30%）通过社交媒体参与城市活动，如脸书（Facebook）、推特（Twitter）、时事通信等。

纽约是在美国首个申请自己的顶级域名（. nyc）的城市，其高科技产业发展迅速。纽约运行着全球最先进的市政主动开放数据，有超过 350 个政府数据库服务于相互独立的应用程序，吸引了超过 600 万美元的私人投资经济发展合作项目，如纽约创新想法大会（NYC Next Idea）、纽约杰出创业者计划（NYC Venture Fellows）等持续吸引着更多的工程师和企业家，带动了信息产业发展。

纽约采取的信息化模式是由市长媒体和娱乐办公室制定数字城市路线图，明确纽约数字城市框架及其实现路径。为了进一步挖掘全球数字城市潜力，纽约在世界范围内与其他城市政府建立伙伴关系，推动合作创新。自2011 年发行纽约市数字化路线图后，波士顿、芝加哥、伦敦、洛杉矶、里约热内卢、旧金山、新加坡、温哥华等城市表示了建设数字化指标的愿望，以跟进国际数字城市进展。

第二节　纽约、伦敦
和东京等世界城市国际交往中心建设经验

2.1　在政府规划主导下的国际交往中心发展模式

从经济层面上讲,先集中力量加强一个城市的建设对国家发展是有利的。政治中心和经济中心合二为一是东京之所以成为世界级的国际交往中心城市的一个重要原因。

纵观东京国际交往中心城市建设的历程,不论是副都心商务区建设,还是会议、会展中心场馆建设,都是在政府规划及投资下完成的。因此,政府规划主导,由国家进行集中投资,是使东京成为世界级国际交往中心城市的主要发展模式。

2.2　互联互通,打好网络基础

良好的网络基础设施是实现各种智慧应用,提升城市国际交往效率不可或缺的前提条件,更是实现互联互通、资源共享的技术基础。从全球来看,互联互通、资源共享是国际交往中心城市最重要的特征之一。因此,各国都把网络建设放在城市建设十分重要的位置,尤其是亚洲各国,如新加坡、韩国、日本等,都把建设无所不在的网络基础设施上升到国家战略层面。而欧美各国虽然并不特别强调网络的重要性,但他们所实施的各项智慧工程同样离不开由传感器、无线宽带网络、无线传感网乃至一体化运营中心等强大的网络基础的支持。

第七章　北京建设国际交往中心的对策建议

全球化的必然趋势使国家之间开放交往与交融合作走向深入与广泛。当前,世界处于大发展大变革大调整时期,在经济全球化和文化多元化的背景下,对外交往在国际关系中的作用和地位越来越突出,通过卓有成效的国际交往来提高本国国际地位和影响力,日益成为世界各国发展的战略选择。在"三个北京"、"四个中心"的中央精神指导下,北京国际交往中心建设具有十分重要的作用,它关乎首都北京乃至国家在国际社会中地位的构建与树立。从全球发展来看,世界政治经济文化复杂多变的新形势,为国际间交流和贸易往来提出了新要求,世界需要一个东方国际交往中心。首都北京与世界的联系日益广泛深入,为开展对外交流与交往开辟了广阔空间,为在更高层次上迈向世界舞台、参与全球文化产业分工、实现更高水平的文化贸易发展提供了一系列有利条件,因此其正处于重要的历史发展期。

第一节　北京建设国际交往中心
要顺应时代发展的趋势与潮流

北京建设国际交往中心战略目标的确立,是我国发展形势的需要,是在当前世界政治经济文化多变的背景下,为提高我国的国际地位与综合实力探索出的新模式、新思路,是创新性发展的必然选择。

1.1　要落实首都职能定位与五大发展理念

《京津冀协同发展规划纲要》为北京城市功能建设进行新定位,即全国政治中心、文化中心、国际交往中心、科技创新中心。北京作为首都,要不断强化首善意识,切实履行首都职能,在政治、文化、国际交往、科技创新方面体现出北京的首都功能。将习近平总书记视察北京重要讲话精神,以及创新、协调、绿色、开放、共享五大发展理念从理论层面落实到实践工作中:创新是引领北京发展的第一动力,围绕建设全国科技创新中心目标,实现在科技领域的创新,引领城市未来的发展;要发挥利用科技、人才和信息优势,努力打造科技创新中心,带动京津冀、辐射全国。协调对于首都北京建设国际一流和谐宜居之都来说,非常重要,北京要走协调发展之路,从整体大局来看,以首都城市战略定位作为城市发展方向,突出首都主要职能,平衡城市功能,增强发展的整体性、协调性和持续性,实现平稳长远的发展。绿色发展是北京城市可持续发展的必要条件,建设国际一流和谐宜居之都是明确目标,是美好品质生活的重要体现,要着力实现北京的人与自然和谐共处,人口、经济、资源、环境均衡发展。强化北京国际交往中心的城市国际交往功能,让开放达到一个更高水平,作为国家对外开放的窗口,服务好国家改革开放大局。让全体人民共享发展成果是发展成效的重要体现与标尺,是最终的落脚点和归宿。

1.2　要作为京津冀协同发展规划的关键步骤

《京津冀协同发展规划纲要》中对京津冀三地进行了明确定位,疏解北京非首都功能是京津冀协同发展的关键步骤。在对北京全国政治中心、文化中心、科技创新中心、国际交往中心的定位中,未来的重点不但要打造北京成为国家中心,同时要将北京建设成为世界性的国际交往中心,在未来世界中,北京也能够成为一股引领和影响世界潮流的力量之一。京津冀协同发展有其深厚的背景和区域发展内在要求,符合国家整体发展趋势。北京大城市病突出成为主要问题,掣肘首都核心功能的发挥,迫切需要产业转型、疏解城市功能、控制人口规模等相应措施,才能更好地发挥首都功能。北京这些城市功能转型的完成都需要周边相邻的津冀支持。天津主要是打造先进制造研发基地、北方国际航运核心区、金融创新运营示范区、改革开放先行区。对于天津来说,作为北方最大的综合性港口,需要北京在人才、技术、科技、资金等各方面的支持,发挥制造业、教育科技以及滨海新区开发等优势,发展成为北方经济中心,这就需要天津通过建设金融、贸易、航运、物流等行业作支撑,而目前天津在这些方面的功能作用还比较弱,因此需要来自北京的支持。河北主要任务是能否顺利地承接北京疏解的非首都功能,河北发展相对较为滞后,产业需要转型升级,因此更需要京津冀协同发展的带动,打造京津冀区域成为以首都为核心的世界级城市群,在区域协同发展中实现各自的战略目标,形成京津发展轴、京保石发展轴、京唐秦发展轴,发展西部北部生态涵养区、中部核心功能区、南部功能拓展区、东部滨海发展区。疏解北京非首都功能,优化首都核心功能,往这些轴、区、点上布局,优化空间布局,促进协同发展,形成京津冀区域一体化格局,使京津冀成为全国经济发展的引领地和重要增长点,成为具有国际竞争力的经济区域。

1.3　要成为发展城乡一体化的重要推动力

充分发挥北京首都功能的战略定位要求发展城乡一体化。推进城乡发展一体化是落实"四个全面"战略布局的必然要求。着力推进新农村建设,使之能与新型城镇化发展相协调,避免在规划上城乡脱节、重城市轻农村等倾向。要创新农村公共服务机制,加强基础设施建设,形成与城镇互联互通、共建共享的城乡基本公共服务均等化体制机制。习近平同志指出,"通过建立城乡融合的体制机制,形成以工促农、以城带乡、工农互惠、城乡一体的新型工农城乡关系,逐步实现城乡居民基本权益平等化、城乡公共服务均等化、城乡居民收入均衡化、城乡要素配置合理化,以及城乡产业发展融合化"。打破城乡二元结构,推进城乡要素和公共资源均衡配置,让广大农民平等参与和共同享受改革发展的成果。在大力推动农村改革、农业调结构转方式、美丽乡村建设与新型城镇化的同时,努力在一、二、三产业城乡融合发展上下功夫,在区域协同发展上探索新途径,在生态环境保护上取得新突破,为北京建设国际交往中心提供有力支撑。

1.4 要切实实践供给侧结构性改革战略

准确把握全球社会竞争发展趋势,推动供给侧结构性改革以适应和引领经济新常态,是重要的国家战略,同时为首都北京建设"四个中心",充分发挥首都职能,治理"大城市病"提供了新理论、新思路。就北京建设国际交往中心而言,推进供给侧结构性改革就是要推动社会经济各方面发展要与国际交往中心战略定位相适应、相协调,更好地推动北京向国际化大都市可持续发展。从北京建设国际交往中心的供给与需求关系来看,北京需要攻克城市急速发展带来的"大城市病"问题,如公共交通网络、城市基础设施、公共文化服务、城市环境保护等。需要结合北京建设国际交往中心的要求,理顺供给和需求关系,深化供给侧结构性改革,实现总供给与总需求相协调,建设国际一流和谐宜居之都。必须补齐公共卫生、公共文化服务、医疗教育短板,加快社会资源进入公共服务领域的市场化改革,建立优质公共服务转移延伸机制,实现城市郊区共享优质公共资源。此外,空气质量和生态环境问题也是北京需要面对的问题,对此需要加快构建环境治理与生态建设机制,以及京津冀环境污染联防联控机制。作为国际交往中心,就要在经济、文化、科技等方面形成国际吸引力,必须积极响应国家创新驱动发展战略,依靠创新引领发展,推动文化与科技深度融合,文化与金融深度融合,落实和完善支持文化企业创新各项政策,推动国内外交流合作。同时扩大服务业对外开放,结合疏功能、调结构以提升服务业质量、效益和供给水平。总之,首都北京已经进入功能重组的新发展阶段,要建立修补短板机制,治理发展难题,提升首都核心功能和城市品质,要切实把供给侧结构性改革与建设国际交往中心结合起来,落实各项工作,推进首都北京迈向国际化大都市并成为世界国际交往中心之一。

第二节　北京建设国际交往中心要充分利用基础资源条件

北京是传统文化与现代文化、民族文化与世界文化交汇之地。北京城市古今中外交融的文化氛围与大量丰富的国际文化活动是全国其他城市所不具备的,北京是全国乃至全世界最高水平文体演出盛事的舞台之一,拥有以中关村为代表的在世界处于先进水平的数字高科技文化,也拥有全国最大规模的文化艺术品交易市场。北京很多文化行业在全国属于领先地位,北京对外文化交流和文化贸易的规模和数量与日俱增。近年来,北京每年在国外的年度交流计划有100多个,每年经北京批准的中外文化交流项目达200余项,涵盖40多个国家,受众近3万人次。越来越多的民营企业投入到文化贸易与文化交流中。[①] 作为国家的文化中心,北京实施文化"走出去"战略,增强了对外文化交流的辐射力,提升了北京的国际地位,这也是国家在国际社会确立自我身份的重要因素。

北京加快全面建设奠定了城市国际化基础。"根据当前首都四个中心的城市定位,瞄准建设国际城市的高端形态,从建设世界城市的高度,推进国际大都市建设,进一步提高首都现代化、国际化水平。立足于首都经济社会发展的新历史阶段,从世界城市的高度来审视和要求首都发展。首都北京在加强国际交往服务的规划工作,提升规划设计水平。按照大力提高首都的国际化水平的要求,针对世界500强总部和研发中心、国际组织总部、重大国际文化活动和体育活动、各种国际会议等不同需求,规划适合的空间资源,配置好基础设施和提供多样化的服务设施,为提升首都经济开放度和国际化程度做好规划服务工作。宜居城市是发展城市外交和建设世界城市的重要组成内容和基础条件,北京市在加快完善形成民生设施规划体系,为北

---

① 陈少峰. 打造推动北京文化走出去的强大引擎[J]. 前线,2014(5).

京宜居城市建设打好规划基础"①。总之,北京加快城市建设与发展,为北京建设国际交往中心做了必要的现实准备。

(一)逐渐形成了一定的城市文化国际影响力

近年来,北京优化产业结构,完成城市产业转型,大力发展文化创意产业、金融业、互联网以及现代服务业等,使北京城市经济实力明显增强,能够作为一个桥梁和纽带引领我国参与国际经济大环境之中,能够成为连通世界的节点,发挥国际化城市的聚集和辐射作用,正在发展成为国际资源的聚集地、国际财富创造的重要城市以及国际文化艺术交流中心城市之一。从美国科尔尼咨询公司公布的全球城市指数排名看(见表7-1),北京全球化指数排名近年在攀升。全球化城市承载各国的文化中心职能,对外文化交往与对外贸易的增加与其全球化程度具有正相关性,北京对外文化交往的国际影响力近两年有明显提高。

表7-1 美国科尔尼咨询公司公布的全球城市指数排名②

城市	2008	2010	2012	2014
纽约	1	1	1	1
伦敦	2	2	2	2
巴黎	3	4	3	3
东京	4	3	4	4
洛杉矶	6	7	6	6
北京	12	15	14	8
首尔	9	10	8	12

(二)在国际社会中发挥着越来越重要的作用

北京作为首都城市,在国际事务、国际交流和国际贸易中有举足轻重的地位和作用,正在吸引更多的国际组织、国际机构和跨国公司入驻北京,城市外交活跃度明显增加,对外交流活动规格高,具有广泛影响力。形成了在

---

① 中共中央宣传部:《习近平总书记系列重要讲话读本》,2016年版,学习出版社.
② 金哲松、陈方、李毅. 文化中心城市建设与文化产品贸易发展[J]. 现代管理科学,2015(6).

政治、经济、科技、文化和人才等领域全面合理发展的国际交流格局,达到世界先进水平,不断推出既具有鲜明北京城市特色,又具有广泛国际影响力的国际交流活动经典品牌。据不完全统计,政府间国际组织在京设立的代表机构有 25 个,其中联合国的 21 个机构在京设立了 14 个代表机构;非政府间国际组织已有 16 个设立在北京的国际社团,已在民政部登记。

(三)友好城市的对外交流取得显著进展

友好城市工作得到卓有成效的开展,友好城市规模得到拓展,在多个领域开展国际合作,充分利用友好城市的特殊优势开展工作,针对对外开放工作中的一些关键问题和突出矛盾进行专项交流;在开展友好城市交流中,为社会、企业和民间的国际交往创造条件以便更好地开展国际交流工作。由过去友好城市交往中"一对一"的简单模式向众多友好城市多边交流合作转型,不断扩大经济、技术合作交流,发挥友好城市资源和比较优势,开发潜在合作领域与项目,促进北京对外文化交流发展。近年来,"先后与哥斯达黎加圣何塞市、墨西哥墨西哥城、爱尔兰都柏林市、丹麦哥本哈根市、澳大利亚新南威尔士州、印度德里邦和伊朗德黑兰市 7 个首都城市或中心城市缔结友好城市,强化了欧洲、美洲友好城市网络,进一步健全了首都全方位、多层次、宽领域的对外交往格局。截至 2014 年 4 月,北京已经与 45 个国家的 50 个城市建立友好城市关系,其中,欧洲 21 个,占 42%;亚洲 13 个,占 26%;美洲 10 个,占 20%;非洲和大洋洲各 3 个,占 12%。此外,与英国威尔士、意大利米兰、韩国釜山等 13 个城市建立了密切的友好交流关系"。①

(四)打造出具有知名度的大型国际节展品牌

北京在搭建全方位国际交流合作平台,进一步扩大国际交往,实施对外文化交流、旅游推广、美食文化推广等方面做出了显著成绩。打造出北京国际电影节、北京国际儿童艺术节、北京国际图书嘉年华,推出北京新年音乐会、北京国际音乐节、北京国际戏剧舞蹈演出季、北京当代国际艺术节、香山

---

① 北京市人民政府外事办公室主任赵会民. 关于北京市国际友好城市工作情况的报告[OL]. 北京人大网:http://www.bjrd.gov.cn/index.html.

红叶节等品牌文化活动,以多种方式开展国际文化交流,吸引国际一流的文化项目落户北京。对已有一定口碑的"国际旅游文化节"、"798艺术节"等进行升级打造,扩大规模,提升品质,与国际化接轨,使其成为既具有北京特色,又具有国际影响力的文化艺术节。利用我国传统节日春节、端午节、中秋节等重要节日,举办既具有丰富文化内涵,又具有娱乐性和参与性的国家节庆文化交流活动,提升北京文化的国际影响力。此外,积极参与国际节展交流活动,如国际性书展、国际文化论坛活动、国际学术会议等,加强了北京与国际社会在各个领域的交流往来。

(五)正在形成规模化的国际高端文化产业集聚区域

形成了享有一定国际声誉度的商务中心区、文化创意产业集聚区、传媒产业集聚区、艺术家聚集之地、艺术创作基地、文化艺术活动中心区、国际化娱乐休闲中心区等,成为与国际经济、文化、传播、艺术前沿领域对接和进行国际交流的集聚之地,成为北京城市空间标志性符号,从而带动了城市文化经济国际化发展。通过政府引导、管理以及市场运作的方式,吸引全国和全世界的关注,逐渐形成规模化的国际往来,不仅形成空间上的单纯聚集,而且实现文化聚集、文化生产与消费活动的聚集,成为北京城市文化的标签与文化地标,呈现我国文化艺术发展现状的最高水平、文化经济繁荣发展的新高度以及当代文化艺术发展的潮流,从而形成承载与传播大量文化信息、具有世界性影响力的辐射场域。

(六)北京文化产业、文化贸易发展势头良好

据"2014中国省市文化产业发展指数"显示,文化产业发展"十强",北京连续五年保持第一,持续领跑中国文化产业发展。截至2014年底,北京共有文艺表演团体620家,演出经纪机构1646家,娱乐场所经营单位2094家,互联网文化经营单位989家,数量占全国的近1/3。在2014年"全国文化企业三十强"评选中,北京共有五家单位入选,数量位居全国各省市第一。[①] 由

---

① 曾祥明.北京文化外交探析[J].哈尔滨市委党校学报,2015(5).

商务部、中宣部、财政部、文化部、新闻出版广电总局共同认定的"2013—2014 年度国家文化出口重点企业"和"2013—2014 年度国家文化出口重点项目"中,北京分别以 60 家和 37 项遥居榜首。①

北京是国家对外文化贸易基地,正在加快向文化贸易口岸、协同创新平台、企业集群式发展于一体的国家级文化贸易示范区建设的脚步。目前,"保税运营中心已投入使用,基于文化保税开展的"一站式"服务平台已开始试运营,为国际文化贸易提供信息、金融、展示、交易、仓储、物流、报通关等一系列便利化服务。国家对外文化贸易基地由国际文化贸易企业集聚中心、国际文化产品展览展示及仓储物流中心、国际文化商品交易服务中心 3个功能区组成,并建设有北京国际文化艺术保护中心、国际文化贸易信息服务中心等 6 个服务平台及服务体系,为企业提供文化贸易综合服务。相关部门推出了多项优惠政策,包括支持贸易基地开展文化保税展示交易、艺术品保税拍卖、艺术品保税修复、文化融资租赁等政策。"②

第三节　北京建设国际交往中心需要面对的主要问题

从近年来的发展情况来看,虽然北京对外国际交往取得了一些成绩,但是从全球文化交往格局以及北京对外文化交往的长远发展来看,其规模和影响力还比较有限,与世界一流国际城市的发展水平相比还有一定的差距。

(一)城市国际化程度有待提高,缺乏长远的整体规划

国际化大城市应该具备高品质的城市环境,有利于国际交流往来的政策环境,超高的办事效率以及国际先进水平的公共设施和公共服务。与此相比,北京还有一段差距,尚需大力建设和改进完善城市硬件设施和城市软

---

① 2013—2014 年度国家文化出口重点企业和重点项目目录[EB. OL]. 商务部网站:http://fms. mofcom. gov. cn/,2014 – 05 – 20.

② 文化部北京市合作推进对外文化贸易基地建设[EB. OL]. 新华网:http://news. xinhuanet. com/culture,2014 – 08.

环境,为国际交往提供更为便利的条件,使交通、信息、居住、工作等外部环境和公共服务更加便捷,以适应国际交往中心建设的需要,吸引更多的国家交流往来,这就要求北京站在从建设国际交往中心这个出发点上,全盘考虑北京对外文化交往的思路、目标、任务、政策和措施等,在北京城市总体环境与建设方向为对外文化交往营造有利条件。

(二)对文化资源挖掘、整合与创新的力度不够

北京历史文化资源没有得到充分挖掘与利用,文化集约化程度不高,导致文化产品的附加值与创新性都十分有限,不利于在对外文化交往中形成很强的竞争力。文化管理机构及政策需要进一步调整完善,理顺各层级关系,从而为文化对外交往创造更宽松的空间和优良的发展环境。

(三)对外文化交往参与主体单一,力量分散

没有将丰富的历史文化优势转化为文化外交优势,主要原因在于缺乏文化外交意识和战略规划,没有形成对外文化交往的有效机制。对外文化交往偏于依赖政府、依赖精英阶层,官方色彩较浓,民间对外文化交往活动较为欠缺,对外文化交往形式不够丰富,从而限制了北京文化外交的实际效果和影响力。应该在对外文化交往中积极借助多种力量,丰富对外文化交往的主体、形式与渠道。

(四)尚未培育出大型国际性文化企业、成熟的国际性文化产业群

对外文化交往过程中,发展国际性文化产业群,打造大型知名国际性文化企业是重要内容。为此目标,还需切实解决机制体制问题、内容原创问题、人才培养问题、资金来源不足问题、投资渠道单一问题、对外输出渠道有限问题等。此外,还存在重投入不注重产出、投资效益欠佳、缺乏必要的引导和保护、重复投资和投资回报率不高等问题,这些都在不同程度上制约了文化产业的发展。

(五)缺乏复合型文化经营人才

国际交往的扩大和频繁是国际化城市的共性之一。日益频繁的竞争与合作,最终体现在人才的争夺和人才合作方面。谁能在国际化人才市场竞

争中处于优势,谁就能更具竞争力。目前,北京缺乏国际化人才,缺乏熟悉国内外文化市场及国际服务贸易规则的人才,缺乏复合型文化经营人才。从政府层面上来讲,需要营造良好的用人环境,以适应国际化人才生存和发展的需求,转变传统的观念,重视人才资本,让人才发展需求得到多层次、全方位满足,从而吸引优秀的国际化人才。

第四节　北京建设国际交往中心的总体思路

北京建设国际交往中心,要深入贯彻落实党的十八大精神,贯彻落实习近平总书记系列讲话精神,对北京工作做出的重要批示和在北京考察时的重要讲话精神,贯彻落实市委第十一届三次、四次、五次全会精神,全面推进建设“四个中心”发展战略。要坚持习近平同志在北京考察时对推进北京发展和管理的工作要求,明确北京城市战略定位,坚持将建设国际交往中心作为首都四个城市核心功能之一,深入实施人文北京、科技北京、绿色北京战略,努力把北京建设成为国际一流的和谐宜居城市。

北京建设国际交往中心,必须立足于首都的长远发展,贯彻落实科学发展观,符合北京市的实际情况和发展要求,促进和推动首都的全面、协调和可持续发展;必须以坚决贯彻落实中央外交政策,促进国家对外开放为基础,促进首都发展和社会进步,推动世界和平与发展,广泛开展国际交流,实现建设世界一流的、现代化的、综合型的国际交往中心的目标。

北京建设国际交往中心,要理清思路、统一思想、统筹规划、有效领导。在对国内国外发展大势准确把握的基础上,明确国际交往中心建设思路与战略部署,制定总体战略规划以及具体实施计划。在思想观念上,真正树立起有利于国际交往中心建设的“大外事”意识,进一步强化服务观念,强化政府职能作用,综合利用外事部门的各种优势资源,集中其他相关部门的辅助力量,开拓创新、协调行动、实施有序、逐步推进,进而实现北京国际交往中心建设的目标。

北京建设国际交往中心,必须要具有全国格局与全国视野,面向全国、服务全国。按照规划统一进行协调,搞好北京与中央单位的协调配合、搞好北京与其他省市协调配合、搞好相关部门和单位的协调配合,与其他省市互联互通,建立通畅的信息网络和流畅的办事机制,为其他省市提供便捷的对外交流服务。与此同时,与世界建立更为广泛和深入的联系,拓展国际交流往来的现代化渠道,成为世界各国交流汇集的中心城市。

第五节 国际视野中
北京国际交往中心建设可借鉴的经验思路

从全球文化格局来看,纽约、伦敦、巴黎和东京是在国际交往方面较为成功并各具特色的四座国际大城市,在国际社会上有较大的影响力与辐射力,并且发展了具有自身特色的国际交往路径。从与这些国际化大都市在国际交往领域的审视和比较中,可以反观北京的优长与短板,走出既借鉴国际先进经验,又能结合具体实际,体现自身特色的北京国际交往中心建设之路。

5.1 发展国际化多元文化艺术经济提升城市的国际化内涵品质

纽约是世界的金融中心,在商业和经济方面发挥了极为重要的全球影响力,并引领全球的传媒、文化、艺术、娱乐与时尚界,纽约在全球文化、艺术、音乐和出版业中占有中心位置,在世界文化市场上享有盛名。

纽约具有完善的文化产业体系与文化对外贸易市场体系,这是纽约文化产品输出国外的重要保障。城市文化的国际影响力往往依赖城市经济发展,纽约在经济上成为世界中心之后,加速了它作为世界文化中心的形成,并且纽约在文化传媒产业方面独具资源优势而成为"世界媒体之都"。在国际体系里,纽约借助世界金融中心与经济优势,推动文化产品的国际营销策略,进而形成全球性的文化输出体系,并在这个文化体系中,形成文化经济与金融经济的良性循环,为文化输出奠定了更加强大的经济基础。

纽约是名副其实的全球媒体资本中心,全球著名十大媒体公司中,有五个公司总部设在纽约,它们是时代华纳公司、哥伦比亚广播公司、二十一世纪福克斯公司、美国新闻集团和维亚康姆公司,远远超过世界其他任何城市。据统计,作为"世界媒体之都",纽约现在有几十万人从事媒体行业,在私人行业雇佣人数中约占到1成,每年创收有几百亿美元。在全美国杂志、书籍、广播电视的市场份额中,纽约文化传媒业占据了一半,全美国报纸和有线电视收入的1/4由纽约创造。目前纽约传统媒体的发展速度减慢,每年增幅大约1%,但是新媒体业务包括网上游戏、社交网站、无线娱乐等创造的收入在近年以每年35%的速度增加。纽约集聚了世界最发达的传媒机构,传播面覆盖全球,能使用100多种文字,面向世界100多个国家地区进行昼夜传播。《纽约时报》是世界各国政府部门、学术界等必订的报刊,在世界范围内受众面极广。而美国文化也凭借先进的媒介技术与强势的传播效果占据了八成网上信息资源,因特网成为美国大规模文化产品输出的重要阵地。随着大众文化产品与相关文化附加品的出口,乘载于大众文化产品上的价值观念也随之销到世界各地,并对人们产生了潜移默化的影响。

文化创意产业是纽约国际文化贸易的重要部分。纽约的文化创意产业发展较早,随着文化创意产业的发展和规模的不断扩大,纽约城市经济发展也获得了巨大推动,经济实力的增长又推动了纽约城市文化在世界体系中的崛起,增强了城市的文化软实力,使纽约成为世界文化艺术的生产与传播中心。电影电视、广告、音乐、视觉艺术、表演艺术、广播、出版、建筑和设计是纽约文化创意产业部门的九大核心产业。这些文化创意产业核心部门大多数是私营或者个体自主创业,因此通过创新求得在竞争环境中生存与发展成为其主要特点,这些创意产业部门也因此成为纽约经济增长最快的元素,成为美国创意经济核心与促进经济增长最重要的领域之一。纽约影视音乐等音像制品的主要出口市场是欧洲。随着全球化的发展,纽约文化输出不再局限在欧美,而是逐渐向全球扩展,大众文化产品作为美国最大的出口物资,流向全球市场,并将这些文化产品加以一定的本土化,以迎合受众国家和地区的市场需求。

在市场经济发展模式下,纽约文化产业形成规模进而走向国际化,如百老汇模式就是美国艺术演出产业市场运作的一个典型代表,是纽约文化传播与推广的特色经验。百老汇汇聚了众多现代影剧院,吸引世界各地的游客到此观看戏剧演出、了解美国文化。百老汇剧院是营利性剧院,是百老汇的核心,与此同时,又有外百老汇剧院和外外百老汇剧院等其他剧院,属于规模较小的非营利性剧院,享受政府的财政补贴。主要是为戏剧工作者进行创新性、低成本的戏剧试验提供演出机会,以培育新戏剧的创作和发现新的艺术人才,从而满足不同市场受众人群的多元需求。百老汇艺术演出产业多元投资模式对国际文化市场发挥重要的作用,促使多元国际文化产品大量产生,满足纽约当地以及世界各地不同消费者的需求,使纽约具有很强的文化艺术国际辐射力与吸引力。

纽约在国际文化交流过程中,还重视具有更高流行度的大众文化的输出,特别是时尚产业。纽约在本地多元化的基础上,生产出承载美国价值观主题的各种大众文化产品,通过纽约传媒业面向世界进行文化宣传。纽约在对外文化传播与文化产品输出的过程中,形成了以纽约为中心,辐射周边城市的文化产品生产与制造区域,带动了国际文化产业集群发展,包括艺术展览、各类表演等在内的文化产业发展势态良好,并同时在产业链中下游,生产相关文化产品进入消费者的视野,进一步扩大纽约国际文化的影响力。

5.2 重点凸显创新领先国际文化创意产业潮流带动国际交往

英国首都伦敦国际交往主要依赖伦敦文化创意产业的繁荣和创意城市的建设。伦敦的文化资源是英国的宝贵财富与重要的经济资产。英国是世界上博物馆密度最大的国家之一,伦敦拥有 200 多个博物馆以及众多文化设施,伦敦平均每天举办的艺术活动有 200 多场,伦敦市内拥有大量世界文化遗产,顶尖文化艺术人才汇聚伦敦。据统计,伦敦文化产业年产值约为 29 万亿英镑,能提供 250 万个就业岗位。文化的吸引,使来伦敦旅游的国际游客比例占到 5 成以上,伦敦由此也成为著名的国际旅游城市。可以说,对世界文化名城伦敦来说,文化是它的脉搏,文化与文化产业推动着伦敦社会和经济等各方面的发展。在新的国际形势下,伦敦文化巨大的国际传播力、影响力与吸引力是如何形成与保持的? 我们可以从伦敦文化创意产业的发展战略上找到可资借鉴的做法。伦敦政府出台文化发展战略,打造"创意伦敦"。伦敦市政府很重视各文化机构之间以及文化机构与非文化机构之间的协调合作。伦敦市长的职责之一便是协调从国家到伦敦市各个涉及文化发展的部门与机构之间的合作,保证它们之间相互配合,形成合力,共同致力于发展伦敦文化。2003 年,伦敦公布了《伦敦:文化资本——市长文化战略草案》,于 2004 年 4 月公布了正式版本《伦敦:文化之都——发掘世界级城市的潜力》,提出了致力于伦敦文化发展的十年战略规划,明确指出要将伦敦打造成为一个富含卓越性与创意性的世界级文化中心。根据规划方案,伦敦的建设目标为追求"卓越性"(excellence),成为世界一流文化城市,并把"创意"(creativity)作为推动伦敦发展的核心,其经由的"途径"(access)是创造条件,鼓励所有伦敦人参与到城市文化建设中,最终使伦敦从丰富的文化资源中获得最大的"效益"(value)。从中可以看出,伦敦市政府的目标不仅在于将伦敦建设为世界经济中心,而且在文化方面也希望增强伦敦市的国际辐射力与影响力,使伦敦成为世界性城市交往中心之一。

伦敦专门成立了负责伦敦文化创意产业发展的战略性机构——"创意伦敦"工作协调小组,为调动更广泛的公众积极性、汲取更多创意智慧,该机构采取政府和民间合作的方式运作,共同对伦敦创意产业的发展潜力与可能出现的问题进行评价商讨。"创意伦敦"工作协调小组的目标是:在投融资、人才引进、房地产开发等方面为创意产业解决困难与扫除障碍,促进伦敦创意产业发展的活力与多样性。据有关统计数字显示,伦敦发展局每年对创意企业、创意团体发展的财政投入为 3 亿多英镑,对个人与中小企业则提供研发基金。"2005 年 3 月'创意之都基金'成立,2005 年 6 月伦敦科技基金成立。伦敦政府在为创意企业家提供原始资本和商业支持之外,同时在资源供应与商务服务等方面为创意企业提供许多便利条件"。①

2008 年 11 月,时任伦敦市长鲍里斯·约翰逊公布其任内的文化战略草案《文化大都市——伦敦市长 2009—2012 年的文化重点》,提出以举办 2012 年伦敦奥运会作为契机,重点发展 12 领域,其中包括增加伦敦市民对艺术与文化的体验经历,鼓励伦敦市民扩大与文化的接触,提高艺术活动的市民参与率,增加公共文化设施与公共文化场所,加强年轻人的音乐和艺术教育,建立机制支持民间创意与草根文化,打造充满活力的公共空间,为文化艺术界新人提供发展之路,捍卫文化在各领域中的地位,提高政府对伦敦文化的支持力度,营销伦敦等。伦敦政府连续出台的文化发展战略方案,从伦敦文化发展的目标方向到具体的实施步骤,逐步得到了细化,紧紧围绕国家"创意英国"的发展战略,打造"创意伦敦"的城市形象,以此作为城市的品牌与标签,成功地向国际社会释放了伦敦作为国际代表城市的时代内涵与新鲜活力。

伦敦文化创意产业成为英国的主要经济支柱,文化产品、创意产品是英国国际输出的重要内容。伦敦拥有世界一流的设计机构,其数量占英国所有设计机构数量的 1/3,产值占设计产业总产值的 50% 以上,并且这些设计机构中将近 3/4 在全球设有分部。伦敦时尚设计产业年产值平均达到 81 亿英镑,出口创汇额高达 4 亿英镑。伦敦是全球三大电影制作中心之一,英国 2/3 以上的电影人汇聚在伦敦,完成的影视后期工作占全国总量 7 成以上。英国 40% 创意产业的艺术基础设施集中在伦敦。此外,伦敦拥有 1850 家书籍及杂志的出版商,其出版业产值达到 34 亿英镑,约占全英国出版产业的 36%。伦敦还是全球三个广告产业中心之一,同时,伦敦也是英国的游戏产业中心。近年来,伦敦在保护文化遗产与文化遗迹的同时,斥资 6 亿英镑大力兴建新的文化设施,以此打造伦敦文化创意之都的城市形象。为了解决资金来源问题,除了政府的财政投入之外,还通过私营企业和基金会募集资金,并首创发行文化特种彩票筹集资金。在政府对文化发展的大力支持下,

---

① 孟卫军. 伦敦创意产业的发展机制分析[J]. 中外企业家,2013(21).

伦敦文化机构每年收到约11亿多英镑的资金支持,其中国家财政拨款、地方政府的投入与彩票资金占大部分比例。从以上数据来看,伦敦的国际文化创意产业覆盖众多文化艺术种类,文化艺术产品竞相进入国际市场,对伦敦提高城市国际交往能力作用巨大。

伦敦发展局为推动伦敦文化创意产业的国际化发展,积极与其他国家进行合作与交流。比如,开办创意集群年会,伦敦的创意产业中心更加频繁地展开与其他国家城市的密切合作;同时,不断提高伦敦的创新能力,设立研发基金,鼓励个人与中小企业的创新活动,对创意产业从业人员进行技能培训,营造城市的创意环境,通过教育推介,鼓励伦敦市民的创意生活;对于文化创意企业,政府给予财政支持与文化出口鼓励,做好知识产权保护工作,从各方面为创意产业的发展提供良好的外部条件和社会环境。伦敦政府的这些措施有力地促进了伦敦作为世界性大城市的国际交往。

5.3　挖掘城市人文底蕴增强国际化公共文化供给服务能力

巴黎的国际交往践行了法国对外战略政策,是法国实施文化输出战略的一个缩影与典型体现。法国巴黎一直保有在世界中的崇高地位和声誉。在世界历史上,巴黎是文化艺术的代名词,曾一度作为世界的经济中心、工业中心、文化艺术中心,在各个领域引领世界潮流,对世界其他国家、国际都市影响深远,同时巴黎成为难以替代的世界文化艺术圣殿。因此,法国政府、巴黎市政府在巴黎对外交往的具体实施中,采取了继续夯实巴黎文化的根基,最大限度地发挥巴黎文化优长,在全球化环境下重新塑造巴黎文化艺术之都的新形象,在国际社会中巩固其既有的充满浓郁文化艺术气息的巴黎浪漫之都印象,同时也展示人以与世界文化潮流共进的时代品质与时代面貌,这种由内而外的国际交往战略巩固了巴黎国际交往的根本。

总体来说,巴黎立足丰富的文化艺术资源,保护与发扬文化遗产的价值与魅力,面向新时代开发赋予传统文化以新的生命力与活力。同时巴黎重视文化艺术的"公共服务"特性,致力于将文化艺术普及到最广泛的民众中,营造巴黎城市的文化艺术氛围,以此吸引来自世界的眼光,并借此平台进行文化艺术国际输出与交流。巴黎政府重视文化遗产保护,从政策与财政上加大对文化艺术事业的支持与投入。巴黎政府主管文化的机构是巴黎文化事务处,管辖巴黎城市文化景观的维护与建设,负责博物馆、剧院、图书馆、音乐学院和教堂等日常管理与维护、经费审批,为艺术家创作提供各方面的支持,组织公共文化活动,营造城市文化氛围,面向广大市民普及文化艺术。巴黎政府文化事业发展与建设的工作力度与投入比重都较大,从 2001 年起,每年向巴黎剧院的专项投入增加约 120 万欧元,对夏特莱剧院拨款每年增加约 190 万欧元;在巴黎政府的政策鼓励下,艺术作坊数量自 2000 年以来大量增长;平均每年有超过 700 部电影在巴黎取景,而法国电影有一半都在巴黎取景,为了更好地传播巴黎文化,巴黎政府开放大部分巴黎市区免费取景。巴黎政府还致力于扶植新艺术形式的发展,如为培养电影制片人才设立专项基金,每年拨款 27 万欧元,对杂技艺术、街头艺术、现代音乐等增加财政投入。从巴黎具体文化管理与建设中可以看出,巴黎文化发展策略细致到位,既有对优势传统文化的保护与弘扬,又有对青年艺术家文化艺术新形式探索的扶持,这使巴黎在文化潮流中始终处于前列,为文化输出奠定了基础。此外,巴黎文化遗产保护工作的对象不仅限于著名的"名胜古迹",而且也包括各时期各种物质文化遗产,从而焕发了巴黎整座城市的文化魅力。巴黎政府对文化遗产保护的重视程度与做法赢得国际社会的好评,在世界上树立了良好的口碑。

巴黎强调文化艺术公共服务导向,提升城市文化内涵,增强国际吸引力,发展国际旅游。巴黎政府推行惠及广大民众的文化艺术公共服务举措,文化政策提倡文化艺术的公共服务特性,重视吸引普通民众,特别是年轻人对文化艺术的喜爱。巴黎为增强文化艺术公共服务性,专门成立了由专家与巴黎市民组成的城市艺术委员会,推动文化决策制定来满足公众需求,也使巴黎文化艺术事业发展能及时注入时代活力。城市文化内涵和形象载体在于人,而巴黎惠及民众的文化政策措施促进了市民文化艺术素养的提升,使巴黎城市从内到外散发浑然一体的迷人文化气息,在国际大都市中标志鲜明,文化艺术成为其独特标签。从现行具体措施来看,巴黎政府采取了普遍降低文化场所、艺术表演等票价的措施,如夏特莱剧场学生票价格仅为 20 欧元,包括卢浮宫、凡尔赛宫等大部分文化场所面向学生免费开放。从 2002 年开始,巴黎每年 8 月的电影票价格为 3 欧元,以吸引更多人看电影。从 2003 年开始,在巴黎政府支持下举办的"巴黎电影节",不但包括电影作品竞赛的传统环节,还包括全民参与的原创短片评比、经典影片回顾等活动。特别值得一提的是自 2002 年起,巴黎政府实施"巴黎不眠之夜"计划,这是向巴黎市民普及文化艺术的一项重要举措,是将巴黎文化艺术对民众免费开放、邀请所有市民免费参与的大型活动,其成功经验引起了欧洲其他国家竞相效仿。"巴黎不眠之夜"活动鼓励巴黎市民当晚走入免费开放的图书馆、博物馆、各种艺术展览馆等,鼓励现代艺术家的各种艺术创作展览向市民开放。巴黎市政府为方便民众参与"巴黎不眠之夜",在交通与市政设施上提供了许多便利条件,当晚包括地铁等公共交通设施免费使用。在活动中,巴黎将艺术作品与城市化以及文化遗产巧妙地结合在一起,让参观者一饱眼福,很多原创性作品脱颖而出,成为新的城市人文景观,如将艺术家的画作当做公共设施的装饰等。"巴黎不眠之夜"活动巩固了巴黎作为文化艺术之都的重要地位,也成为巴黎吸引国际游客的一个文化亮点。巴黎文化通过来自世界各地、亲身体验过"巴黎不眠之夜"文化活动的国际观众得到了传播,取得了很好推广效果。在巴黎之后,欧洲其他国家的城市,如罗马、阿姆斯特丹、布鲁塞尔、马德里等,积极与巴黎进行交流,携手举办"欧洲不眠之夜",进一步扩大了"巴黎不眠之夜"的国际影响力。在这个过程中,巴黎在欧洲文化艺术领域中的核心地位得以巩固,巴黎文化面向世界传播得以实现,并且在更高层面上加强了欧洲的文化交流,形成一股集结了欧洲国家合力的文化潮流,在面对美国文化工业冲击中找到了突围之路。

　　驻巴黎的国际组织是推动巴黎国际交往的重要平台。总部设在巴黎的国际组织为巴黎成为世界文化艺术中心起到了重要推动作用。总部设在巴黎的国际组织有:拥有 30 多个成员国的经济合作与发展组织,全球最大的独立医疗救援组织——医生无国界组织,国际汽车联合会等。其中,在巴黎最有名的国际组织是创建于 1945 年的联合国总部下属的第一大组织——联合国教育科学文化组织,截至目前共拥有 195 个成员国,同时与数百个非政府组织保持密切联系,通过教育、科学和文化来促进各国之间的合作,这无疑为巴黎开展国际交往提供了非常好的资源。

总之,巴黎是一座具有开放意识的城市,它以全方位的开放态度博采众长,最大限度地与各种文化交流、融合,汲取他者之长以发展充实自身。巴黎与国际社会的这种开放平等的对话态度,以及对自由、多元和进步的追求顺应了全球化文化潮流,易于赢得世界其他国家的好感,增加了巴黎城市的亲和力与感染力,这也是巴黎国际交往的成功经验。

5.4 打造享有国际声誉的特色品牌文化产业推动国际交流

文化会展是东京重要的文化产业类型以及向外扩张影响力的重要途径,从亚洲范围来看,日本东京在文化传播上树立了自己的品牌产业——动漫产业。为了鼓励动漫产业发展,提高日本动漫国际影响力,自 2002 年以来,东京每年举办以国际动画交流与进出口商业洽谈为目的的国际性动漫展,成为世界上规模最大、最具影响力的动漫会展。每逢盛会,东京便集聚了全球顶尖的动画、软件、电玩等领域的数百家企业一起角逐世界动画游戏市场,吸引了来自世界各地的动漫文化爱好者。同时,东京还有每年定期举办的东京电玩展,至今已经发展成为亚洲最大的游戏展览会,会展内容主要是各类娱乐软件、游戏机、电脑游戏以及游戏衍生产品等,除了对业内人士和媒体开放之外,还有两天开放日,有兴趣的人都可以前去参观。东京在文化传播国际影响力方面,还有世界九大 A 级电影节之一的日本东京国际电影节,每年秋季都会举行。电影节的宗旨在于发掘和奖励世界电影界的新进人才,入围者多为新生代影人,因此获得国际电影界青年人士的广泛青睐,获得了国际电影节联盟承认,并与戛纳电影节、威尼斯电影节等齐名,也是亚洲最大、最具影响力的电影节,成为东京城市文化传播影响力形成的一个重要部分。此外,东京设计周也是具有世界影响力的文化会展活动。设计周活动在形式上与世界级其他设计活动节类似,走国际化前沿路线,是亚洲规模最盛大的设计展会之一,活动范围遍布东京主要区域,包括几个主题展,是一个推动各国设计师开展交流,促进优秀设计作品实现商业推销的大舞台。

此外,东京文化设施的国际化助推东京国际化发展。东京文化设施有国立、市立的博物馆、美术馆和图书馆等,还有表演日本独有的"能"和"歌舞伎"等艺术的剧场,以及演出芭蕾、戏剧、歌剧、音乐会等的剧院。这些使东京整体蕴含着既有自身文化特色,又具有国际性的文化气息。此外,东京重视举办文化活动作为提升东京文化活力的主要措施。为提高东京文化的国际影响力与辐射力,东京积极支持东京文化艺术各界举办艺术节,进行表演或者演艺比赛等活动,并积极向国内外推介,传播有关内容的文化信息,加强城市国际营销能力。东京还通过举办和打造"都民艺术节"盛典来向世界展示整个东京的都市文化。

第六节　北京建设国际交往中心
要秉承国际化高规格高标准

根据中央和北京提出的战略任务目标,结合国际交往中心城市发展的内在规律和北京城市发展的实际情况,北京要秉承国际化、现代化、综合型的高规格、高标准建设世界一流水平的国际交往中心。

1. 对世界经济形成一定的国际影响力

优化产业结构,完成城市产业转型,大力发展金融、计算机、文化创意产业以及现代服务业等,从而实现北京城市经济实力明显增强,使其能够作为一个桥梁和纽带引领我国参与国际经济大环境之中,能够连通世界,发挥国际交往中心的聚集和辐射作用,聚集国际资源,参与国际竞争,成为国际财富创造和国际经济交往以及国际文化艺术交流的主要中心城市。

2. 建立显著的国际地位

在国际事务、国际交流和国际贸易中具有重要地位和作用。吸引更多跨国公司和国际组织落户,对外贸易和对外交往更加频繁。具有国际交流往来的高规格和广泛影响力,达到世界一流水平,形成在政治、经济、社会、科技等全面发展的国际交流格局;打造出既具有鲜明北京城市特色,又具有广泛国际影响力的国际交流活动经典品牌,达到国际领先水平。

3. 城市社会服务功能完备化、国际化

面向国际交往中心建设,完成各级社会化服务功能的升级与完善,依照统一领导、精细管理、协调配合的原则,建立起符合国际规范的社会化服务系统,以适应国际化交往需要;加强提高国际信息咨询服务和外语服务水平,使国际交流机构等获得长足发展,形成管理有序、高效便捷、功能齐全、符合国际规范的社会服务与管理体系。

4. 城市综合设施建设现代化、国际化

良好的城市基础设施是城市现代化、国际化的必要条件。要在现有的北京城市设施基础上,进一步完成城市设施建设的科学规划,完成城市布局的优化调整,完成北京城市科学化功能分区,建设具有标志性的大型国际交流设施;推进与完善国际化的文化艺术中心区、科技会展中心区、商务贸易中心区、文化创意产业集聚区等,形成具有一定规模的国际交流中心区;大幅度提高城市公共文化服务水平与基础设施的现代化水平,搞好数字北京、公共文化数字服务平台建设,创造良好的国际交流环境,继续大力建设首都多元化、立体有序的城市交通系统,努力改善交通组织管理,从交通设施和软环境等各方面支持公共交通,提高交通管理水平,做到统筹安排,制定具有前瞻性、系统性、战略性、综合性的政策措施。

5. 具备国际高水准的城市管理能力与体系

形成开放的政策环境、高效运转的管理体制、完善的公共服务体系,进而显示出城市的包容性,使市民整体素质明显提高,呈现城市经济的生产力和创造力以及城市文化的多样性与吸引力。

第七节 北京建设国际交往中心的具体路径建议

与世界性的国际交往中心城市相比,北京还存在一定的差距,仍需大力加强城市硬件建设与城市文明建设,使北京城市的整体实力跃居世界一流国际城市行列,更为国际化、更有包容性、更具创造力,引领世界发展潮流。

7.1 充分发挥政府在国际交往中心建设中的主导作用

政府要在国际交往中心建设工作中发挥主导作用,统一筹划、协调各方面工作,由政府主导进行跨行业、跨地区资产优化重组,服务于建设工作;组织资源协调成立国际交往中心建设办公室,成立国际交往发展基金,以形成合力领导机制、集中资源,从而更好地服务于国际交往中心建设,为国际交往中心建设提供有力的领导以及稳定的资金支持;加强涉外部门机制改革和职能建设,强化涉外部门的规划职能、领导职能、组织职能、协调职能和管理职能,以更好地为建设国际交往中心服务,适应国际交往中心建设需要;健全和完善适应国际交往中心建设的高效工作体制和运行机制;建立专门的国际交往中心建设工作网络,以市外事部门为主或者成立专门领导小组进行统筹工作,组织专职调研团队,动员广泛的社会力量参与到建设实施中;成立以政府外事部门为主,其他相关部门和单位支持、配合、参与,以民间机构为补充的工作机构;完善以政府管理机构为龙头,完善宣传、社会接待、企业服务等的综合服务系统;结合北京国际交往中心定位,政府大力推动发展第三产业,重点扶持面向国际交往的综合服务行业,为建设国际交往中心建设所需要的国际交流服务、国际会展服务、国际旅游咨询服务等做好充分准备,提高首都整体国际化服务水平。做好全媒体时代的政府发布和传播工作。在全媒体时代,政府发布和传播要适应时代形势的变化,在传播形式、传播途径与传播方法等方面积极创新与探索,综合利用传统媒体与新媒体的优势,通过多媒体传播技术手段,形成多落点与多形态的传播格局,实现信息传播的全方位覆盖,主动为国内外受众提供各种互动的机会与渠道,并通过新媒体平台建立起常态联系,通过传统媒体与新媒体的深度融合,形成全媒体联动传播、整合传播,从而提高政府传播的国际影响力与国际感召力。

7.2 改善国际交往整体环境,提升城市国际品质

在政策法律环境建设方面,完善有利于国际往来的相关法规和政策。国际交往中心城市要求出入境手续简便,酌情推行签证简化制度。在政策指导、组织协调、执法监督等方面为国内外单位和个人提供优质服务。完善和健全涉外法律体系,进一步加强涉外法制法规宣传工作,为在京外国人提供法律咨询和服务,创造良好的法律环境。

在政府服务系统和社会服务系统的基础上,满足面向国际交往中心建设的需求,完善国际交流往来的各项服务内容。加强政府机构中从事涉外管理部门的职能作用,设立专门的涉外社会服务机构,切实负责做好管理和推进国际交流工作,设立外国人信息服务中心,提供多种语言的天气预报、生活服务、交通出行、医疗急救、旅游购物、法律咨询等信息服务,为外国人提供工作、生活和交流等方面的便捷服务。

在宜居生态环境建设方面,加快调整工业布局、能源结构,加大空气治理、城市绿化、水系治理等工作力度,改善北京的环境质量,调整规划用地,增加公共休闲空间,提升国际化综合服务水平,打造标志性景观,美化城市环境,使北京成为宜居城市,为建设国际交往中心创造必要的自然环境条件。

在城市硬件设施环境建设方面,"加快首都城市轨道交通系统和数字北京建设,完善和扩建国际机场,提高基础设施现代化水平"。[1] 建设与完善数字化国际信息服务系统,采取开放的政策,促进国际信息交流往来,利用现代数字化技术加强国际通信系统建设,为国际交往中心提供便捷条件,更好地融入国际社会。

在人文环境建设方面,要重视人文环境对国际交往中心建设的独特作用,精心规划与建设人文环境,既能突出民族历史文化底蕴和北京市的文化个性,又能兼具国际大都市的现代化风格,充分体现国际交往中心包容、丰

---

① 张茅. 北京建设国际交往中心研究[M]. 中国旅游出版社,2001.

富多元的人文特色。

7.3   加快建设现代国际化的城市文化综合设施,彰显城市人文魅力

要在现有的北京城市设施建设基础上,进一步完善城市设施建设的科学规划,完善城市布局的优化调整,完善北京城市科学化功能分区,建设具有标志性的大型国际交流设施;推进与完善国际化的文化艺术中心区、科技会展中心区、商务贸易中心区、文化创意产业集聚区等的建设,形成具有一定规模的国际交流中心区;大幅度提高城市公共文化服务水平与基础设施的现代化水平,搞好数字北京、公共文化数字服务平台建设,创造良好的国际交流环境;加快首都城市轨道交通系统和数字北京建设,提高基础设施现代化水平。建设与完善数字化国际信息服务系统,采取开放的态度,促进国际文化信息交流往来,利用现代数字化技术加强国际通信系统建设,为对外交往提供便捷条件,从而更好地融入国际社会。与此同时,提高适应对外交往的综合接待能力,优先规划和建设大型国际会展中心、创意科技中心、文化艺术交流中心、大型现代娱乐中心等具有标志意义的城市空间,与世界一流城市设施水平看齐,为大型国际交流活动提供必要的硬件保障。立足于中华优秀传统文化根基,着眼于世界大局,吸收世界文化先进元素,顺应城市文化国际化发展趋势。

加大对北京传统文化艺术保护与弘扬传播的财政投入,对优秀传统文化保护工作实施政策倾斜。建立和完善文化艺术保护的法律法规,重视市场经济条件下的文化艺术保护工作的法律规范化,加快针对优秀传统文化遗产保护的相关立法,通过法律教育的形式增强公众保护优秀传统文化的责任感。通过多种途径、多种形式面向公众开展文化遗产保护的宣传教育活动,提高大众文化遗产保护的自觉意识,并从文化保护意识落实到文化保护的实际行动上。加强优秀传统文化的市场创意运作,把非物质文化遗产打造成为文化精品。探索与开发利用高科技手段输出优秀传统文化的呈现形式与手法。对优秀传统文化遗产中具有现代价值意义的内涵赋予现代科

技化的表达形式,焕发其生命力,增加国际化元素。推进博物馆、文化馆、艺术馆等文化遗产的数字化建设,利用现代科技充分展示与开发丰富的传统文化资源,增强优秀传统文化的传播力和影响力。运用三维全景实景混杂现实技术、三维建模仿真技术等现代科学技术呈现虚拟现实,通过操作系统与虚拟对象互动,通过具备视觉、听觉,甚至触觉的多媒体展示手段,使人身临其境,多方位、多感官地体验与感受北京优秀传统文化的魅力,跨越时空地随时满足国内外对北京优秀传统文化信息资讯的需求,最终通过切身体验与感受口耳相传,推动北京文化的国际交流往来。

7.4 吸引国际组织集聚,丰富深化城市外交及国际交往活动

从战略层面上重视国际组织的集聚,积极在国际组织中增强影响力,将国际组织变成中国对外展示国家形象的一个窗口。从政策制定方面,有针对性地研究与制定吸引国际组织、跨国集团总部(地区总部和分支机构)的政策措施,使其落户北京。在社会展开全面的动员,鼓励从政府到民间的各界人士增强在国际组织中的话语权,在国际组织中具有一定的地位和影响力,以更好地吸引国际组织落户北京。同时,积极参与新的国际组织的创建,争取总部落户,参与甚至主导国际规则的制定。主动参与竞办国际组织总部,用优惠政策公平竞争,获得国际组织落户的机会。此外,在吸引国际组织落户北京的问题上,北京市需要中央政府赋予更多的自主权力,以更好地竞办、筹备、运营国际组织的日常事务交流。

提升北京的城市软实力是首都公共外交工作的基本宗旨,吸引国际组织落户北京是其应有之义。当前,北京城市的建设目标是建设政治中心、文化中心、国际交往中心、科技创新中心,有国际美誉度的世界城市。其中,一个重要的衡量标准就是北京城市的国际化程度以及国际影响力。纵观在全球具有知名度和美誉度的国际化城市大多吸引有国际组织落户在该城市,从而推动了城市国际化发展。"在建设北京的实际工作中,为突出北京特色,应明确北京市国际形象的核心理念,并将其融入到全市的公共外交活动之中。市委、市政府提出的'人文北京、科技北京、绿色北京'作为北京市国

际形象的核心理念,已有一定的国际知名度和美誉度,充分体现了北京在文化、科技和环保方面的深厚底蕴、独特优势,但仍然要继续将之贯彻在城市外交各个活动中,在国际上塑造出立足高端、独具特色的国际形象,为北京深入开展城市外交、加强国际公关奠定坚实基础"①。

此外,要发挥设在北京的非政府组织在推动首都融入国际社会并与国际组织形成稳定积极互动的过程中的重要的作用。比如,北京国际城市发展研究院(International Institute for Urban Development,IUD,Beijing),是中国政府在京设立的中国首家从事城市发展研究的跨学科国际化非营利性组织。该组织围绕城市发展的相关问题,开展城市决策与预测研究,建立全球化网络,实施城市战略设计和行动计划,为跨国公司投资中国城市提供经营环境评价和行动指南,推进中国城市国际商务计划和全球化进程,为中国城市与国际组织交流和合作创造条件,并于2013年成功举办了"中国城市论坛",这成为中国城市外交的一个重要手段。

北京市开展城市外交,需要多方共同协作参与,包括中央与地方的积极协作以及中外政界与非官方人士的长期互助。"调动公众更加积极地参与公共外交,构建多元的参与主体,包括社会各个组织和社会各方面人士。从建设国际交往中心的战略高度对北京城市外交相关工作进行统筹协调、长期规划,确保北京市的公共外交工作的连续性和一致性。加强政府对民间交流的引导,着力提升非官方交流的层次,推进外国公众对北京城市发展的认同。与此同时,政府对北京城市外交活动给予适当的政策、资金支持,加强统筹协调,塑造北京城市国际形象。"②

7.5 对接国际交往需求打造大型国际节展会议品牌

将北京建设成为具有高档次、高知名度的国际会议、国际会展、国际节庆活动聚集之都。政府加大扶持力度,推动国际市场化运作方式,打造规模

---

① 张茅. 北京建设国际交往中心研究[M]. 中国旅游出版社,2001.
② 李小林、李新玉. 城市外交:理论与实践[M]. 社会科学文献出版社,2016.

大、规格高、国际参与度高、具有北京标志性的世界级大型文化节庆品牌。搭建全方位国际交流合作平台,进一步扩大国际交往,提升会展国际化水平,实行对外文化交流、旅游推广、美食文化推广等,提升城市国际影响力。继续办好北京国际电影节、北京国际儿童艺术节、北京国际图书嘉年华,办好北京新年音乐会、北京国际音乐节、北京国际戏剧舞蹈演出季、北京当代国际艺术节、香山红叶节等品牌文化活动,以多种方式开展国际文化交流,吸引国际一流文化项目。对北京已有一定口碑的"国际旅游文化节"、"798艺术节"等进行升级打造,扩大规模,提升品质,与国际化接轨,使其成为既具有北京特色,又具有国际影响力的文化艺术节。利用我国传统节日春节、端午节、中秋节等重要节日,举办既具有丰富文化内涵,又具有娱乐性和参与性的国际节庆文化交流活动,提升北京文化的国际影响力。此外,积极参与国际节展交流活动,如国际性书展、国际文化论坛活动、国际学术会议等,加强北京与国际社会在各个领域的交流往来。不断扩大对外开放,大力发展国际会议产业以及相应的高端旅游服务业,对接各项国际交流需求,改变北京旅游产品老化、结构单一的落后局面。

7.6 促进国际高端产业集聚区域发展,打造北京国际化符号空间

要集中力量精心做好国际交往集中区域规划,打造北京城市国际化符号空间。着力建设在世界享有声誉度的商务中心区、文化创意产业集聚区、传媒产业集聚区、艺术家聚集之地、艺术创作基地、文化艺术活动中心区、国际化娱乐休闲中心区等,成为与国际经济、文化、传播、艺术前沿领域对接和进行国际交流的集聚之地,成为北京城市空间标志性符号,带动城市文化经济国际化发展。在城市建设总体规划中为城市国际化符号空间的发展做细致的部署,通过政府引导、管理以及市场运作的方式,引起全国和全世界的关注,形成规模化的国际往来,不仅形成空间上的单纯聚集,而且实现文化聚集、文化生产与消费活动的聚集,成为北京城市文化的标签与文化地标,呈现我国文化艺术发展的最高水平、文化经济繁荣发展的新高度以及当代

文化艺术发展的潮流,从而形成承载与传播大量文化信息、具有世界性影响力的辐射场域。同时,在现有的北京城市设施基础上,"重点建设国际化交流设施,提高适应国际交往的综合接待能力,优先规划和建设大型国际会展中心、创意科技中心、文化艺术交流中心、大型现代娱乐中心等具有标志意义的城市空间,与世界一流城市设施水平看齐,为大型国际交流活动提供必要的硬件保证"[①]。

7.7 推进融媒体发展,打造国际文化信息传播高地

成为国际文化信息传播高地之一是北京建设国际交往中心的重要内容。要具有全球视野,适应形势,大力推进融媒体发展,站在战略高处做好融媒体时代传播的顶层设计,敢于突破僵化思维和体制障碍,转变观念,从管理体制、经营方式和运作机制上进行改革,以真正适应媒介融合和数字化传播的全球化进程,大胆创新以提升文化信息传播能力。大力鼓励与推动基于互联网、移动通信网和广播电视网的跨网络、跨终端文化服务的新业态发展,创新服务模式,运用新媒体等技术手段搭建系统平台,建设文化信息互联网综合服务系统,加强与电视、网络媒体以及通信行业的合作,打开数字文化服务的多种渠道,鼓励文化企业开发品质优秀的数字文化产品。整合全国优质网络媒介文化信息传播资源。北京具有优越的文化信息资源基础与传播环境,并且拥有全国最优秀的新闻文化事业单位以及各种传媒传播机构,数量在全国首屈一指,北京新媒体发展在全国独领风骚,出现一批新锐的传媒企业与媒介机构,这代表着我国在新时代的最新媒介技术、最前沿的文化信息资源。北京要立足优势基础,梳理与整合优质媒介资源与内容资源,引导国际传播主流价值。与此同时,在优质资源共享的基础上,打造国际化传媒品牌,大力推动北京网络媒介文化信息传播的大发展。在促进北京文化传播进一步发展以及与境外文化信息传播的竞争问题上,北京应对整体的传播环境与传播格局形势进行准确分析,并在此基础上,综合利

---

① 张茅. 北京建设国际交往中心研究[M]. 中国旅游出版社,2001.

用各方资源优势,吸收采纳各种形式传播的成功经验,不断壮大自身,在影视广播、报刊杂志、网络媒体、微媒体、文化产品以及文化贸易等方面,在全世界范围内,形成立体化传播的辐射力,在国际文化信息传播格局中占据一席之位。

同时,致力于新媒体数字化公共文化服务信息平台的建设,探索与吸引各种社会力量参与公共文化的数字化建设。建设依托先进传媒技术,传播快捷、内容丰富的数字化公共文化信息服务平台,集聚整合优质公共文化资源,形成城乡一体的数字化公共文化服务体系,提升公共文化服务体系的服务和管理能力。提供多元化、多层次、个性化和专业化的文化服务,确保人们获取公共文化服务的普遍性和均等性。加快数字图书馆文化信息共享建设,推进博物馆、美术馆等文化遗产的数字化建设,应用云计算模式建设公共文化服务应用及支撑平台,提供更及时、多样化、互动式的文化服务,提高文化监管和服务的便捷性,充分发挥公共数字文化在传播文化信息、提高公民文明素质、传播科学知识、增强市民创造能力乃至提升城市国际化人文环境等方面的重要作用。

7.8　进一步发展外交机构及友好城市的往来交流活动

充分发挥政府国际交往主渠道作用,继续大力开展友好城市工作,拓展友好城市规模,搞好与重点友好城市的交流工作,在多个领域开展国际合作;积极争取中央的指导与支持,使友城工作作为外交工作的组成部分,取得更大的国际影响力;建立与完善友好城市工作机制和工作制度;建立北京友城信息数据库,有针对性地开展城市交往以及人才交流活动,使对外友好城市交流工作规范化;充分利用友城的特殊优势开展工作,针对对外开放工作中一些关键问题和突出矛盾开展专项交流;"在开展友城交流中,为社会、企业和民间的国际交往创造条件,引导和帮助其更好地开展国际交流工作"①。与当代世界先进文化融合创新,推动与友好城市的文化交流,面向海

---

① 张茅. 北京建设国际交往中心研究[M]. 中国旅游出版社,2001.

外大众,最大限度地减小文化差异,减少文化折扣现象的发生。在打造文化品牌时,悉心研究海外受众的文化需求、接受习惯与理解方式,采取国际化的文化产品制作与传播方式,以民族文化作为文化产品的内核,兼纳国际元素,汲取其他民族文化的养分,生产出能与国际市场接轨的优质文化产品,成功打开海外文化市场,促进与友好城市的文化交流,并在不断的城市文化外交中,做到高端文化艺术的国际交流与大众文化国际输出并举。针对高雅文化与大众文化采取不同的文化管理与传播措施,借鉴学习国际上成功的产业化、市场化运作模式,推动城市文化产品走大众化路线,注重国际受众的广泛性与普及度,吸引海外普通大众对北京城市文化的喜爱,扩大北京城市文化的国际影响力。与中央外交相配合,加强友城调研工作,合理规划友城结交与发展对象,在友城交往中推动城市外交、市民外交,推动外事部门与相关涉外部门的合作协调,管理与服务并重,实现友城工作的持续良好发展。由过去友城交往中"一对一"的简单模式向众多友好城市多边交流合作转型,不断扩大经济、技术合作交流,发挥友城资源和比较优势,开发潜在合作领域与项目,促进北京国际交往中心战略发展。

7.9　汇聚国际人才人力资本促进国际人员往来

国际人员往来交流是实现北京与国际社会全方位互联互通的重要内容。拓宽国际人员往来交流的范围和规模,通过往来交流加深北京与世界政治、经济、科学技术、教育、思想文化的互动与融入。通过往来加强融合交流,促进双方理解、夯实信任基础、构建互联互通格局、共襄合作盛举、共创世界未来。

继续深入开展高级人才国际交流学习,有计划有针对性地选派政府公务人员和高级经营管理人员,到发达国家学习培训;开展国际间高校与科研部门的交流活动。建立国际级人才市场,吸引、优化人力资源,大力引进各类专业人才。完善人才激励机制,积极与国际教育组织和跨国集团进行人员合作。充分利用社会教育资源,搞好教育综合配套改革,努力提高市民整体文明素质与外语交流水平,加强培养外语人才,提高外语人口普及率,为国际化打好基础。大力加强国际组织人才的选拔与培养,详细研究国际组织机构各种职位的性质、特征,有针对性地提出适合我国争取的国际组织职位的具体措施和建议。

要从建设国际交往中心的高度出发,积极建设外事人才培养基地,广开国内外进修渠道,从政治理论、外交政策、外事业务等方面着手组织并培养优秀的外事人才。

参考文献

1. 陈志敏. 次国家政府与对外事务[M]. 北京:长征出版社,2001.

2. 邓小平. 邓小平文选(第3卷)[M]. 北京:人民出版社,1993.

3. 高尚涛. 国际关系中的城市行为体[M]. 北京:世界知识出版社,2010.

4. 郭钊. 次国家政府对国家外交的作用研究[M]. 上海:上海交通大学出版社, 2011.

5. 秦亚青. 北京对外交流与外事管理研究报告[M]. 北京:同心出版社,2007.

6. 杨逢春编. 中外政治制度大辞典[M]. 北京:人民日报出版社,1994.

7. 俞正梁等. 全球化时代的国际关系[M]. 上海:复旦大学出版社,2000.

8. 1954年中华人民共和国宪法[M]. 中外宪法选编. 北京:人民出版社,1982.

9. 姜士林等主编. 1984年中华人民共和国宪法.//世界宪法全书[M]. 青岛出版社,1997.

10. 赵丕涛. 外事概说[M]. 上海:上海社会科学出版社,1995.

11. 董颖. 再创辉煌的涛声——市第八次党代会侧记[J]. 前线. 1998 (1).

12. 高尚涛. 个人行为体与国际体系分析[M]. 现代国际关系. 2004(8).

13. 龚铁鹰. 国际关系视野中的城市——地位、功能及政治走向[M]. 北京:世界经济与政治,2004(8).

14. 刘淇. 北京为什么要建设世界城市[N]. 人民日报, 2010-07-22

(1).

15. 刘雪莲. 全球化背景下国家中心地位的变迁［J］. 社会科学战线. 2007(5).

16. 刘雪莲,江长新. 次国家政府参与国际合作的特点与方式［J］. 社会科学.

17. 陈 耀. "一带一路"战略的核心内涵与推进思路［J］. 中国发展观察,2015.

18. 盛 毅,余海燕,岳朝敏. 关于"一带一路"战略内涵、特性及战略重点综述.

19. 习近平主持召开中央财经领导小组第八次会议［EB/OL］. 中央政府门户网站,www. gov. cn,2014 – 11 – 06.

20 国家发展改革委员会,商务部,外交部. 推动共建丝绸之路经济带和21 世纪海上丝绸之路的愿景与行动［EB/OL］. http：/ / news. xinhuanet. com / world /2015 – 03 /28 / c _1114793986. htm.

21. 刘艳红,王庆林. 大学国际联盟：中国大学国际化战略的新选择［J］. 北京理工大学学报：社会科学版,2012(6).

22. 程玉敏. 加强高校对外交流,提升国家文化软实力［J］. 武汉纺织大学学报,2012(5).

23. 诺伯特·舒格茨. 地方政府之间进行国际交流的过程和发展. 转引自中国人民对外友好协会编. 2000 中国友好城市国际大会.

24. 汤伟. 超越国家—城市和国际体系转型的逻辑关系［J］. 社会科学,2011(8).

25. 王逸舟. 中国外交三十年:对进步与不足的若干思考［J］. 外交评论,2007(3).

26. 魏玲. 第二轨道外交:现实主义渊源与社会规范转向［J］. 外交评论(外交学院学报),2009(3).

27. 杨勇. 全球化时代的中国城市外交［D］. 暨南大学博士学位论文,2007 – 10.

28. 赵汗青. 地方政府开展城市外交的理论与实践——以北京市海淀区为例[J]. 职大学报. 2010 年(3).

29. 充分发挥外事工作优势全力服务首都发展大局[N]. 北京日报. 2009 - 02 - 26(3).

30. 张茅. 北京建设国际交往中心研究. 中国旅游出版社,2001.

31. 熊炜. 城市外交:中国实践与外国经验. 新华出版社,2014.

32. 李小林,李新玉. 城市外交:理论与实践. 社会科学文献出版社,2016.

33. 汤伟. "一带一路"与城市外交. 国际关系研究. 2015 (4).

34. 杰布·布鲁格曼. 城变——城市如何改变世界. 董云峰译. 中国人民大学出版社,2011.

35. 王勇. 冷战时期美国地方政府的国际交往状况——以 1975—1979 年间美国爱达荷州的国际交往活动为例[J]. 西南大学学报,2013.

36. 谭福民. 国际交往中的语言伦理:话语权平等[J]. 求索,2012.

37. . 国际关系的新格局与中国特色世界城市建设. 赵进军:在第二届北京世界城市论坛上的讲话。

38. 政府工作报告. 郭金龙:2011 年 1 月 16 日在北京市第十三届人民代表大会第四次会议上的讲话。

39. 对外贸易的"桥头堡". 钦州:2010 - 03 - 31.

40. 国家中长期科学和技术发展规划纲要(2006—2020).

41.《建设中国特色社会主义国际大都市领导能力研究》课题组. 建设中国特色社会主义国际大都市领导能力研 . 东华大学中国公共问题战略研究中心.

42. 李健. 世界城市研究的转型、反思与上海建设世界城市的探讨[J]. 城市规划学刊,2011.

43. 郑伯红,陈存友,世界城市理论研究综述[J]. 长沙铁道学院学报(社会版),2007(8).

44. Saskia Sassen,王磊. 全球城市:战略场所,新前言[J]. 国际城市规划,2011(2).

45. Elizabeth Baigent. 关于"Megalopolis"的分歧 [J]. 国际城市规划,2007.

46. 辛向阳. 历史上的世界城市与当代的世界城市 [J]. 城市管理前沿,2010(3).

47. 顾朝林. 世界城市研究的几个核心问题袁晓辉 [J]. 城市与区域规划研究,2012(1).

48. 刘士林. 正确认识和善待中国"国际大都市" [J]. 探索与争鸣,2011(4).

49. 王书芳. 我国要建多少国际大都市 [J]. 探索与争鸣,1998(7).

50. 罗茨. 新的治理 [J]. 马克思主义与现实,1999(5).

51. 萨森. 全球城市:纽约、伦敦、东京 [M]. 上海:上海社会科学出版社,2005.

52. 郑伯红. 现代世界城市网络化模式研究 [M]. 湖南:湖南人民出版社,2005.

53. 陆军,宋吉涛,谷溪. 世界级城市研究概观 [J]. 城市问题.2010(1).

54. 李国平,卢明华. 北京建设世界城市模式与政策导向的初步研究 [J]. 地理科学.2002(6).

55. 李庚,王野霏,彭继延. 北京与世界城市发展水平比较研究 [J]. 城市问题.1996(2).

56. 沈金箴,周一星. 世界城市的涵义及其对中国城市发展的启示 [J]. 城市问题.2003(3).

57. Saskia Sassen, *The Global City*:*New York*,*London*,*Tokyo*, Princeton:Princeton university press, 1991.

58. John Friedman, The world city hypothesis, *Development and Change*, Vol.17, 1986.

59. Peter Hall, *The World Cities*, London:Heinemann, 1966.

60. Manuel Castells, *The rise of network society*, Oxford:Blackwell, 1996.

61. John Friedman,Goetz Wolff, World City Formation:An Agenda For Re-

search And Action , *International Journal of Urban and Regional Research* , vol. 3 , 1982.

62. London Planning Advisory Committee、Richard Kennedy , *London*: *World City Moving into the* 21*st Century* – *A Research Project* (Paperback) , Stationery Office Books, 1991.

63. Richard Child Hill and June Woo Kim , Global Cities and Development States: New York, Tokyo and Seoul , *Urban Studies* , Vol. 37 , 2000.

64. Jenn – Hwan Wang , World City Formation , Geopolitics and Local Political Process: Taipei's Ambiguous Development , *International Journal of Urban and Regional Research* , Vol. 28 , 2004.

65. Bowen H McCoy , The Commentator's Perspective: Global Cities in an Era of Change , *Real Estate Issues* , Fall/Winter , 2002.

66. Wouter Jacobs. Cesar Ducrues and Peter De Langen , Integration World Cities into Production Networks: the Case of Port Cities, Global Networks Vol10 , 1 , 2010.

67. John Friedmann , The World City Hypothesis , Development and change , Vol 17 , No. 1 , January. 1986.

68. Agatha Kratz , François Godement , " One Belt , One Road": China's great leap outward , European Council on Foreign Relations , 10th June , 2015.

69. Scott Kennedy , DavidA. Parker , Building China's " One Belt , One Road" Strategic Insights and Bipartisan Policy Solution , Apr 3 , 2015.

70. Rogier van der Pluijm and Jan Melissen , City Diplomacy: The Expanding Role of Cities in International Relations , Netherlands Institute of International Relations Clingerdael , 2007.